Begonnen hat alles mit ein paar Sätzen im Winter 2019. Als Ergänzung zu einer Patientenverfügung, festgehalten auf einem sogenannten Beiblatt.

Bedingt durch das wegweisende Urteil des Bundesverfassungsgerichts im Februar 2020 (Aufhebung des Verbots von Sterbehilfevereinen) wurden die Ergänzungen immer umfangreicher, reihte sich ein Beiblatt an das nächste – bis ein Beibuch, fertiggestellt im Herbst 2021, entstanden war.

Die Politik war aufgerufen – und nahm sich selbst vor – die Sterbe- und Suizidhilfe in Deutschland neu zu regeln. Das nun vorliegende Beibuch II beschreibt das klägliche Scheitern der Politik, dieser Aufgabe gerecht zu werden. Und gewährt nebenher einen Einblick in die Irrungen und Wirrungen des politisches Alltagsbetriebs. Vor allem aber beleuchtet es – auch anhand von Einzelfällen – das Leid der betroffenen Menschen. Menschen, die sterben wollen, aber nicht sterben dürfen.

„Nicht steht mir zu, über eines anderen Leben zu urteilen. Einzig für mich, für mich allein muss ich urteilen, muss ich wählen, muss ich ablehnen."   H. Hesse

BEIBUCH II

Bibliografische Information der Deutschen Nationalbibliothek: Die Deutsche Nationalbibliothek verzeichnet diese Publikation in der Deutschen Nationalbibliografie; detaillierte bibliografische Daten sind im Internet über dnb.dnb.de abrufbar.

Verlag: BoD · Books on Demand GmbH, Überseering 33, 22297 Hamburg, bod@bod.de
Druck: Libri Plureos GmbH, Friedensallee 273, 22763 Hamburg

ISBN: 978-3-8192-0663-4

Inhaltsverzeichnis

Erster Teil – VORSPIEL

Kapitel 1: Erste Worte

Nun also die Fortsetzung. Das Beibuch II. War so nicht geplant.

Allerdings: Die innere Triebfeder, die mich das (erste) Beibuch im Frühjahr/Sommer 2021 hat schreiben lassen, hat nichts von ihrer Spannkraft verloren. Eher noch trifft das Gegenteil zu: während einige (ehemalige und noch amtierende) Bundestagsabgeordnete bis heute davon überzeugt sind, im Jahr 2015 einer "Sternstunde des Parlaments" beigewohnt zu haben, treibt es mich nun, gute 4 Jahre nachdem das Bundesverfassungsgericht im Februar 2020 klarstellte, was es vom Resultat dieser vermeintlichen Sternstunde hält - nämlich gar nichts - eine Art Chronologie des Scheiterns auf´s Papier zu bringen.

Eines Scheiterns, das bis heute andauert - und mich mal wütend, mal fassungslos werden lässt. Zuweilen aber auch verständnislos zurücklässt, und sogar traurig macht. Verständnislos und traurig deshalb, weil ich für das Scheitern nicht nur die Politik in der Verantwortung sehe; gleichfalls tragen Medien und Gesellschaft in nicht unerheblichem Maße dazu bei, dass das Thema "Sterbehilfe" hierzulande nach wie vor hochgradig tabuisiert wird - und auch so gut wie nichts geschieht, was Anlass zu der Hoffnung geben könnte, dass sich daran in absehbarer Zeit etwas ändern könnte.

Bevor ich aber nun weiter mit der Tür ins Haus falle: Was mache ich mit den Lesern, denen das Beibuch I nicht bekannt ist? Oder auch denen, die es gelesen, die Hälfte aber auch schon wieder vergessen haben? Letzteren sei schon mal gesagt: die Wiederholung einer Lektüre richtet selten Schaden an. Um diejenigen aber, die das erste Beibuch noch gar nicht gelesen haben, nicht vollends im Informationsregen stehen zu lassen, beabsichtige ich die hier vorliegende Fortsetzung mit einer wenn auch sehr kurzen Zusammenfassung des ersten Beibuchs zu beginnen.

Das tue ich vor allem deshalb, weil das Beibuch II im Wesentlichen, wie bereits erwähnt, eine Chronologie darstellen soll. Und zwar eine solche, die den Zeitraum von, etwas derb betrachtet, 2015 an bis heute umfasst. Da das Beibuch I, fertiggestellt im Spätsommer 2021, somit in diese Zeitspanne fällt, setze ich also die problemrelevanten Ereignisse und Entscheidungen, die bis Herbst 2021 passierten bzw. getroffen wurden, an den Beginn dieser Fortsetzung - auf dass dem Leser im Groben bekannt gemacht wird, was bis dahin geschah - und ich dann sogleich mit der Fortsetzung der Chronologie (ab Herbst 2021) loslegen und versuchen kann, dem Leser nahezubringen, was sich seitdem getan hat.

Und zwar bei der Beantwortung der Frage, wie sterbewilligen Menschen in Deutschland geholfen werden kann oder soll. Wenn man den Abgeordneten des Bundestages Glauben schenkt, ist das eine ziemlich große Frage, die "unbedingt" und alsbald beantwortet werden muss; gleichwohl verhalten sie sich so wie Eltern, die ihren Kindern, die, allein im dunklen Wald, voller Furcht und Sorge auf Hilfe warten, zurufen: wir kommen euch bald zur Hilfe, wissen derzeit aber noch nicht so recht, wie das vonstattengehen soll.

Kapitel 2: Die Zeit bis 2015

Gesetzlich geregelt war die Hilfe zum Suizid in Deutschland bis 2015 noch nie. Tötung auf Verlangen (§ 216 StGB) war und ist seit je her schon verboten; über den assistierten Suizid wurde, abgesehen von weitestgehend unbeachteten Ausnahmen, die längste Zeit gar nicht gesprochen oder nachgedacht.

Das änderte sich erst in den Nullerjahren unseres Jahrtausends. Besonders erwähnenswert ist, dass es bei der damals einsetzenden Diskussion vordergründig gar nicht um den assistierten Suizid ging, sondern um etwas, was wir heute mehr oder weniger als selbstverständlich erachten: die Verbindlichkeit und Bindekraft einer Patientenverfügung - auch gegenüber anderen Personen, insbesondere Betreuern und Ärzten.

Glaube ja niemand, dass das immer so war: Nachdem im September 2006 der 66. Deutsche Juristentag empfahl, die Verbindlichkeit von Patientenverfügungen (und damit einhergehend die Straffreiheit von Ärzten, die dem Patientenwillen Folge leisten) anzuerkennen und in ein Gesetz zu gießen, wurden einige Politiker plötzlich hellwach. Einer der bekanntesten unter ihnen dürfte der besonders medienaffine Wolfgang Bosbach (CDU) sein.

Er war maßgeblich beteiligt an einem im Frühjahr 2007 im Bundestag eingereichten Gesetzentwurf, in welchem tatsächlich gefordert wurde, dass für den Fall, dass die Befolgung des Patientenwillens zum Tod führen würde (obwohl die Erkrankung noch keinen unumkehrbaren tödlichen Verlauf genommen hat) die Verbindlichkeit der Patientenverfügung *nicht* gegeben sein soll!

Bedeutet übersetzt, großer Sport: Wenn du Husten hast, aber keinen Hustensaft schlucken möchtest: deine Sache. Wenn du aber am Beatmungsgerät hängst, und verfügt hast, das Ding abzuschalten: nicht mehr deine Sache!

Zum Glück wurde dieser Schmarrn nie Gesetz - gleichwohl brauchte es zwei Jahre, bevor sich der Bundestag im Juni 2009 auf eine Regelung einigen konnte. Dabei ging es, wie gesagt, in der Hauptsache um die Verbindlichkeit der Patientenverfügung; durch Änderungen im BGB wurden insbesondere Betreuer und Ärzte geschützt, aber auch angehalten, den Patientenwillen anzuerkennen - das Strafgesetzbuch blieb unangetastet, eine explizite Regelung zum assistierten Suizid wurde nicht eingeführt.

Natürlich ging diese "Macht" des Patienten einigen Leuten, Verbänden und Organisationen zu weit, es wurde also weiter debattiert, gestritten, verhandelt. Indes der Bundesgerichtshof im Juni 2010 im Rahmen eines Grundsatzurteils für weitgehend klare Verhältnisse sorgte: Man möge doch bitte schön das Selbstbestimmungsrecht des Patienten achten! Und zwar sowohl für den Fall, dass er das Unterlassen lebenserhaltender Maßnahmen wünscht als auch dann, wenn er verfügt hat, eine nicht oder nicht mehr gewollte Behandlung einzustellen oder erst gar nicht zu beginnen.

Klare Worte - aber jetzt schrillten die Alarmglocken lichterloh. Zumal im Jahre 2009 auch noch der Verein "Sterbehilfe Deutschland" gegründet worden war. Du Heiliger im Himmel! Der geförderte Suizid lauerte nun an jeder Ecke, der Untergang des Abendlandes, allen voran des christlichen, drohte unmittelbar bevorzustehen.

Es dauerte dann aber noch 4 Jahre, bis die entscheidenden Weichen für den Unglücks-Paragraphen § 217 StGB gelegt waren. Zwei Initiatoren stachen dabei besonders hervor. Da war zum einen die "Deutsche Stiftung Patientenschutz" - man begeht vermutlich keinen großen Fehler, wenn man feststellt, dass zumindest einige einflussreiche Mitglieder dieser Stiftung wie besessen davon waren, die Hilfe zum Suizid unter allen Umständen ins StGB zu hieven, den assistierten Suizid also unter Strafe zu stellen, und das bitte nicht zu lasch. Kein Aufwand schien zu groß, um dieses Ziel zu erreichen. Und tatsächlich: Es war die Stiftung, die im Rahmen eines so genannten außerparlamentarischen Gesetzentwurfs der Politik einen Text zur weiteren Bearbeitung bzw. Prüfung vorlegte. Geschrieben wurde dieser Entwurf von den Herren Steffen Augsberg und Eugen Brysch; und - was soll man sagen: er liest sich wie die Rohfassung des späteren § 217 StGB!

Die ersten Federstriche, wie auch die ersten konzeptionellen Ideen zum späteren § 217 StGB stammen also gar nicht aus der Politik, sondern von der besagten Stiftung. Damit ist indes noch kein Unfall passiert: vorschlagen und einbringen kann sie ja was immer sie will - zum Gesetz werden lassen kann das nur die Politik, in diesem Fall der Bundestag. Womit wir beim zweiten Initiator und Erfinder des § 217 StGB wären: der damalige Gesundheitsminister Hermann Gröhe (CDU) war ganz begeistert vom Entwurf der Stiftung und ließ verlauten, dass die Sache mit dem assistierten Suizid und dessen Strafbarkeit nun so langsam mal in ein Gesetz gegossen gehöre, und zwar als Bestandteil des Strafgesetzbuchs; dortselbst gerne mit jenen Vorgaben und Einschränkungen, wie sie allergrößtenteils dem Entwurf der Stiftung zu entnehmen seien.

Es erübrigt sich, diesen Stiftungsentwurf hier vorzustellen; ich sagte es bereits: er liest sich wie eine Rohfassung des § 217 StGB - liest man ihn, kennt man den Entwurf.

*

Freilich waren nicht alle Mitglieder des Bundestags dieser Meinung, und so entbrannte eine Diskussion, an deren Ende dem Parlament insgesamt 4 1/2 Entwürfe bzw. Gruppenanträge zur Beratung präsentiert wurden. Im Wesentlichen umfassten die vier Anträge folgendes - auf den "halben" Antrag komme ich nachher noch zu sprechen, das wird ein bisschen lustig.

1.) Antrag um die Abgeordneten Brand (CDU) und Griese (SPD) - von ihr war bereits im ersten Beibuch die Rede -: Muss hier nicht vorgestellt werden, er wurde ja zum Gesetz.

2.) Antrag um die Abgeordneten Sensburg (CDU) und Dörflinger (CDU): Totalverbot der Beihilfe zum Suizid, ohne jede Ausnahme!

3.) Antrag um die Abgeordneten Hintze (CDU) und Lauterbach (SPD, seit Ende 2021 Gesundheitsminister): Keine Implementierung ins Strafrecht! Das BGB sei so zu ändern, dass Ärzte Rechtssicherheit haben, wenn sie Patienten beim Sterben behilflich sind. Allerdings sollten Ärzte bei Selbsttötungen nur denn helfen dürfen, wenn die Patientin todkrank ist.

4.) Antrag um die Abgeordneten Künast (GRÜNE) und Sitte (LINKE): Das Strafgesetzbuch solle außen vor bleiben. Wohl aber sollte vor der Inanspruchnahme jeglicher Hilfe zum Suizid eine Beratung durch einen Arzt verpflichtend sein.

Das Ergebnis ist bekannt: der Bundestag nahm den Antrag Brand/Griese (mit 360 von 602 Stimmen) an, der § 217 StGB war geboren.

Es würde ein eigenes Buch kosten, würde man nun alle Stimmen zusammenstellen wollen, die davor warnten, die Beihilfe zum Suizid ins

Strafgesetzbuch zu verorten. Es waren nicht Dutzende, sondern Hunderte! Strafrechtsprofessoren, Medizinethikerinnen, auch die Wissenschaftlichen Dienste des Bundestags, Medizinrechtler, nicht zuletzt der Rechtsausschuss des Bundestages: Alle vermittelten sie, mal mit seichten, mal mit klaren Worten: Damit werdet ihr nicht durchkommen! Euer Grundsatz lautet: Verboten, in wenigen Ausnahmefällen aber erlaubt. Rechtssicher sei allein der genau umgekehrte Ansatz: Suizidhilfe ist grundsätzlich erlaubt - in ausgewiesenen und zuvor definierten Fallkonstellationen aber verboten. Für letzteren Fall hat die Vorschrift aber nichts im Strafgesetzbuch zu suchen.

Nun, die Mehrheit der Abgeordneten schlugen all diese Warnungen in den juristischen Wind, das Strafgesetzbuch wurde um einen Paragraphen reicher. 5 Jahre später wurden sie eines Besseren belehrt, das Bundesverfassungsgericht in Karlsruhe stellte fest, dass der besagte § 217 StGB verfassungswidrig und nichtig sei. Seitdem ist die Suizidhilfe in Deutschland genau so geregelt wie vor 2015, nämlich gar nicht.

*

Damit komme ich zum Schluss dieser kleinen Zusammenfassung - und gleichzeitig zum "halben" Antrag, von dem vorhin schon die Rede war. Im Gegensatz zu allen anderen Anträgen schaffte es dieser halbwüchsige Antrag - eingebracht von einer Gruppe um die Abgeordnete Katja Keul (GRÜNE) - nicht mal mehr bis in die zweite und dritte Lesung (Beratung), geschweige denn bis zur Abstimmung. Sozusagen: von vorneherein abgelehnt! Er plädierte für - Achtung! - die Beibehaltung der damaligen gültigen Rechtslage.

Wie auch immer man zu diesem Vorschlag stehen mag - er trägt maßgeblich zur Kuriosität der damaligen Debatten (und Ergebnisse) bei.

Das nämlich sind, aus heutiger Sicht, die Resultate der vermeintlichen Sternstunde: das beschlossene Gesetz entsprach nicht einmal der Verfassung, die drei anderen Entwürfe sind inzwischen im Reich der Vergessenheit aufgenommen worden, und genau jener Antrag, über den nicht einmal mehr abgestimmt wurde, beschreibt die Rechtslage genau so wie sie noch heute ist: gefühlt und praktisch ist gar nichts geregelt.

Kapitel 3: Die Zeit von 2015 bis zum Sommer 2021

Da dieser Zeitraum vom ersten Beibuch erfasst wird, hier nur die markantesten Eckpunkte im Sprintdurchlauf.

2015: Verbot der geschäftsmäßigen Förderung der Selbsttötung (§ 217 StGB).

2015: Unmittelbar nach der Verabschiedung des Gesetzes wurden beim Bundesverfassungsgericht mehrere Verfassungsbeschwerden eingereicht, sowohl von schwerkranken Betroffenen wie auch von Sterbehilfeorganisationen (die seit der Installation des neuen Paragraphen verboten waren).

März 2017: Das Bundesverwaltungsgericht (BVG) entscheidet, dass schwerstkranke Patienten in "extremen Notlagen" Anspruch auf Herausgabe des Betäubungsmittels Natrium-Pentobarbital (Nap) haben, zum Zweck der Selbsttötung. Entscheidungsbefugt sei das Bundesinstitut für Medizinprodukte und Arzneimittel (BfArM). Nach dem (letztinstanzlichen) Urteil gehen sogleich entsprechende Anträge zur Prüfung beim BfArM ein.

Juli 2018: Bundesgesundheitsminister Jens Spahn (CDU) weist das ihm unterstellte BfArM an, alle Anträge auf Arzneimittel zum Zwecke der Selbsttötung abzulehnen (Nichtanwendungserlass). Folge: Trotz des höchstrichterlichen Urteils wurde bis heute keiner der weit über zweihundert eingereichten Anträge positiv beschieden. Kleine Notiz am Rande: der aktuelle Gesundheitsminister Karl Lauterbach (SPD) hat den Nichtanwendungserlass bisher nicht aufgehoben (obgleich er ihn, als er noch nicht seines Amtes waltete, mehrfach kritisiert hatte).

Februar 2020: Das Bundesverfassungsgericht in Karlsruhe erklärt den § 217 StGB für verfassungswidrig, null und nichtig. Folge: Sterbehilfeorganisationen sind nicht mehr verboten, nehmen ihre Arbeit auch sogleich wieder auf - und geschätzte 104 Prozent der Bundestagsabgeordneten plädieren dafür, nun aber rasch eine neue, anständige und verfassungskonforme Regelung herbeizuführen.

Sommer 2020 bis Sommer 2021: Selbstredend wurden Arbeitsgruppen gegründet, sogar fraktionsübergreifend (Sternstunde!), auch wurde der ein oder andere Entwurf entworfen, doch so richtig in die Pötte kamen die Abgeordneten und Gruppen nicht - vielleicht auch deshalb, weil keine Gruppe davon ausging, mit ihrem Vorschlag eine ausreichende Mehrheit auf sich vereinigen zu können. Vermutlich lagen sie mit dieser Einschätzung sogar richtig - was aber nichts daran ändert, dass aus dem "rasch" bald ein "demnächst" wurde. Und es kam noch ärger: urplötzlich stand, ziemlich überraschend, die parlamentarische Sommerpause 2021 vor der Tür, und gleich danach auch noch die Bundestagswahl - nein, das war nicht mehr zu schaffen, allen Bemühungen zum Trotz. Und so ging der Bundestag im Sommer 2021 auseinander, ohne eine neue Regelung für die Hilfe zum Suizid getroffen zu haben - immerhin anderthalb Jahre nach dem jetzt schon historischen Urteil des BVerfG.

*

An dieser Stelle endete auch das (erste) Beibuch. Ich war gespannt, wie sich die Lage fortentwickeln würde, und dabei wenig optimistisch. Nun, die Lage hat sich fortentwickelt - zu zeigen, wie und was sich seit dem Sommer 2021 alles getan (und nicht getan) hat, ist eines der Anliegen dieses Beibuch II.

Möge es im Übrigen mit dazu beitragen, einzusehen, dass der Tod kein Teufel ist, und das Leben keine Erfindung des Menschen.

• • •

Kapitel 4: Das Volk, die Wahl, der Vertrag

Am 26.07.2021 fand die Wahl zum 20. Bundestag statt. Im Anschluss geschah das, was eigentlich immer nach Wahlen passiert (absolute Mehrheiten sind inzwischen was für´s Museum): Es wird sondiert, verhandelt, geschachert, und irgendwann einigen sich zwei oder mehr Parteien darauf, die Regierung in die Hand zu nehmen.

Das Ergebnis ist bekannt: die Ampel war entstanden. Natürlich wurde sogleich mit der Arbeit begonnen. Man kennt das ja: zuerst wird ein Selfie gemacht, dazu mit Zuversicht um sich geworfen, versichert, dass alles bestimmt ganz toll gelingen wird, schließlich wird ein Koalitionsvertrag präsentiert.

Ich verstehe bis heute nicht, weshalb diese "Werke" oder Schriftstücke "Vertrag" heißen, und nicht etwa Koalitionspläne oder Koalitionsvorhaben - von Vertragsstrafen bei Nichteinhaltung der Ziele ist auf den stolzen 177 Seiten jedenfalls nichts zu lesen.

Egal, dann eben Vertrag: 177 Seiten also. Herausgegeben am 7. Dezember 2021. Um mich kurz zu fassen: Es gibt kaum ein Thema, welches in diesem Vertrag nicht angesprochen wird. Ist eigentlich auch logisch: man will und soll sich ja schließlich um nicht weniger als alles kümmern.

Natürlich machte ich mich gleich auf die Suche nach "meinem" Thema: worauf wohl, so fragte ich mich, hat sich denn dieses bunte Bündnis beim Thema Sterbe- bzw. Suizidhilfe verständigt? Was wohl werden sie sich vorgenommen haben? Ich brauchte eine Weile, um fündig zu werden; das Ding ist in gefühlt hundert Themen und Unterthemen unterteilt, es ist ein kleines Gliederungswerk an sich.

Einerlei - zu finden ist das Thema "Sterbehilfe" schließlich unter dem Abschnitt VI: "Freiheit und Sicherheit, Gleichstellung und Vielfalt in der modernen Demokratie", dort wiederum in der Rubrik "Innere Sicherheit, Bürgerrechte, Justiz, Verbraucherschutz, Sport." Eingebettet zwischen den Themenkomplexen "Schutz der Verbraucher und Verbraucherinnen" - bei welchem es u.a. um die Finanzierung der Stiftung Warentest oder um das Recht auf Reparatur und elektronische Widerrufbuttons geht, selbstredend auch um die Neuregelung der Fluggastrechteverordnung - und "Sport" (u.a.: Evaluierung des Potentialanalysesystems im Rahmen der Spitzensportförderung, rechtzeitige Einbeziehung der Bevölkerung bei zukünftigen Bewerbungen für Sportgroßveranstaltungen, Errichtung eines unabhängigen Zentrums für Safe Sport, um besser gegen physische, psychische und sexualisierte Gewalt im Sport vorgehen zu können) ist der Punkt "Entscheidung Sterbehilfe" platziert, Seite 113.

Nun, man hat davon auszugehen, dass sich die Ampel augenblicklich in das Motto "Manchmal ist weniger mehr" verliebt haben muss - mit einem einzigen Satz, bestehend aus 14 Wörtern, wird das Thema abgespeist: "Wir begrüßen, wenn durch zeitnahe fraktionsübergreifende Anträge das Thema Sterbehilfe einer Entscheidung zugeführt wird."

Fast schon wieder lustig! Vor allem, wenn man bedenkt, wie passgenau sich diese Aussage mit dem Motto verträgt, das dem Koalitionsvertrag vorangestellt wurde. Es lautet: "Mehr Fortschritt wagen". Na dann - wollen wir wagemutig fortschreiten.

Kapitel 5: Ein Kölner Fall

Allen vorliegenden Berichten zufolge darf man sich Natalja Jaxen als eine echte Lebefrau vorstellen, die, nach eigenem Bekunden, kaum etwas ausgelassen hat: Bauchtanz, Motorrad fahren, Rockmusik, ungeschützter Sex, Reisen, Kneipen. Immer gelebt, soweit wie möglich in vollen Zügen.

Ziemlich genau ein Jahr nach dem Urteil des BVerfG erfährt die 67-jährige, ehemals Leiterin eines Kindergartens, im Februar 2021, dass sie an ALS leidet. Einer Nervenkrankheit, deren Verlauf durch Medikamente ggf. verlangsamt, nicht aber aufgehalten werden kann. Die Muskeln verschrumpeln zusehends, das Atmen und Sprechen fällt schwerer, bis hin zur Bewegungs- und Sprachlosigkeit.

Natalja brauchte nicht lange, um einen Entschluss zu fassen, ihren Entschluss: kein Bock drauf! Ein Leben lang hatte sie sich gerade über das definiert, was die Krankheit ihr nun allmählich wegfressen würde: ihren Körper, ihre Sprache, ihre Bewegung. Pflegebedürftig ans Bett gefesselt zu sein entspreche, so sagt sie, nicht ihrem Selbstbild, ebenso wenig wie die Vorstellung, es dem Physiker Stephen Hawking gleichzutun und und nur noch mit Hilfe eines Computers sprechen zu können. Außerdem glaube sie an Reinkarnation und hoffe, als etwas wiedergeboren zu werden, das hilft "diese Erde zu retten".

Ihr Problem: Sie sagt nicht nur, dass sie sterben möchte, sondern will es auch tatsächlich, und das nicht irgendwann, sondern sehr bald. Sie macht sich schlau, erfährt vom Kippen des Verbots der "geschäftsmäßigen Beihilfe zum Suizid" und vermeint, dass der Weg hin zu einem baldigen Tod ob dieses nicht mehr existierenden Verbots doch schon irgendwie zu beschreiten sei. Schließlich will sie ja nicht umgebracht oder hingerichtet werden; was sie will, ist eine ausreichende Dosis Natrium-Pentobarbital. Sie ist weder Eigenbrötlerin noch vereinsamt, im Gegenteil: sie hat einen Freund und kennt gefühlt Gott und die Welt, die Südstadt, mit all ihren Kneipen, ist ihr Viertel, und ihr Bekanntenkreis ist nicht klein.

Sie ruft Ärzte an. Nichts zu machen. Zumal die Berufsordnung der Ärzte zum damaligen Zeitpunkt immer noch den Satz "Ärzte und Ärztinnen dürfen keine Hilfe zur Selbsttötung leisten" enthält. Sie ruft Krankenpflegerinnen an. Lieber nicht. Sie schreibt an das Bundesgesundheitsministerium. Dort aber heißt der Chef Jens Spahn - also genau der, der sogar vom Hals abwärts an vollständig Gelähmten die Herausgabe eines todbringenden Medikaments verwehrt. Eine Anmeldung bei einer Sterbehilfeorganisation kommt für sie nicht in Frage; sie weigert sich, für ihren Tod eine saftige Stange Geld auszugeben, "Sterben gegen Vorauszahlung" lehnt sie ab.

Was aber nun tun? Zumal die Krankheit in ihr fortschreitet, zwei Monate nach der Diagnose ist sie schon auf den Rollator angewiesen, bald wird es ein Rollstuhl sein, er steht schon bereit. Sie im Rollstuhl - für Natalja eine Horrorvorstellung. Sie weiß sehr wohl, wie viele Abertausende Menschen an den Rollstuhl gefesselt sind und deswegen nicht gleich sterben wollen. Um diese Menschen geht es aber in diesem Fall nun einmal nicht, sondern einzig und allein um Natalja Jaxen. Und die sagt: "Ich wollte immer viel vom Leben. Und wenn der Körper oder die Sprache nicht mehr funktionieren, genügt mir das nicht mehr!"

Ich weiß nicht, was an diesem Satz so schwer zu verstehen ist. Vor allem dann, wenn man ihn - und die Person, die ihn äußert – ernst nimmt.

Und der Person nicht latent unterstellt, nur aus einer Laune heraus ins Blaue zu quatschen.

*

Befragt zu diesem speziellen Fall Natalja weiß sich z.b. Andreas Lob-Hüdepohl, Professor für Theologische Ethik (und damals auch Mitglied des Deutschen Ethikrates), in einem Interview mit dem *Kölner Stadt Anzeiger* letztlich doch wieder nur ins Allgemeine zu flüchten, fast so, als würde er sich bewusst weigern, *diesen* Fall zu betrachten, und damit auch einzuschätzen, ob die Frau nun ihren freien festen Willen hat oder nicht. Der Suizid, so der Theologe, dürfe nicht zur "normalen" Exit-Strategie werden. Toll! Was soll das über den Fall Natalja Jaxen aussagen? Und natürlich bringt er das mit auf´s Trapez, was alle Gegner der Hilfe zum Suizid nur allzu gerne immer wieder betonen: "Die Suizidforschung zeigt, dass Sterbewillige eine Art Tunnelblick einnehmen; dass der Satz `ich will so nicht mehr leben´ ganz eng gepaart ist mit dem Wunsch, zu leben, nur eben anders."

Schön gesagt - die Frau will aber kein Leben im Rollstuhl! Und auch keins, bei dem ihr Gesundheitszustand sich von Tag zu Tag verschlechtert. Das lässt sich aber nicht verhindern, es gibt also kein "anderes" Leben. Deswegen, Herr Professor, jetzt mal ganz konkret: Soll der Frau nun eine ausreichende Dosis Natrium-Pentobarbital zur Verfügung gestellt werden oder nicht ? - Seine Heldenantwort: " Ich würde mich ebenso überheben wie der Gesetzgeber, wenn man das so konkret sagen wollte...". Befinden, so fügt er noch hinzu, könnten darüber nur die Ärzte. Sorry, aber ich fasse das so zusammen: Hier bin mit meiner Ethik zu Ende, der Gesetzgeber wird da auch nix machen können, sollen doch die Ärzte entscheiden. - Mit einem Wort: Wenig Konkretes, und schon gar keine konkrete Hilfe.

● ● ●

*

Unterdessen unsere eigenwillige Natalja ziemlich konkret agiert, sehr konkret sogar. Sie hat keine Zeit zu verlieren, merkt, wie ihr Körper nachlässt und schwächer wird, und wie sie das anwidert.

Sie trifft bereits alle Vorkehrungen: Patientenverfügung, Testament, die Urne ist längst gekauft, die Trauerfeier bis ins Detail vorgeplant (volle Kneipe, die Urne auf der Theke, daneben ein Fass Kölsch. laute Musik, Party!), einen Sterbebegleiter hat sie auch schon, im Mai soll es in der Lutherkirche noch ein Abschlusskonzert für sie geben (Melodien von Janis Joplin und Leonard Cohen!); hat sie sich gewünscht, bekommt sie, Freunde haben das organisiert. Allerdings: Sie will ja auch noch sterben. Nur wie?

Sie befasst sich mit den damals herum kursierenden Gesetzentwürfen, die die Hilfe zum Suizid neu regeln sollten (und auf die wir später noch ausführlich zu sprechen kommen werden) - und hielt gar nichts von ihnen: " Ich komme mir ständig unmündig vor, als versuchte man, mir meinen freien Willen zu nehmen." Von der Politik war mithin auch keine Hilfe zu erwarten - zumal Gesetzentwürfe Entwürfe sind, und es dauern kann, bis sie zum Gesetz werden.

All das zusammengefasst: Kein Gesetz, kein Arzt, der ihr Nap verschreibt, keine Hilfe vom Gesundheitsministerium - und dabei will sie bald sterben, das Kirchenkonzert im Mai soll eigentlich ihr "Tschüüß" werden, danach will sie gehen. Aber wie und womit?

*

Nun, jetzt passiert das, was kein Gesetz wird haben wollen, was auch kein Ethiker je befürworten wird, und keiner Ärztin so richtig gefallen kann. Sie geht zu ihrem Arzt, flunkert ihm etwas von schweren Schlafstörungen vor (die sie gar nicht hat) und fängt an, die verschriebenen Tabletten daheim zu horten. Gleichzeit schaut sie sich im Darknet nach geeigneten Möglichkeiten der Selbsttötung um.

Dann das Konzert in der Lutherkirche, das tatsächlich stattfindet, trotz Corona. Und so, als meine es der Zufall gut mit ihr: Genau an dem Tag ihres Konzerts erreicht sie die Nachricht, dass der Deutsche Ärztetag den Satz "Ärzte und Ärztinnen dürfen keine Hilfe zur Selbsttötung leisten" aus seinen Statuten gestrichen hat. Das Ziel scheint plötzlich nah: einen Arzt finden, der ihr Nap verschreibt, noch die allerletzten Vorkehrungen treffen, und dann rein in die neue Sphäre. Sie begibt sich auf die Suche - vergeblich! Über Wochen hinweg findet sie keinen Arzt, der ihr das ersehnte Präparat verschreibt, der Palliativdienst lässt sie auch abblitzen, sogar bei Tiermedizinern fragt sie nach!

Das alles wird ihr jetzt ein bisschen zu bunt, also sagt sie: Dann eben auf eigene Faust! Sie recherchiert im Internet und verlässt sich auf einen dort empfohlenen Medikamentenmix, nach deren Einnahme man, so heißt es dort, ruhig und schmerzfrei auf immer einschlafe.

Obgleich man davon ausgehen kann, dass der eine oder andere Arzt gewusst haben wird, was Natalja mit den Medikamenten vorhatte - die jeweils einzelnen Präparate verschrieen sie ihr.

Ein paar Freunden sagte sie ein letztes Mal Tschüss, in der Nacht vom 13. auf den 14. Juni ist es dann so weit: Die Medikamente werden zerkleinert bzw. aufgelöst und in einer Portion Apfelmus verrührt. Henkersmahlzeit. Dann das Malheur: Die Medikamente scheinen sofort anzuschlagen, Natalja schläft ein - ohne dass sie die erforderliche Menge an Mus zu sich genommen hätte. Eingeschlafen ist sie also; aber eben nicht, wie erhofft, für immer.

Wach wird sie im Mildred-Scheel-Haus, Intensivstation! Begeistert ist sie nicht von ihrer Rettung, im Gegenteil: Sie lässt alle wissen, was sie von ihr hält - und weigert sich fortan, Nahrung zu sich zu nehmen. Getrunken wird auch nicht mehr (trotz "Lust auf ein Kölsch"), nur per Lutschen an einem Eiswürfel wird die Zunge feucht gehalten. Sterbefasten nennt man das. Nicht schön - aber eben auch nicht verboten. Und vor allem: eigeninitiativ auszuführen. Sie erhält Opiate, um ihr Austrocknen von innen erträglich zu machen.

Zwei Wochen geht das so - dann wird umgezogen! In ihre Wohnung! Palliativbett. Pflegedienst rund um die Uhr! Kann noch was dauern, meint der Arzt.

Natalja wird schwächer und schwächer - ihre Kraft reicht aber noch aus, um zu sagen, dass sie "wütend und enttäuscht" sei, dass sie nicht selbstbestimmt habe sterben dürfen.

Halluzinationen setzen ein. Dann der nächste Umzug! Nach Bensberg, in ein Hospiz. Sie streikt weiter, meint aber auch: "Es ist eine grausame Art zu sterben", sie sei keinem zu empfehlen.

Nach über sechs Wochen gibt sie auf - und fängt wieder mit Essen und Trinken an. Lässt sich aufpäppeln. Zum Aufpäppeln sind Hospize aber nicht da, also noch ein Umzug: nach Zollstock, in ein Wohnheim für Betreutes Wohnen. Sie erholt sich, sie solle wohl noch leben, meint sie. Sie bekommt einen elektrischen Rollstuhl, mit dem sie sogar eine Runde in der Südstadt, Vorgebirgspark, drehen kann.

Natürlich macht sie das nicht wieder gesund. Im November geht es ihr zunehmend schlechter, das Sprechen wird immer anstrengender, zuweilen glaubt sie am eigenen Speichel ersticken zu müssen.

Gleichwohl: Eine Last, und beileibe nicht die geringste, hat man der Frau nehmen können. Oder sie sich selbst, wie man es nimmt. Entgegen ihrer ursprünglichen Absicht hat sich Natalja nun doch bei der "Gesellschaft für Humanes Sterben" angemeldet. Vor allem aber, und damit geht ihr eigentlicher Herzenswunsch doch noch in Erfüllung: Sie hat (vermutlich durch Vermittlung der Gesellschaft) eine Ärztin gefunden, die ihr das Natrium-Pentobarbital verschrieben hat. Das bewahrt sie in ihrem Zimmer auf und weiß jetzt: *Sie* entscheidet, wann Schluss ist.

Ob ein befreundeter Arzt ihr dabei, wie sie es wünschte, "Händchen gehalten" hat, weiß ich nicht. Am 7. Januar 2022 ist Natalja gestorben.

*

Kleiner Hinweis bzw. Nachtrag in eigener Sache: Für den Fall, dass etwaige Leser während der Lektüre dieses Kapitelchens von allzu heftigen Hoffnungs- oder Romantikattacken heimgesucht worden sein sollten (sie sagte doch selbst, sie solle noch leben; lieber doch im Park als im Hospiz...): Sollte ich je an ALS erkranken, vor allem aber an einem Medikamentenmix scheitern und auf einer Intensivstation wach werden: auf die 6 Monate, die Natalja noch gelebt hat, kann ich herzallerliebst verzichten!

Krankenhaus, Wohnung (mit Pflegedienst), Hospiz, Pflegeheim, mit Rollstuhl. Möge sich der Staat das viele Geld sparen - und in die Menschen investieren, die all diese Hilfsangebote wirklich annehmen möchten.

Mit einem Wort: ich wünsche mir schon beim ersten Versuch, selbstbestimmt aus dem Leben zu scheiden, Erfolg. Auf jegliche

Fortsetzung verzichte ich gerne, so schön ist der Vorgebirgspark nun auch wieder nicht.

Und dabei glaube ich noch nicht einmal, dass ich reinkarniert werde, ich halte diese Vorstellung für ziemlichen Unfug. Liegt vielleicht aber auch nur an meinem Tunnelblick. Wobei, das muss jetzt noch sein: Wenn Theologen anfangen, mit Tunnelblicken Einstellungen von Menschen erklären zu wollen, finde ich das schon ein bisschen lustig.

Kapitel 6: Wie schaut´s eigentlich wo anders aus? - Österreich

Bis Ende 2020 war die gesetzliche Lage in Österreich, sowohl die "Tötung auf Verlangen" als auch die "Beihilfe zum Suizid" betreffend, eindeutig geregelt. Wobei man in diesem Fall auch sagen könnte: eindeutig verboten. § 77 des österreichischen Strafgesetzbuchs untersagt die Tötung auf Verlangen bis heute, wer sich nicht daranhält, geht bis zu fünf Jahre in den Knast.

Viel interessanter kommt (bzw. kam) der sich anschließende § 78 StGB rüber. Und das in jeder Hinsicht. Das fängt schon bei der Sprache an: Im besagten Paragraph wurde nämlich nicht etwa das Verbot der Hilfe (oder Beihilfe) zum Suizid geregelt, sondern - drunter wird´s nicht gemacht - die "Mitwirkung am Selbstmord"!

Der sich Suizidierende also suizidiert sich nicht, er bringt sich auch nicht um, nein, er ermordet sich! Wie es zu diesem Aussetzer gekommen ist? Nun, die Vorschrift ist schon etwas älter und stammt aus einer Zeit, in der die Faschisten und Kirchen in Österreich noch mehr zu sagen hatten als heute (wobei das auch noch längst nicht wenig ist, schöne Grüße an dieser Stelle an Herrn Kickl) - da kann man schon mal mit einem Mord um die Ecke kommen.

Entsprechend fiel auch die inhaltliche Gestaltung des Verbots aus: Jede Form der Hilfe war verboten, wirklich jede. Nur ein Beispiel: Sofern jemand beabsichtigte, in die Schweiz zu fahren, zu einem Sterbehilfeverein, um sich dort beraten und/oder helfen zu lassen, das Zugticket aber spendiert bekam, weil er es selbst nicht bezahlen konnte - richtig: Der Gönner machte sich strafbar! Und wenn es sich bei diesem Zugticketspendierer um den eigenen Ehemann oder die eigene Tochter handelte? Egal, Anklage wegen Mitwirkung am Selbstmord! Und wehe dem, das Töchterchen begleitete den Papa sogar in die Schweiz - dann war der Knast aber nicht mehr fern!

Natürlich ist das irre, und gottlob ließen sich das nicht alle Österreicher gefallen und klagten gegen diesen unseligen Paragraphen. Neben Sterbewilligen taten das auch Angehörige und Ärzte - sogar die Bioethikkommission des Bundeskanzleramtes meinte, die Vorschrift sei beim besten Willen so nicht haltbar.

Am 11. Dezember 2020 kippte der österreichische Verfassungsgerichtshof den § 78StGB. Dabei gingen die Richter aber völlig anders vor als die Kollegen in Karlsruhe, die ja bekanntlich zehn Monate zuvor den deutschen § 217 StGB für null und nichtig erklärt hatten. Der Tenor des österreichischen Urteils lautete nämlich: Lieber Gesetzgeber, die Vorschrift kann so nicht stehen bleiben, sie verstößt gegen unsere Verfassung. Wir geben euch aber bis zum 31.12.2021, also zwölf Monate, Zeit, den Paragraphen so umzugestalten oder neu zu fassen, dass er sich mit unserer Verfassung verträgt. Solltet ihr die Frist verstreichen lassen, läuft die Vorschrift zum 31.12.2021 aus, die Hilfe zur Selbsttötung wäre somit ab Januar 2022 nicht mehr verboten.

*

Da hat der österreichische Gesetzgeber also mal eine knallige Hausaufgabe aufbekommen. Und? Hat er sie gemacht? - Ja, hat er. Und wie hat er sie gemacht? Nun, wäre ich Lehrer, würde das Urteil lauten: Fünf minus, setzen! Ein weiter Weg bis zum Tod - wenn bis dahin mal nicht der eine oder die andere in eine der im Alpenland reichlich vorhandenen Schluchten fällt...

Ich will mich kurzfassen und die Voraussetzungen zum Erhalt eines todbringenden Präparats hier nur stichwortartig auflisten.

> Der Betroffene muss volljährig sowie dauerhaft schwer- oder unheilbar krank sein.

> Sofern er diese Voraussetzungen erfüllt, kann bzw. muss er eine sogenannte Sterbeverfügung beantragen, und zwar zunächst beim Notar!

> Sodann muss dieser Antrag von mindestens zwei Ärztinnen abgesegnet werden, wenigstens eine davon muss sich auch Palliativärztin nennen dürfen.

> Zwischen Antrag und Abgabe des todbringenden Medikaments müssen mindestens 12 Wochen liegen ("Reflektionsfrist").

Sind alle diese Voraussetzungen erfüllt, kann dem Betroffenen mit Hilfe der abgesegneten "Sterbeverfügung" in einer Apotheke das Mittel ausgehändigt werden.

*

Geregelt ist das ganze Procedere nunmehr im neu geschaffenen "Sterbeverfügungsgesetz". Was nicht bedeutet, dass der Verbotsparagraph 78 StGB ermordet worden wäre - der existiert nach wie vor und wurde lediglich um die Ausnahme des Verbots der im Spezialgesetz geregelten Fälle ergänzt. Und ja, auch wurde der § 78 StGB umbenannt; nun ist statt von der Mitwirkung am Selbstmord "nur" noch von der Mitwirkung an der Selbsttötung die Rede.

Einmal abgesehen davon, dass mir nicht einleuchtet, dass bzw. wie man eine Verfügung beantragen kann (beantragt wird in aller Regel die

Gewährung einer Leistung, verfügt wird indes eine zu befolgende Vorgehensweise, so z.b. bei der Patientenverfügung: die beantragt man ja nicht, man verfügt sie!) - viel interessanter scheint mir eine Umfrage unter 1.000 Österreichern zu sein, die kurz vor Inkrafttreten des Sterbeverfügungsgesetzes von der Österreichischen Gesellschaft für ein humanes Lebensende (ÖGHL) durchgeführt wurde.

Demnach lehnten nur 9 % der Befragten die Aufhebung des Komplettverbots ab. Satte 80 % befürworteten sie. Damit aber nicht genug: Jeder Dritte fand, dass auch eine Vorab-Sterbeverfügung möglich und erlaubt sein sollte (dass man also schon zu "gesunden Zeiten" über die Sterbehilfe im Ernstfall verfügen bzw. entscheiden darf). Und nicht zuletzt: immerhin 23% sprachen sich sogar für eine Legalisierung der aktiven Sterbehilfe aus, also für die Aufhebung des Totalverbots der Tötung auf Verlangen.

Ich gebe zu, dass diese Umfrage womöglich wenig repräsentativ daherkommt - die ausführende Gesellschaft scheint mit ihren gestellten Fragen doch sehr verwoben zu sein. Leider habe ich nicht herausfinden können, ob es sich bei den Befragten um Mitglieder der Gesellschaft handelte. Sollte dies der Fall sein, müsste man noch mehr Vorsicht walten lassen: dann wäre das ungefähr so, als würde der Lehrerverband seine Lehrer fragen, ob ihnen die Sommerferien zu lang oder zu kurz erscheinen.

So oder so aber sollten die Umfrageergebnisse durchaus beachtet werden. Eben weil es sowohl bei der Hilfe zum Suizid als auch bei der Tötung auf Verlangen immer auf den Einzelfall ankommen sollte, und das vielleicht sogar in einem Maße, wie sonst auf keinem anderen Rechtsgebiet. Schließlich sterben wir alle ja auch nur einmal.

Kapitel 7: Die Entwürfe nehmen Gestalt an; Kirchen und Vereine bringen sich in Stellung

Allen Beteiligten ist klar, dass nunmehr, zwei Jahre nach dem Urteil des BVerfG, Bewegung in die Sache kommen wird. Drei den Inhalten nach sehr unterschiedlichen Gesetzentwürfe sind in der Mache und sollen demnächst im Bundestag besprochen werden. Obgleich die Arbeitspapiere noch gar nicht bis ins Detail zu Ende formuliert sind, wissen insbesondere die Kirchen schon vorab, wie und was bei einer etwaigen Neuregelung unbedingt beachtet werden muss. Auch die Sterbehilfevereine melden sich zu Wort und lassen mit einer Ankündigung aufhorchen. Doch der Reihe nach.

Ulrich Lilie, Präsident der Diakonie Deutschland, bemüht sich eigentlich um versöhnliche Worte, versucht auch, es nicht nur bei Worten bewenden zu lassen (so solle etwa im Bereich der Sterbebegleitung in die Personalausstattung und Qualifizierung der Mitarbeiter investiert werden), sieht sich dann aber doch letztlich gezwungen, ein wenig, um den toten Brei zu reden. Er zeigt durchaus ein gewisses Verständnis für Menschen, die sich suizidieren wollen, und zeigt sich auch bereit, ihnen zuzurufen: "Wir lassen dich nicht allein". Beschränkt sich dann aber doch lieber auf die Sterbebegleitung, und nicht etwa auf eine Sterbehilfe.

So plädiert er dafür, die Sterbewünsche von Menschen zu enttabuisieren; man kann ihm auch abnehmen, dass er sie sogar respektiert. Ebenso spricht er sich dafür aus, diese Menschen "seelsorgerisch und pflegerisch" zu begleiten. Teilt ihnen dann aber auch im selben Atemzug mit, dass die Diakonie sich nicht an der Handlung eines assistierten Suizids beteiligen werde. Wenn man es böse mit ihm meint, könnte man das von ihm Gesagte auch so zusammenfassen: Wenn du sterben möchtest: wir werden für dich da sein, dir gut zureden und dich auch pflegen. Suizidiert wird sich in unseren Betten aber nicht!

Gleichwohl kommen diese Worte, setzt man sie in Kontrast zu den Äußerungen des Vorsitzenden der katholischen Deutschen Bischofskonferenz, Dr. Georg Bätzing, liebevoll und gottgnädig daher.

Auf mich wirken seine Ausführungen zu dem Thema zuweilen regelrecht verstörend, und ich hoffe, diese Ansicht nicht exklusiv zu haben. Vieles von dem, was er sagt, habe ich auch gar nicht recht verstehen können.

Dem Bundesverfassungsgericht wirft er vor, dem Recht auf selbstbestimmtes Sterben zu einer "erstaunlichen, aber gefährlichen Aufwertung" verholfen zu haben. Viel mehr noch: das Urteil "erwecke den Eindruck, dass das Recht auf selbstbestimmtes Sterben in die innerste Mitte der gesamten Architektur der Freiheits- und Persönlichkeitsrechte der Verfassung führe". Und fragt allen Ernstes, ob "Rechtstexte nicht nachdenklicher geschrieben" sein dürften.

So, als habe er erkannt, sich auf sehr dünnes Eis begeben zu haben, beeilt er sich, hinzuzufügen, dass er natürlich die Integrität des Gerichtes nicht anzweifle, und natürlich die Pluralität von Wertevorstellungen in der Gesellschaft anerkenne.

Apropos "natürlich": Die Ärzteschaft auf dem 14. Ärztetag im Februar 2022 lässt er wissen: "Ich nehme wahr, dass viele Befürworter des Rechts auf Sterbehilfe die Bezugnahme auf Spiritualität und Fürsorglichkeit geradezu meiden." -- Was meint er, was will er? Ich bin mir nicht ganz sicher, kann ihm aber auf ganz natürliche Weise versichern, dass ich tatsächlich eine Bezugnahme auf Spiritualität meide wo ich nur kann; übrigens mit der gleichen Vehemenz, wie ich z.B. eine Mitgliedschaft in der Katholischen Kirche meide.

Ebenso verstörend (wie auch ein bisschen weltfremd) erscheint der Umstand, dass er während seines Vortrags auf dem Ärztetag andauernd von "Sterbevereinigungen" redet. Was soll das sein? Ein Überbau von Sterbevereinen? "Sterben" und "helfen" scheinen bei ihm zwei absolut inkompatible Begriffe zu sein. Das Ganze mündet dann in der grotesken Feststellung, dass "das Anwachsen von Sterbevereinigungen beweise, dass christliche Spiritualität, die christlich motivierte ars vivendi und ars moriendi gesellschaftlich neu verankert werden sollte".

Nun denn - diesen Anker will ich nicht an meinen Füßen haben! Aber gut: Was will man von jemandem erwarten, der - ganz frisch eingetroffen - im April 2024, also zu einer Zeit, in der Russen und Ukrainer sowie Israelis und Palästinenser sich bis auf´s schrecklichste Blut bekämpfen, sich gegenseitig foltern und vergewaltigen, und die ganze Welt aus den Fugen zu geraten scheint - in seiner Osterpredigt zum Besten gibt, dass die Auferstehung Jesu von den Toten der Anfang einer neuen Welt sei, "in der die Opfer von Kriegen, Terror und ungerechten Zuständen Gerechtigkeit erfahren."

*

Ich halte es da lieber mit den Göttern der Aufklärung und weise, bevor es an die Gesetzentwürfe geht, noch darauf hin, dass die in Deutschland tätigen Sterbehilfe-Organisationen - "Sterbehilfe Deutschland", "Dignitas Deutschland" und "Deutsche Gesellschaft für Humanes Sterben" - im Jahr 2021 in etwa 350 Fällen Suizide begleitet oder Assistenz für die Selbsttötung vermittelt haben.

Möge jeder die Zahl so interpretieren wie es ihm beliebt - viel interessanter als die nackte Zahl erscheint mir der Hinweis der Organisationen, dass die Gründe für das Sterbenwollen vielfältig waren. Neben Schwerkranken baten (und erhielten) auch Menschen ohne körperliches Leiden, die einfach des Lebens überdrüssig waren ("Lebenssattheit"), um Hilfe. Ebenso wie - sehr fein, das kann man Liebe nennen - Paare, die gemeinsam sterben wollten.

Garniert wurden diese Informationen der Sterbehilfe-Organisationen mit der Ankündigung, dass, sollte die neue Regelung die Hilfe zum Suizid erneut grundsätzlich unter Strafe stellen, man ohne zu zögern wieder vor das Bundesverfassungsgericht ziehen werde.

Kapitel 8: Der Entwurf Castellucci

Um die - fraktionsübergreifenden - Entwürfe besser unterscheiden bzw. benennen zu können, ist es üblich, sie mit den Namen der Abgeordneten zu versehen, die den Entwurf maßgeblich initiiert und/oder ausgearbeitet haben. Der hier vorliegende Entwurf wurde in der Regel von den Abgeordneten als "Entwurf um die Gruppe Castellucci, Heveling und andere" bezeichnet. Ich verkürze das hier nochmal und nenne ihn im Folgenden einfach nur "Entwurf Castellucci".

Da ich davon ausgehe, dass die meisten Leser noch nie einen klassischen Gesetzentwurf zu Gesicht bekommen haben, möchte ich in aller Kürze darlegen, wie man sich ein solches Schriftstück ungefähr vorzustellen hat (wer´s in Gänze genießen möchte: Bundestag/Drucksache 20/904 vom 7.3.2022).

Zunächst wird skizzenhaft das Problem dargestellt (deswegen es überhaupt eines neuen Gesetzes bedarf), im Anschluss, ebenso kurz, die Lösung. Nach einigen juristischen Notwendigkeiten folgt dann der vorgeschlagene Gesetzestext. In der sich anschließenden Begründung - welche neben dem Gesetz selbst das Kernstück eines Entwurfs ausmacht - werden dann die einzelnen Paragraphen, Absätze und Sätze, Nummer für Nummer, manchmal auch Wort für Wort, kommentiert. Bei Gelegenheit werden auch die Absichten, die dem Gesetzestext zugrundeliegen, erläutert - was ja auch durchaus Sinn macht, will man doch die Initiatoren auch ein bisschen verstehen.

*

So weit, so gut - nun also zum Inhalt des Entwurfs. Um es gleich vorwegzunehmen: es ist der mit Abstand strengste und repressivste aller Entwürfe. Während ich ihn studierte, fühlte ich mich bestätigt, in meiner im ersten Beibuch geäußerten Befürchtung, dass diejenigen, die am liebsten gar keine Form der Hilfe zum Suizid erlauben würden, nun, da sie gezwungen waren, irgendeinen Zugang zur Hilfe legalisieren zu müssen, alles daran setzen, es jedem Sterbewilligen so unangenehm und lästig wie nur eben möglich zu machen. Als hätten sie sich zum Ziel gesetzt, den Österreichern mal zu zeigen, wie man verfassungsrechtliche Vorgaben noch viel besser umschiffen kann, als die Leute zum Notar zu schicken.

So denn: Als erstes hat sich der Sterbewillige, um Natriumpentobarbital verschrieben zu bekommen, darauf hin untersuchen zu lassen, ob er psychisch erkrankt ist. Und ob sein "Sterbeverlangen freiwilliger, ernsthafter und dauerhafter Natur ist". Nicht, dass sich da mal jemand mit einem lustigen statt ernsthaften Sterbewunsch einschleicht!

Okay, eine Untersuchung also. Wer aber untersucht? Doch wohl eine Ärztin!? Ja - aber nicht irgendeine! Untersuchen dürfen nur Fachärzte für Psychiatrie und Psychotherapie!

Mal abgesehen davon, dass mir nicht vollumfänglich bekannt ist, wie lange es heutzutage dauert, einen Termin bei solchen Ärzten zu bekommen: Allein schon dieser erste Schritt impliziert schon die Vorstellung: Wir müssen zuerst mal prüfen, ob du noch alle Tassen im Schrank hast und halbwegs normal tickst. Nebenher: ich glaube nicht, dass sich unter denen, die womöglich tatsächlich vollkommen aus der Spur gefallen und psychisch schwer erkrankt sind, viele finden werden, die, wenn sie sterben wollen, erst mal zum Psychiater gehen werden. Aber sei´s drum: Der Vorschlag der Castellucci-Gruppe sieht nun mal vor, dass man sich untersuchen lässt.

Nun denken wir mal positiv und setzen voraus, dass die Psychotherapeutin oder der Psychotherapeut zum Ergebnis kommt, dass die Sterbewillige - man stelle sich nur unsere Natalja aus Köln bei so einem Procedere mal vor - sehr wohl noch alle Tassen beieinander hat und sie wirklich sterben möchte. Dies würde ihr nur sehr bedingt helfen, und vom Natrium-Pentobarbital wäre sie gefühlt noch so weit entfernt, wie etwa Köln vom Sudan. Denn: Dieser ersten Untersuchung hat sich eine zweite anzuschließen, und zwar allerfrühestens drei Monate nach der ersten! Was glauben die Entwurf-Macher eigentlich, welcher Sterbewillige sich ein solches Verfahren antun würde!? Andererseits: Ich vermute, dass womöglich genau das ihre Intention ist: dass eben kaum jemand sich dieser Art von Hilfe würde bedienen wollen.

Doch zurück zum Entwurf: zwei Untersuchen also, im Mindestabstand von drei Monaten. Jeweils bei der selben Ärztin. Damit dem Sterbewilligen in der Zwischenzeit nicht langweilig wird - drei Monate können sich ziehen - muss er sich (mindestens!) einmal innerhalb der Dreimonatsfrist beraten lassen. Man könnte auch sagen: aufklären lassen. Nämlich darüber, was es im Leben und in diesem Land nicht alles so gibt. Deswegen soll die Beratung laut dem Gesetzentwurf auch einen "multiprofessionellen und interdisziplinären Ansatz" haben.

In die Praxis umformuliert heißt das: Die Psychiaterin hat beim ersten Termin nicht nur festzustellen, ob der Sterbewillige noch ganz dicht ist. Darüber hinaus soll sie sein "Motivbündel" beleuchten. Der Eine will womöglich aus dem Leben scheiden, weil er sich hoffnungslos überschuldet hat, die Andere vielleicht, weil sie gerne eine Maus wäre, morgens im Spiegel aber immer und immer wieder nur eine müde Frau sieht, der Nächste ist es vielleicht leid, sich auch nach 42 Entgiftungen und einem Dutzend abgebrochener Therapien und Adaptionen immer wieder selbst beim Versuch, seine Suchtproblematik zu überwinden, scheitern zu sehen. Wieder eine Andere hat womöglich die Doppeldiagnose Krebs und Demenz erhalten, worauf sie sich den Rest ihres Lebens gerne sparen würde. Und so weiter und so fort.

Ich habe keine Ahnung, wie lange eine solche erste Untersuchung dauern soll - jedenfalls soll der Psychiater herausfinden und entscheiden, wo bzw. bei welchen Stellen der Suizidwillige noch beraten oder aufgeklärt werden soll. Logisch: Der Schuldnerberater weiß mit einem sich im Diamorphin-Programm befindlichen Heroinabhängigen nichts anzufangen, schließlich soll die Beratung passgenau auf den Bittsteller abgestimmt sein. Doch wehe dem, die (erstuntersuchene) Psychotherapeutin kommt zu dem Schluss, dass sie eine überschuldete, drogenabhängige, an Krebs erkrankte Frau, die gerne eine Maus wäre, vor sich hat: Dann geht´s aber in einen Beratungsmarathon (siehe oben: "multiprofessionell und interdisziplinär").

Stellt sich die Frage, wer die einzelnen Beratungen durchführen soll. Darauf gibt der Entwurf eine klare, wenn auch fast putzige Antwort: Nachdem nochmals betont wird, dass die Beratung individuell angepasst, umfassend, ergebnisoffen, multiprofessionell und interdisziplinär sein soll, heißt es: "Hierzu soll keine gesonderte Beratungsinfrastruktur unter einer staatlichen Verantwortung aufgebaut, sondern auf die bestehenden vielseitigen Beratungsangebote zurückgegriffen werden".

Da ich die letzten 20 Jahre meines Berufslebens damit verbracht habe, zu versuchen, Menschen mit "besonderen sozialen Schwierigkeiten" (§67 SGB XII) - in aller Regel handelt es sich dabei um obdachlose, schwerst suchtabhängige und/oder psychisch kranke Menschen - in weitergehende Hilfen zu vermitteln, erlaube ich mir hier zu sagen: Viel Spaß dabei! Mir sind weite Teile des Hilfesystem für Menschen in Notlagen bestens bekannt, zumindest in Köln, ich kenne auch zig (Fach-)Beratungsstellen, ebenso wie Einrichtungen für alkohol- oder anderweitig suchterkrankte Menschen, und finde es eben deshalb - sorry, ich kann es nicht anders ausdrücken - putzig, wenn ich mir vorstelle, wie ein Drogenabhängiger in eine für ihn zuständige Fachberatungsstelle tritt und dann verlauten lässt: ´Hallo, ich bin Herr X, Sie kennen mich ja, ich war bis vor ein paar Monaten ja auch im Methadonprogramm, und bei Ihnen auch schon mal in der PSB (psychosoziale Beratung) - der Psychiater schickt mich, ich habe keinen Bock mehr, aber der Seelenklemptner meinte, dass ich von Ihnen einen Wisch brauche, dass ich hier beraten wurde.´

Damit keine Missverständnisse entstehen: Die Beratungsstellen leisten im Groben und Ganzen gute Arbeit und geben sich in aller Regel hinreichend Mühe, den Leuten zu helfen. Sie sind aber nicht darauf ausgerichtet, Menschen zu beraten, die eigentlich sterben wollen und nur deshalb bei ihnen aufschlagen, weil das eine Auflage zum Erhalt eines Medikaments ist! Außerdem schreiben wir das Jahr 2024: Auch die Fachberatungsstellen suchen händeringend Fachpersonal, es ist also nicht so, dass sie nach weiteren Aufgaben schreien würden.

Noch hinzu kommt: Gerade für den Bereich der Suchterkrankungen gilt: Die Süchtigen selbst sind oft genug, was die mögliche Suchtbekämpfung angeht, die eigentlichen Fachfrauen und -männer. Für gewöhnlich weiß der schwerst Alkoholabhängige sehr genau und viel besser als ich und jeder Bundestagsabgeordnete, unter welchen Bedingungen und Auflagen er sich bei welcher Station einer Fachklinik zu melden hat, um in den Genuss oder die Folter einer Entgiftung zu kommen. Jede Heroinabhängige weiß sehr wohl, bei welcher Stelle sie die Aufnahme ins Methadon-Programm beantragen kann, und ebenso, dass eine kontinuierliche Vergabe der Ersatzdroge an einen Verzicht auf Beikonsum gekoppelt ist.

Doch auch bei dem nicht an einer Sucht, sondern an Krebs erkrankten Patienten wird man ja wohl davon ausgehen dürfen, dass er nicht unbedarft zu dem Ergebnis kommt, sterben zu wollen! Irgendwann hat er ja die Diagnose erhalten, und ich hoffe doch sehr - und glaube es auch - dass er bei dieser Gelegenheit vom diagnostizierenden Arzt beraten wurde: Was lässt sich gegen die Krankheit noch ausrichten, was nicht, macht eine Chemotherapie Sinn, und wenn ja, welche, u.s.w. Ebenso ist davon auszugehen, dass er einen Folgetermin erhält - um dann weiter beraten und behandelt zu werden.

Mit einem Wort: Man möge doch bitte und endlich einmal von der Vorstellung loskommen, dass ein Sterbewunsch einfach so vom Himmel fällt. Und aufhören, den Sterbewilligen andauernd zu unterstellen, ihre Lage nicht richtig einschätzen zu können.

Dass dies - also die Annahme, dass der Sterbewunsch auf einer Fehleinschätzung des Sterbewilligen beruht - tatsächlich der *Grundsatz* des Entwurfs Castellucci ist, kommt sehr schön zum Ausdruck dadurch, dass die neue Regel abermals im § 217 StGB und damit im Strafrecht verankert werden sollte. Was wiederum bedeutet: Im *Grundsatz* ist die Hilfe zum Suizid verboten und wird bestraft (mit bis zu drei Jahren Haft). Die offizielle Bezeichnung des Entwurfs spricht schon für sich selbst: "Entwurf eines Gesetzes zur Strafbarkeit der geschäftsmäßigen Hilfe zur Selbsttötung und zur Sicherstellung der Freiverantwortlichkeit der Entscheidung zur Selbsttötung."

*

• • •

So lebensfern ein wie oben beschriebener Auftritt eines Suchtabhängigen in einer Fachberatungsstelle wäre oder sein würde, so lebensfern ist auch dieser ganze Gesetzentwurf - zu welcher Beratungsstelle hätte man wohl unsere Natalja aus Köln geschickt? Schulden hatte sie keine, suchtabhängig war sie auch nicht. Zu vermuten steht, der Entwurf lässt gar keine anderen Möglichkeiten offen: Sie wäre entweder gebeten worden, nochmals zu einem Arzt zu gehen, der ihr nochmals erklärt hätte, was es mit ihrer Krankheit ALS auf sich hat - oder sie wäre zu einem zweiten Psychiater geschickt worden; auf, dass der dann nochmal untersucht, ob sie auch ganz wirklich noch ganz wirklich bei Trost ist. Gar keine Beratung geht nicht, das sieht der Entwurf nicht vor (§ 217 Abs. 2 Nr.3 Satz 1 StGB); womöglich hätte es die Kölnerin sogar ganz hart getroffen und sie wäre zu beiden geschickt worden, zum Facharzt (ALS) *und* zum zweiten Psychiater (Tassen).

Klar: hätte sie alles nicht mit sich machen lassen. Aber wie gesagt: vielleicht war ja gerade das eine der Absichten des Entwurfs. Dessen ungeachtet sah das Procedere dieses geplanten Gesetzes also vor: Ab zum Psychiater, danach mindestens eine Beratung, danach nochmal zum Psychiater - aber frühestens nach drei Monaten, man soll schließlich nochmal ins Grübeln geraten. Sollte dieser Psychiater nach seiner zweiten Untersuchung (und der vorangegangenen Beratung) zum Schluss kommen, dass der Betroffene tatsächlich sterben will, könnte er ihm eine hinreichende Dosis Natrium-Pentobarbital verschreiben.

Auch gut: Während zwischen der ersten und zweiten Untersuchung mindestens drei Monate liegen müssen, muss "die Selbsttötung höchstens zwei Monate nach der letzten psychiatrischen Untersuchung" erfolgen (§217 Abs. 2 Nr. 4). Herrlich: nach 2 1/2 Monaten ist die Selbsttötung verboten, oder wie!? Sinn dieser

Vorschrift soll sein - steht so in der Begründung - "dass verhindert werden soll, dass die vorgesehenen verfahrensrechtlichen Stufen ´auf Vorrat´durchlaufen werden...".

Leider wird nicht darauf eingegangen, was mit dem verschriebenen (und womöglich schon längst abgeholten) Natrium-Pentobarbital geschehen soll. Soll der Sterbewillige das Medikament zurückgeben? Im Klo versenken? Auf dem Schwarzmarkt verkaufen? So oder so: verpasst er die Zweimonatsfrist und will doch aus dem Leben scheiden - und sich gleichzeitig ans Gesetz halten - so hat er den ganzen Kladderadatsch nochmals zu durchlaufen...

Möge der Leser mir meinen polemischen Ton bei der Zusammenfassung dieses Gesetzentwurfs nachsehen - aber manches darin ist mir nur mit Wonne und Humor erträglich. Zu viel Ernst bei der Lektüre dieses Vorschlags droht ja einen depressiv zu machen!

*

Und so, als sei der Entwurf Castellucci als solcher nicht schon weltfremd und repressiv genug (und darüber hinaus vermutlich auch schon wieder verfassungswidrig), hält er noch ein wahres Schmankerl bereit. Dem § 217 StGB sollte nämlich noch ein § 217 a StGB folgen, und der hat es, auf seine Weise, ganz schön in sich. Überschrieben ist der Paragraph mit "Werbung für die Hilfe zur Selbsttötung". In Absatz 1 heißt es - ich zitiere (und setze gleichzeitig einige Wörter bzw. Passagen in Kursivschrift, um zu verdeutlichen, wie irrsinnig dieser Vorschlag ist):

"Wer öffentlich in einer Versammlung oder durch Verbreiten von Schriften seines Vermögensvorteils wegen oder in grob anstößiger Weise

1. eigene oder fremde Hilfe zur Selbsttötung oder
2. Mittel, Gegenstände oder Verfahren, die zur Selbsttötung geeignet sind, unter Hinweis auf diese Eignung
anbietet, ankündigt, anpreist oder Erklärungen solchen Inhalts bekannt gibt, wird mit Freiheitsstrafe bis zu zwei Jahren oder mit Geldstrafe bestraft."

Muss ich jetzt in den Knast? War das Verfassen des Beibuchs eine Straftat? Wäre es nach diesem Entwurf gegangen: ich glaube ja.

In den Absätzen 2-4 werden zwar noch ein paar Ausnahmen vom Werbeverbot aufgezählt - die betreffen aber Ärzte, Krankenhäuser und Einrichtungen, die im Sinne und unter den Auflagen des § 217 StGB Beihilfe leisten (dürfen) - mich aber nicht.

Also Obacht, liebe Leser: Niemand kann wissen, wie der tatsächliche Gesetzestext einst aussehen mag - macht euch also schlau, bevor ihr auf die Idee kommt, das Beibuch gutzuheißen - oder gar, noch schlimmer, es weiterzuempfehlen!

Andererseits: es hätte vermutlich auch schon wieder etwas Belustigendes, zu beobachten, wie so ein Möchtegernparagräphchen vom mächtigen Artikel 5 des Grundgesetzes ("Jeder hat das Recht, seine Meinung in...Schrift...frei zu äußern und zu verbreiten...") in Karlsruhe zerstückelt und zerfleddert würde.

*

Weit weniger lustig ist, wie viele Abgeordnete sich mit dem Entwurf Castellucci identifizieren konnten und ihn mitunterzeichneten. Es waren Hunderte. Neben den üblichen Verdächtigen (vgl. Beibuch I) Kerstin Griese, Hermann Gröhe und (natürlich) Jens Spahn waren u.a. auch

Katrin Göring-Eckhardt, Julia Klöckner, Petra Pau, Lars Lindemann, Rolf Mützenich, Bettina Stark-Watzinger, Cem Özdemir und der inzwischen verstorbene Wolfgang Schäuble dabei.

Indes ich einen Namen vermisste: nämlich jenen Philipp Amthor, der sich seinerzeit, im Rahmen einer Orientierungsdebatte im Mai 2022 (auf die wir noch zu sprechen kommen), dazu berufen fühlte, festzustellen, dass das höchste Gericht mit seinem Urteil das Parlament und damit den Gesetzgeber als "Schreibstube" missbrauche.

Es ist davon auszugehen, dass ihm der Entwurf Castellucci nicht weit genug ging.

Kapitel 9: Der Entwurf Künast

Unter den drei dem Bundestag zur Debatte vorgelegten Gesetzentwürfe ist jener der Gruppe um die Abgeordnete Renate Künast der komplizierteste. Was ihn nicht daran hindert, zumindest in Teilen ähnlich weltfremd daherzukommen, wie es schon der Entwurf Castellucci tat.

Doch der Reihe nach: zwei wesentliche Unterschiede im Vergleich zum Entwurf Castellucci fallen sofort ins Auge.

Zum einen soll die Regelung *nicht* ins Strafgesetzbuch verortet werden, stattdessen ein eigenes Gesetz entstehen. Der Name des geplanten Gesetzes hört sich eigentlich vielversprechend an; nicht spektakulär, so doch aber versöhnlich und verständlich, friedlich und einfach: "Gesetz zum Schutz des Rechtes auf selbstbestimmtes Sterben (Selbstbestimmtes-Sterben-Gesetz- SbStG)".

Zum anderen unterscheidet er - und das unterscheidet ihn nicht nur von den beiden anderen Entwürfen, sondern auch von den allermeisten Ideen und Planspielen, die zum Thema überhaupt gehandelt werden - zwischen kranken und gesunden Sterbewilligen.

Womit wir schon beim ersten Problem wären: ab wann ist man eigentlich krank, und wann noch gesund? Diese Frage bleibt auch bestehen, wenn, wie im Entwurf geschehen, die Kranken nicht krank genannt werden, sondern "Sterbewillige in medizinischer Notlage". Dazu passend: die Gesunden heißen nicht etwa "Sterbewillige ohne medizinische Notlage", sondern einfach nur "Sterbewillige".

Allerdings ist den Initiatoren des Entwurfs an dieser Stelle zu attestieren, dass sie sich dieser Problematik durchaus bewusst waren - und sie dann halbwegs erträglich aufgelöst haben, indem sie entschieden, dass zuletzt doch bitte der behandelnde Arzt entscheiden soll, ob jemand derart krank ist, dass *dadurch* ein Sterbewunsch gerechtfertigt werden könne. Ich schreibe "halbwegs erträglich", weil auch bei dieser Handhabe das subjektive Empfinden des Patienten nur unzureichend berücksichtigt wird: Wenn ich ohne Arme nicht mehr leben will, will ich ohne Arme nicht mehr leben - auch wenn andere Menschen, denen die Arme abhandengekommen sind, begeisterte Marathonläufer sein mögen.

Wie dem auch sei: im geplanten § 3 SbStG sollte geregelt werden, wie Menschen, die wegen einer Krankheit sterben wollen, an das Natrium-Pentobarbital kommen können, im sich anschließenden § 4 dann, welche Voraussetzungen ein "Gesunder" erfüllen muss, auf dass ihm das Betäubungsmittel verschrieben und ausgehändigt wird.

*

Beginnen wir mit § 3, also den "Kranken".

> Der Sterbewillige geht zu einer Ärztin und gibt ihr zu verstehen (auch schriftlich), dass er mit seiner Krankheit nicht weiterleben, sondern tot sein möchte. Dabei kommt es darauf an, die Ärztin zu überzeugen - diese muss dem Suizidwilligen dessen Story schon abkaufen, zum Beispiel davon überzeugt sein, "dass es sich um einen absehbar nicht mehr veränderlichen Sterbewunsch handelt." Bestehen bei der Ärztin auch nur "geringe Zweifel an einer freien Willensbildung" des Patienten, muss "ein Gutachten eingeholt" werden, das "geeignet ist, diese Bedenken zu überprüfen..."

Andauernd diese Fragen, über die sich schon die größten Denker und Philosophen seit Jahrhunderten, wenn nicht Jahrtausenden die Köpfe zerbrachen: Ist mein Wille frei? Ach herrjeh, und dann auch noch die "Willensbildung"!

Sei´s drum, wir gehen hier einfach mal vom guten Fall aus und nehmen an, dass die Ärztin dem Sterbewilligen glaubt und vertraut - sodann stellt sie ihm eine Bescheinigung aus, "dass die Voraussetzungen für die Bereitstellung des Betäubungsmittels zum Zwecke der Selbsttötung vorliegen".

> Mit dieser Bescheinigung in der Tasche muss der Sterbewillige nun mindestens zwei Wochen warten.

> Frühestens nach also zwei Wochen geht er zu einem zweiten Arzt. Sofern dieser die Einschätzung der zuerst angegangenen Ärztin teilt, stellt er dem Antragsteller eine Zweitbestätigung aus.

 > Mit Ausstellung der zweiten Bestätigung kann dem Sterbewilligen sodann das Natrium-Pentobarbital verschrieben werden.

Im Idealfall also eine Sache von nicht einmal drei Wochen. Das ist löblich, und auch Grund genug, dem Entwurf Künast als den im Vergleich zum Entwurf Castellucci wesentlich liberaleren zu bezeichnen. Zumal der Sterbewillige, hat er erst einmal das Nap erhalten, dieses ein Jahr lang sein Eigen nennen darf; erst nach zwölf Monaten gilt sein Sterbewunsch als "aufgegeben". Mit der Folge, dass er das Betäubungsmittel dann (binnen vier Wochen) zurückgeben muss.

Wäre den Sterbewilligen also geholfen worden, wenn dieser Entwurf tatsächlich Gesetz geworden wäre? Vermutlich ja - leider aber nur den (schwer) Kranken. Durchaus schimmert in diesem § 3 durch, dass es den Suizidwilligen nicht zu schwer gemacht werden soll, es nicht zu lange dauern soll, und sie auch nicht von Pontius zu Pilatus geschickt werden sollen. Wodurch wiederum die Anzahl der zu beteiligenden Personen oder Institutionen angenehm geringgehalten wird: es ist und bleibt letztlich alles eine Sache zwischen Ärztin, Arzt und Patient.

Vielversprechende Ansätze also - dann aber folgt der § 4! "Allgemeine Voraussetzungen für den Zugang zu Betäubungsmitteln für Sterbewillige". Auch wenn die Initiatoren einräumen, mit dem Entwurf "Neuland" zu betreten: dieser geplante § 4 SbStG kommt in gleich mehrfacher Hinsicht einem gescheiterten Versuch gleich, ein gesellschaftliches Problem durch ein Gesetz hinreichend zu reglementieren.

Das beginnt schon mit Absatz 1, in welchem festgelegt wird, wer überhaupt die Entscheidung zu treffen hat, ob ein Betäubungsmittel verschrieben werden darf, an wen also der Sterbewillige sich überhaupt zu wenden hat, bei wem er die Aushändigung des Mittels beantragen soll. Bei den Kranken war das klar: ab zur Ärztin. Und wohin geht man, sofern man sich nicht in einer "medizinischen Notlage" befindet? Zur Behörde! Okay - aber zu welcher Behörde, zu welcher Dienststelle, zum Ordnungsamt, zum Gesundheitsamt, zur Friedhofsverwaltung? Absatz 1, Satz 2 gibt die Antwort: "Über den Antrag entscheidet die nach Landesrecht zuständige Stelle."

Leider geht aus dem Entwurf, auch aus dessen Begründung und Erläuterung, nicht hervor, welche Stelle genau das sein soll, oder sein könnte. Es wäre für wahr spannend geworden, hätte sich der Entwurf durchgesetzt, (im Nachhinein) zu erfahren, welche Stellen dazu auserkoren worden wären, über Anträge auf Hilfe zum Suizid zu entscheiden. Mir jedenfalls fällt keine aktuell bereits existierende

Behörde ein, die dafür hätte geeignet sein können. Vielleicht aber wäre ja auch eine neue Behörde erschaffen worden, man weiß es nicht. Hinsichtlich der Zuständigkeiten wird dieser § 4 noch bizarrer, später dann dazu noch ein Wort. Zunächst aber ein Blick auf die Inhalte bzw. das geplante Procedere und die Voraussetzungen, die erfüllt sein sollten, auf dass dem Suizidwilligen geholfen wird (§ 4 Abs.2 SbStG).

*

Man stellt also einen Antrag, bei welcher Behörde auch immer. Und zwar in Form einer schriftlichen Erklärung, die insgesamt vier Punkte "glaubhaft darlegen" (bzw. Fragen beantworten) soll.

Schon beim ersten Punkt hört der Spaß bei mir auf! Der Antragsteller hat nämlich gemäß § 4 Abs. 2 Nr. 1 SbStG "den Sterbewunsch und die Ursachen hierfür" darzulegen. Hallo!? Ich will doch sehr hoffen, dass allen, die an diesem Entwurf mitgewirkt haben, das Urteil des BVerfG vom Februar 2020 bekannt ist!? *"Die Entscheidung des Einzelnen, dem eigenen Leben...ein Ende zu setzen...bedarf keiner weiteren Begründung oder Rechtfertigung, sondern ist...vom Staat und Gesellschaft zu respektieren."*

Keine Ahnung, was die Initiatoren da geritten hat, zumal es - und jetzt wird´s kurios - in der Begründung und Erläuterung zum Entwurf auf Seite 13 explizit heißt: "Die Regelung eröffnet einen Zugang zu Betäubungsmitteln zum Zwecke der Selbsttötung unabhängig von den Gründen und Motiven der Sterbewilligen."

Versteht das wer? Die Gründe spielen keine Rolle, sollen aber trotzdem glaubhaft dargelegt werden!? Und wenn nicht? Ich sagte bereits, dass ich das nicht spaßig finde - sollte indes die Formulierung in § 4 Abs.2 Nr.1 mit dem Begriff "Ursache" gerechtfertigt werden (in

Unterscheidung zu den Begriffen "Gründe" und "Motive"), dann werde ich zum philosophischen Tier und lade jeden Mitunterzeichner dieses Entwurfs unherzlich dazu ein, mit mir über die Differenzen zwischen einer Ursache und einem Grund zu debattieren. Von der Rolle, die "Motive" (und "Bedingungen") dabei spielen können, mal ganz zu schweigen! Kurzum: diese Nr.1 des § 4 Abs. 2 ist mindestens unverschämt, höchstwahrscheinlich aber dazu auch noch verfassungswidrig.

Die sich anschließenden Punkte 2 und 3 können hier zusammengefasst werden. Man soll die "Dauerhaftigkeit" seines Sterbewunsches darlegen, ebenso versichern, frei von "Druck, Zwang und ähnlichen Einflussnahmen durch Dritte" zu sein. Klingt einleuchtend, und auch irgendwie nachvollziehbar, erscheint mir aber abgesehen von der Frage, was wohl unter "dauerhaft" zu verstehen sei, ein bisschen aufgesetzt. Bzw., um es anders auszudrücken, pflichtbewusst dahingesetzt, frei nach dem Motto: ein wenig glaubwürdig muss der Antragsteller schon rüberkommen. Das ist durchaus in Ordnung, kann aber auch, wenn man es negativ beleuchten wollte, als Einladung an den Antragsteller verstanden werden, sich ja nicht zu verplappern. In etwa zu vergleichen damit, als stelle man einem Schüler die Aufgabe, das Leben Goethes zusammenzufassen, gleichzeitig ihn aber darauf hinweist, ja nicht zu vergessen, das Geburtsdatum und den Geburtsort des großen Denkers zu erwähnen.

Was ich sagen will: Es wäre wohl kaum ein Antrag bei der Phantasiebehörde eingegangen, in dem der Antragsteller angibt, ständig von Dritten unter Druck gesetzt zu werden und eigentlich auch dazu gezwungen wird, endlich sterben zu wollen. Da aber ein solcher Antrag aller Voraussicht nach so oder so nie gestellt worden wäre, und wohl auch in Zukunft nicht gestellt werden wird, kann man letztlich konstatieren, dass die in Nr. 2 und 3 des § 4 Abs. 2 erwähnten Voraussetzungen eher dazu dienten, den Gesetzesinitiatoren das beruhigende Gefühl zu vermitteln, ihrer Schutzpflicht gegenüber den Bürgern nachgekommen zu sein - ohne dem Sterbewilligen unzumutbare Auskünfte abzuverlangen. Expliziten Schaden richten die Nr. 2 und 3 des § 4 aber nicht an.

Was sich so von der Nr. 4 nicht mehr sagen lässt; dort wird der Antragsteller um "die Beantwortung der Frage, warum staatliche oder private Hilfsangebote nicht geeignet sind, den Sterbewunsch zu beseitigen..." gebeten.

Wie soll das in der Praxis aussehen? Sollen die Antragsteller einen Aufsatz abliefern, in welchem sie unter Beweis stellen, dass sie sich auskennen in der Angebotswelt des Staates, und nebenher noch erklären, weshalb die privaten Hilfsangebote, so es sie denn gab, nicht hinreichend waren? Soll er gar erwähnen und erklären, dass der Ratschlag seines Bruders, die Welt doch mit den Augen eines Lebegerns zu betrachten, bei ihm auf taube Nerven stößt? Und was ist mit denen, die sich nicht gewählt ausdrücken können; denen es schwerfällt, sich so mitzuteilen, dass das, was sie empfinden, auch beim Empfänger ankommt?

Doch einerlei, wie ein solcher Antrag im Letzten auch ausgesehen hätte: geplant war er nur als Einstieg, als erste Voraussetzung zum eigentlichen Procedere, an dessen Ende die Aushändigung des Betäubungsmittels stehen sollte.

In Absatz 3 des § 4 wird nämlich festgelegt, dass sich der Sterbewillige zwei Mal zu beraten lassen hat (vermutlich über jene Hilfsangebote, über die er in seinem Antrag, der nun bei der Behörde liegt, referieren sollte). Und zwar im Abstand von mindestens zwei, höchstens aber zwölf Monaten. Sofern die Beratungsstelle in der Folge zweimal bestätigt hat, dass alle weiter oben erwähnten Voraussetzungen (Ursache und Dauerhaftigkeit des Todeswunschs, kein Zwang, keine geeigneten Hilfsangebote) ohne Zweifel vorliegen, kann dem Sterbewilligen eine Bescheinigung über das Recht auf Zugang zu einem Betäubungsmittel ausgestellt werden.

Soweit die Theorie. Kommen wir zur Praxis! Die sieht, zumindest für Sterbewillige ohne "medizinische Notlage" wie folgt aus: Ich stelle einen Antrag auf Aushändigung eines Betäubungsmittels, bei einer Behörde, die irgendwie noch bestimmt werden müsste. Im Anschluss habe ich mich beraten zu lassen. Aber wo? Und von wem?

Wir erinnern uns: der Entwurf Castellucci beabsichtigte eine Inanspruchnahme der bereits bestehenden Beratungsinfrastruktur. Der Entwurf Künast lässt die Frage nach dem Wo und dem Durch wen auf ziemlich unbefriedigende Weise weitgehend offen. In § 4 Abs. 3 Satz 3 heißt es lediglich: "Entsprechende Beratungsstellen sind durch die zuständigen Stellen zuzulassen..." Ob es sich dabei um bereits bestehende Beratungsstellen handelt oder diese erst noch aufgebaut werden sollen, geht aus dem Entwurf nicht hervor, auch nicht aus den sich anschließenden Erläuterungen. Wohl wird klargestellt, wer die "zuständigen Stellen" sind, wer also zu entscheiden hat, ob eine Beratungsstelle überhaupt geeignet ist, Sterbewillige zu beraten. Das geschieht indes in einer Art, die mir ein juristisches Schmunzeln ins Gesicht gezaubert hat.

In § 4 heißt es dazu: "Zuständige Stellen sind die nach Landesrecht zuständigen Behörden, bei Organisationen, die über ein Land hinaus tätig sind, die zuständige Behörde des Sitzlandes." Ich finde das herrlich. Ich habe es auch nach viermaligem Lesen verstanden, und weiß jetzt auch, was ein "Sitzland" ist, hätte aber noch viel lieber gewusst, welche Behörde und welche Beratungsstellen für die Bearbeitung der Anträge laut der Initiatoren infrage gekommen wären. Vor allem aber: wie lange die Klärung der Zuständigkeiten und der Aufbau womöglich neu zu errichtender Beratungsstellen wohl gedauert hätte!? Und welches Personal dafür akquiriert worden wäre!? Und nicht zuletzt: wie hätte der ganze Bums eigentlich finanziert werden sollen?

Und da wir gerade beim Schmunzeln sind: im Rahmen meiner Recherche zu diesem Beibuch II stieß ich im Allgemeinen Teil der Begründung des hier vorgestellten Entwurfs (S.11, Drucksache 20/2093) auf einen Passus, der mich nicht nur schmunzeln, sondern auch staunen ließ. Im Allgemeinen Teil der Begründung heißt es unter Punkt V ("Gleichberechtigung"): "Besonders erwogen wurde die Frage, ob das Vorhaben negative frauenpolitische Gesetzesfolgen haben könnte." - Darauf muss man auch erst mal kommen. Die Auflösung: Frauen seien besonders vulnerabel, weil sie mehr als Männer dazu neigten, ihren Angehörigen und der Gesellschaft nicht zur Last fallen zu wollen. In den Entwurf selbst hat der Gedanke es nicht geschafft, schließlich sollten für Frauen keine strengeren Regeln gelten als für Männer. Was für ein Glück!

*

Nun aber genug der Schelte, immerhin sieht der Entwurf Künast - im krassen Gegensatz zum Entwurf Castellucci - zumindest für (Schwer-) Kranke einen halbwegs gangbaren und zumutbaren Weg vor, an dessen Ende der Erhalt des begehrten Betäubungsmittels hätte stehen können. In ausgesuchten Passagen kann man der "Gruppe Künast" sogar Ein- und Weitsicht attestieren; das schönste Beispiel dafür ist für mich jener

● ● ●

Passus der Begründung, welcher sich auf die weiter oben erwähnte Regelung bezieht, derzufolge der Sterbewillige, der das Verfahren schon erfolgreich durchlaufen und das Natrium-Pentobarbital bereits erhalten hat, dieses erst nach einem Jahr zurückgeben muss. In der Begründung heißt es dazu: "...Diese Frist war auch deshalb so großzügig zu bemessen, weil Berichte aus dem Ausland zeigen, dass es viele Betroffene schaffen...ihren eigentlich feststehenden Wunsch aufzuschieben, wenn sie...weil sie das Mittel in der Hand halten, sicher wissen, dass sie ihrem Leben jederzeit ein Ende setzen können..."

Das ist wohl wahr - und wird auch so immer wieder von Betroffenen aus Deutschland zum Besten gegeben. Wiewohl mir nicht ganz einleuchten will, weshalb die befreiende Wirkung, die der Besitz des Betäubungsmittels beim Sterbewilligen auslöst, in der 54. Woche verfliegen sollte.

So viel zum Entwurf Künast, der u.a. von den Abgeordneten Lisa Paus, Kevin Kühnert, Ricarda Lang und Britta Haßelmann unterstützt und mitunterzeichnet wurde (im Übrigen auch von der Grünen Katja Keul - das ist die mit dem "halben" Antrag aus dem Jahr 2015, vgl. Kapitel 2).

Kapitel 10: Der Entwurf Helling-Plahr

Im ersten Beibuch war ab und an von "Helden" die Rede. Dabei handelte es sich meist um Menschen, die dafür kämpften, so sterben zu dürfen, wie sie das wollen; ebenso von solchen, die bereit waren, den Sterbewilligen zu helfen. Es mag sich überraschend anhören, aber eine Heldin, zumindest eine kleine, sitzt auch im Deutschen Bundestag.

Die Namensgeberin des Entwurfs setzt sich seit Jahren vehement, hartnäckig und vorbildlich für die Belange von Menschen ein, die, aus welchen Gründen auch immer, nicht mehr leben möchten. Frau Helling-Plahr fühlte sich in ihrer Ansicht - das wird man so sagen dürfen - im Gegensatz zu vielen anderen Abgeordneten durch das Urteil des BVerfG bestätigt; und machte sich sogleich daran, an einem Entwurf zu arbeiten, der sowohl dem BVerfG-Urteil als auch den sterbewilligen Menschen (und den Menschen, die Sterbewilligen helfen wollen) gerecht wird.

Dafür benötigte sie natürlich Mitstreiter - schließlich zählt ihre Stimme nicht mehr als die der anderen etwa 730 Mitglieder des Bundestages. Übermäßig viele hat sie nicht gefunden - immerhin aber genug, um mit einem Entwurf an den Start zu gehen, der nicht von vornherein zum todsicheren Scheitern verurteilt war. Von den bekannten Politikern zählten als Unterstützer und Mitunterzeichner dieses Entwurfs Dietmar Bartsch, Karl Lauterbach, Wolfgang Kubicki, Christian Lindner und Marie-Agnes Strack-Zimmermann. Neben Kathrin Helling-Plahr setzten sich in besonderer Weise noch die beiden Abgeordneten Petra Sitte und Helge Lindh für den Entwurf ein.

Schon wer sich nur die Begründung - in welcher man sich nicht ganz so ungelenk ausdrücken muss wie beim Gesetzestext selbst, da penibelst auf jedes Wort und Komma geachtet werden muss - durchliest, bekommt einen Eindruck davon, wie diese Gruppe bemüht ist, den Wunsch der Sterbewilligen nicht nur auf dem Papier, sondern auch in der Praxis in den Mittelpunkt des ganzen Vorhabens zu stellen. Und nicht etwa die Moralvorstellungen etwaiger Abgeordneter oder Beratungsprofis. Kein Wunder also, dass den Initiatoren des Entwurfs Castellucci unter anderem folgendes ans Herz gelegt wird: "Menschen, die bereit sind, jemandem zu helfen, der selbstbestimmt sterben möchte, gilt es...mit Respekt zu begegnen, statt ihnen erneut mit dem Strafrecht zu drohen."

Selbst dem Entwurf Künast wird - vermutlich zu Recht - die Verfassungsmäßigkeit abgesprochen. Konkret zu der im Künast-Entwurf vorgesehenen Unterscheidung zwischen Kranken und Gesunden stellt der Entwuf Helling-Plahr so lapidar wie richtigerweise fest: "Schließlich hat das Bundesverfassungsgericht ausgeführt, dass materielle Kriterien gerade nicht angelegt werden dürfen". Zum Zuständigkeitswirrwarr des Entwurfs Künast wird auch noch Stellung bezogen, auf eine, wie ich finde, schöne, wenn auch vielleicht etwas zu vorsichtige Art: "Im Übrigen erscheint es auch nicht wünschenswert, die Frage des Zugangs zu Medikamenten zur Selbsttötung zur Behördenentscheidung nach Aktenlage werden zu lassen."

*

Nun aber zum eigentlichen Gesetzentwurf und dessen Inhalte. Schon der Name des (vorgesehenen) Gesetzes verrät auf angenehme Weise, wo der Hase hinlaufen soll: "Gesetz zur Wahrung und Durchsetzung des Selbstbestimmungsrechts am Lebensende (Suizidhilfegesetz")".

Den "autonom gebildeten freien Willen" (der in § 3 behandelt und definiert wird) einmal vorausgesetzt, stellt der einführende § 1 ohne juristischen Wörterschnickschnack unmissverständlich klar, dass "jeder, der...sein Leben beenden möchte, das Recht hat, hierbei Hilfe in Anspruch zu nehmen." Punkt! Das ist der Grundsatz!

§ 2 hat es dann schon so richtig in sich. Beim ersten Überfliegen kommt er noch unscheinbar daher - dabei enthalten die Absätze 1 und 3 wegweisende Veränderungen des bisherigen Rechts. Ich will sie nicht gleich revolutionär nennen - und doch nehmen sie zwei Tatbestände ins Visier, die bis heute noch latent oder tatsächlich gelten - und einfach nur schief, pietätlos, lebensfern, und ja, auch unverschämt sind.

In Absatz 1 steht: "Jeder darf einen anderen, der...sein Leben beenden möchte, Hilfe leisten und ihn bis zum Eintritt des Todes begleiten." Ist es nicht traurig, dass man im Zusatz "...und ihn bis zum Eintritt des Todes begleiten" eine kleine Revolution erkennen könnte? Schon im ersten Beibuch war von der unsäglichen "Garantenpflicht" die Rede. Zur Erinnerung: diese besagt, dass man als Angehöriger, Freundin oder Arzt, sobald ein Sterbewilliger das todbringende Medikament eingenommen hat und daraufhin bewusstlos geworden ist (und damit die "Tatherrschaft" verloren hat), diesem gefälligst zu helfen hat, wieder ins Leben zurückzukehren! Ansonsten: Strafe wegen unterlassener Hilfeleistung! Kann es noch einen kaltherzigeren Unsinn geben!?

Sofern ich mir wünsche, dass meine Tochter in den letzten Minuten meines Lebens bei mir ist - soll sie dann, wenn ich nach Einnahme eines Mittels bewusstlos geworden bin, versuchen, mich wiederzubeleben und/oder den Notarzt rufen!? Wage dich, mein Kind!

Zurück geht die Garantenpflicht auf ein Urteil des Bundesgerichtshofes aus dem Jahre 1954 - welches auch in der Begründung zum Entwurf

Erwähnung findet. Trotzdem stellen die Initiatoren zum Glück kurzerhand fest: "Denn niemand soll aus Sorge vor Strafverfolgung den Raum verlassen, statt einem Menschen am Lebensende beizustehen."

Mit einem weiteren, in meinen Augen kaum minder unsäglichen Tatbestand wird in Absatz 3 aufgeräumt: "Niemandem darf...aufgrund seiner Berufszugehörigkeit untersagt werden, Hilfe zu leisten..." In die deutsche Praxis übersetzt heißt das: Lasst doch bitte eine jede einzelne Ärztin und einen jeden einzelnen Arzt um Hippokrates Willen selbst entscheiden, ob sie oder er helfen will oder nicht.

Hintergrund dieser Forderung war, dass einige Berufsordnungen der Landesärztekammern sehr vage formuliert sind und sich einige Kammern bis heute ausgesprochen schwer damit tun, das Verbot, Suizidhilfe zu leisten, aus ihren Verordnungen zu eliminieren. Eine Ärztin will helfen, soll aber nicht dürfen!? Das ist ebenso traurig wie die Garantenpflicht (mit der sich hilfsbereite Ärzte auch noch herumzuplagen haben).

Dass eine Ärztin nicht gezwungen werden darf, Suizidhilfe zu leisten, versteht sich meinem Empfinden nach von selbst - und wird auch in Absatz 2 ("Niemand kann verpflichtet werden, Hilfe zur Selbsttötung zu leisten") klargestellt. Aber Ärzte, die helfen wollen: Bitte, lasst sie doch, es sind doch erwachsene Menschen, mit einem hoffentlich ausgesprochen autonom gebildeten, freien Willen...

Womit wir beim § 3 wären: Woran macht sich denn so ein "autonom gebildeter, freier Wille" fest? Welche Voraussetzungen müssen erfüllt sein, damit der Wille auch als freier Wille anerkannt wird? Nun, die Ausführungen im Entwurf Helling-Plahr dazu unterscheiden sich kaum von den Anforderungen der beiden anderen Entwürfe: Der Sterbewillige sollte noch halbwegs bei Trost sein ("unbeeinflusst von einer akuten psychischen Störung"), die etwaigen Alternativen und Hilfsangebote kennen ("hinreichende Beurteilungsgrundlage") und von außen nicht unter Druck gesetzt worden sein. Außerdem sollte sein Entschluss, sterben zu wollen, von einer "gewissen Dauerhaftigkeit" und "inneren Festigkeit" getragen sein. Das Übliche also.

Allein: eine der größten Leistungen dieses Entwurfs besteht darin, wie er mit den Erfordernissen dieser Voraussetzungen umgeht, oder anders ausgedrückt: wie er bestimmt, was der Sterbewillige denn konkret unternehmen muss, um dahin zu gelangen, wo er hinwill, nämlich in den Besitz eines todbringenden Mittels.

Nun, der erste Schritt, den der Antragsteller machen muss, überrascht nicht weiter, wir kennen ihn bereits von den anderen Entwürfen: er muss eine Beratungsstelle aufsuchen. Und trotzdem unterscheiden sich die Art und der Charakter der Beratung wesentlich von allen anderen Entwürfen und Vorschlägen. Das lässt sich problemlos anhand mehrerer Vorgaben und Feststellungen belegen. Als da wären:

1. Als Beratungsstellen können neben (von den Ländern) neu zu schaffenden Stellen und bereits bestehende Einrichtungen der Träger auch Ärztinnen und Ärzte anerkannt werden.
2. Die Beratung dient einzig dem Zweck, dem Sterbewilligen die "hinreichende Beurteilungsgrundlage" angedeihen zu lassen, die er (§ 3, siehe oben) haben muss - er soll schon wissen, an wen er sich alternativ noch wenden könnte, ebenso, wie der Suizid selbst vonstattengehen wird oder gehen könnte (wie lange ist man noch wach, nachdem man das Mittel eingenommen hat?), oder auch, zum Beispiel, welche spezielle Pflegeeinrichtung für ihn noch in Frage käme.
3. Fundamental wichtig und radikal anders als bei den anderen Entwürfen ist dabei, dass explizit darauf hingewiesen wird, dass der

Berater den zu Beratenden *nicht* zu begutachten hat. Stattdessen soll die Beratung viel mehr den Charakter einer Infoveranstaltung annehmen: dem Sterbewilligen sollen lediglich die Informationen vermittelt werden, die es braucht, um ihn in die Lage zu versetzen, noch besser und fundierter *für sich* entscheiden zu können, ob er wirklich sterben will.

4. Konsequenterweise und ebenso folgerichtig: der Berater hat auch nicht darüber zu befinden, ob dem Sterbewilligen das todbringende Mittel verschrieben wird oder nicht. Er hat ihn lediglich zu beraten; wie gesagt: "informieren" wäre hier eigentlich das passendere Wort.

5. Schließlich noch ein Punkt, der Lob verdient und davon zeugt, dass die Gruppe Helling-Plahr nicht nur an die denkt, die für sich selbst eigentlich schon alles durchgekaut und entschieden haben: *jeder* kann sich beraten (=informieren) lassen, auch Leute, die gar nicht konkret an einen Suizid denken oder womöglich "nur" wissen wollen, wie sie einem suizidgefährdeten Bekannten zur Seite stehen könnten. Und nicht zuletzt: Auch Jugendliche können ja Fragen zur Suizidhilfe haben - ergo haben auch sie ein Recht darauf, die Beratungsstelle zu beanspruchen. Nicht mal seinen Namen muss man angeben, um beraten zu werden, die Identität muss man nur preisgeben, wenn man eine Bescheinigung ausgestellt bekommen möchte (dazu gleich noch mehr). Dieser offene Zugang für jedermann soll dazu beitragen, so die Initiatoren, das ganze Thema zu enttabuisieren. Gut so!

*

So weit, so gut. Aber wie geht es dann weiter? Der Sterbewillige mag ja nun im Besitz aller Informationen sein - die kann er aber nicht schlucken, und mit ihnen kann er sich auch nicht suizidieren. § 4 Abs.7 gibt uns die Antwort: "Die Beratungsstelle hat nach Abschluss der Beratung der beratenden Person...eine...Bescheinigung darüber auszustellen, dass eine Beratung stattgefunden hat. Und zwar auch dann, wenn der zu Beratende ziemlichen Stuss von sich gegeben haben sollte!

Allerdings - man merkt den Erläuterungen des Entwurfs an, wie sehr die Gruppe um Helling-Plahr diesbezüglich mit sich gerungen hat - steht es der Beratungsstelle frei, die Bescheinigung mit einem Vermerk zu versehen, wenn sich "der Eindruck aufdrängt, dass der suizidwilligen Person die Fähigkeit zur freien Willensbildung fehlt oder aber extern unzulässig auf sie Einfluss genommen oder Druck ausgeübt wird."

Ich kann mir gut vorstellen, dass Teile der Gruppe Helling-Plahr diesen Passus am liebsten weggelassen hätten (weil der Berater ja beraten und informieren und eben nicht begutachten und bewerten soll), er letztlich dann aber doch mitaufgenommen wurde, um zumindest in Extremfällen darauf hinweisen zu dürfen, dass mit dem Sterbewilligen womöglich etwas nicht so ganz in Ordnung ist. Sollte z.B. jemand zum Besten geben, dass er auf der Stelle das Mittel haben möchte, weil sein Bello tags zuvor von einem umfallenden Baum erschlagen wurde, und er in einem Leben ohne Mops gar keinen Sinn mehr sehen könne, und außerdem sofort zu seinem Bello ins Himmelsreich wolle - dann "erschiene es", so der Entwurf, "unbillig, wenn die Beratungsstelle offensichtliche Hinweise nicht weitergeben dürfe."

Stellt sich natürlich sogleich die Frage: an wen weiterleiten? Im Wust der bisher vorgestellten Entwürfe und Ideen kann das ja fast jeder und alles sein. Zur Erinnerung: von der Gruppe Castellucci wird man von einem Psychiater zum nächsten geschickt (zwischendurch auch nochmal zu einer Beratungsstelle), bei der Gruppe Künast darf es auch schon mal eine Behörde sein. Wo also hin mit meiner Bescheinigung? Es ist so einfach! Und es ist so einfach, weil die Gruppe Helling-Plahr respektvoll, praktisch und lebensnah denkt und entsprechend vorgeht. Ich würde nämlich tatsächlich (und wäre damit wohl kaum alleine) mit meinem Wunsch im Kopf und der Bescheinigung in der Tasche, weder einen Psychiater noch eine Behörde aufsuchen, und auch keine Schuldnerberatung - stattdessen würde ich, ganz einfach, dahingehen, wo ich immer hingehe, wenn ich ein verschreibungspflichtiges Medikament haben möchte: zu meiner Ärtzin!

Das darf ich zwar erst nach zehn Tagen "Wartezeit" (damit soll die "gewisse Dauerhaftigkeit des Wunsches" sichergestellt werden), aber nun ja: zehn Tage können lang werden, sind aber auch keine Ewigkeit. Nach 10 Tagen also (spätestens aber nach acht Wochen, so sieht der Entwurf das vor) sitze ich bei meiner Ärztin, gebe ihr die Absicht meines Besuchs zum Besten und versuche ihr zu erklären, weshalb ich nicht mehr leben möchte, und bitte sie dabei um ihre Hilfe, in dem sie mir Natrium-Pentobartial verschreiben möge.

Wie wird sie wohl reagieren? Nun, § 6 des Entwurfs setzt zum einen fest, inwieweit sie reagieren *muss*, zum anderen, inwiefern sie reagieren *darf* (wenn sie das möchte). Sie *muss* (Abs.2) "den Suizidenten mündlich und in verständlicher Form über...den Ablauf der Selbsttötung sowie der Hilfe hierzu" aufklären. Im Weiteren: sofern der Sterbewillige "unter einer Erkrankung leidet, auch auf Behandlungsmöglichkeiten und Möglichkeiten der Palliativmedizin" hinweisen.

Es steht zu vermuten, dass sich auch ohne weiteren Zwang neben dieser Aufklärung noch ein Gespräch zwischen der Ärztin und dem Suizidwilligen entwickelt. Aller Voraussicht nach wird die Ärztin ja schon wissen wollen, weshalb ihr Patient nicht mehr leben will. Unabhängig davon, dass ich diese "Neugier" für einen natürlichen Reflex halte (erst

recht, wenn man Arzt ist) - der Entwurf sieht vor, dass sie fragen *muss*.
So verstehe ich jedenfalls Abs. 5 , in dem es heißt, dass der Arzt
"verpflichtet" ist, "sämtliche für die Beurteilung des autonom
gebildeten, freien Willens zur Lebensbeendigung wesentliche
Gesichtspunkte... zu dokumentieren." Das wird er ja nur können, wenn
er sich mehr oder weniger ausführlich mit dem Sterbewilligen über
dessen Motive und Absichten austauscht. Nebenher: ob die indirekt
eingeforderte Verpflichtung des Suizidwilligen, seinen Todeswunsch zu
begründen, eins zu eins mit dem Urteil des Bundesverfassungsgerichts
in Einklang zu bringen ist, steht auf einem ganz anderen Blatt..- das wir
hier und jetzt aber einmal vernachlässigen wollen.

Das Gespräch zwischen Suizident und Ärztin hat also stattgefunden.
Was aber dann? Die Beratungsbescheinigung liegt auf dem Tisch (mit
oder ohne Hinweis der Beratungsstelle, ob Zweifel hinsichtlich des
autonom gebildeten, freien Willens bestanden haben), und dann?

Wieder ist die Antwort so einfach wie lebensnah: Die Ärztin
entscheidet! Punkt. Was aber, wenn sie die ggf. auf der
Beratungsbescheinigung angesprochenen Zweifel nicht teilt, und sie
z.B. die Ansichten des weiter oben erwähnten Bello-Herrchens (das ja
auch 10 Tage hat abwarten müssen) für alles andere als Humbug hält?
Oder, der umgekehrte Fall, die Beratungsstelle stumm bleibt, sie aber
nicht glauben kann, dass der Sterbewunsch des Patienten hinreichend
manifestiert ist? Einerlei, welche Konstellation auch auftreten mag: Die
Ärztin entscheidet! Nur sie! Es braucht auch keinen zweiten Arzt, noch
weniger einen Psychiater und schon gar keine Behörde! Die Ärztin
entscheidet, das Credo des Entwurfs ist klar: Der Mensch hat sich in
einer Beratungsstelle beraten und aufklären lassen, dann, nach einer
Wartezeit, sich von einer Ärztin abermals beraten und aufklären lassen
- das reicht dann aber auch, aller guten Dingen können auch zwei sein.

Das letzte und ewig gültige Wort liegt also bei der Ärztin. Freilich ist sie nicht, auch wenn sie davon überzeugt sein mag, dass der Wille ihres Patienten "frei gefasst" wurde, nicht verpflichtet, das todbringende Mittel zu verschreiben. So, wie niemand gezwungen werden sollte, weiterleben zu müssen, so soll auch niemand (auch keine Ärztin) gezwungen werden, Hilfe beim Suizid leisten zu müssen. Als Sterbewilliger empfiehlt es sich also, einen Arzt aufzusuchen, der aus seinem persönlichen Ethikverständnis heraus das Verschreiben von Medikamenten zum Zwecke der Selbsttötung nicht grundsätzlich und von vornherein ablehnt bzw. ausschließt.

Weshalb nun ausgerechnet die Ärzte auserkoren wurden, letztlich darüber zu bestimmen, ob ein Sterbewilliger sein Nap bekommt oder nicht, erscheint mir nicht nur logisch, sondern auch "alternativlos" (wer sollte es sonst tun? Jens Spahn?), wird in der Begründung zum Entwurf aber trotzdem nochmal erläutert: "...Ärzte sind im Hinblick auf die Kompetenzen zur Verschreibung von Arzneimitteln zur Selbsttötung exponiert. Darüber hinaus sind sie besser, als andere Berufsgruppen in der Lage zu erkennen, ob der Betroffene aus...freiem Willen heraus handelt, und können im Zweifel eine der Tragweite der Entscheidung angemessene medizinische Aufklärung leisten. Schließlich besteht zwischen Arzt und Patient häufig ein besonderes, teilweise lange gewachsenes Vertrauensverhältnis..." Dem habe ich nichts hinzuzufügen.

*

Eine letzte (vielversprechende, Hoffnung machende) Besonderheit des Entwurfs Helling-Plahr sei hier noch erwähnt. Die Frage, welcher Personenkreis grundsätzlich und überhaupt einen "autonom gebildeten, freien Willen" haben kann, wird keineswegs, wie von vielen anderen, schablonenhaft behandelt bzw. beantwortet. Klar ist, dass es Menschen gibt, die noch nicht oder nicht mehr in der Lage sind, einen freien Willen im Sinne des Entwurfs zu bilden. Ein 3-jähriges Kind wird nicht aktiv sterben wollen können, ebenso wenig der im Koma liegende Verunfallte.

Was aber ist mit den all den Fällen dazwischen? Was ist mit den unzähligen Menschen, die, aus den verschiedensten Gründen, unter gesetzlicher Betreuung stehen? Wer ist schon Psycho, und wer hat nur eine kleine Macke? Und die Depressiven, können die überhaupt frei entscheiden?

Es ist wohltuend, mitzubekommen, wie die Gruppe Helling-Plahr bemüht ist, diese Fragen nicht vorschnell mit Ja oder Nein zu beantworten. Im Besonderen Teil der Begründung des Entwurfs (das betrifft überwiegend die Menschen, die einer gesetzlichen Betreuung unterstehen) wird darauf hingewiesen, dass gemäß einem Urteil des Bundesgerichtshofes "von der Fähigkeit zur freien Willensbildung nur auszugehen" ist, "wenn die...Person in der Lage ist, Art, Bedeutung und Tragweite (Risiken) der Entscheidung zu erfassen", - und es deswegen eben keines Vorliegen einer formalen Geschäftsfähigkeit bedarf! Bedeutet: nur weil jemand unter Betreuung steht, heißt das noch lange nicht, dass er keinen freien Willen hat oder haben kann.

Im Allgemeinen Teil der Begründung wird dieses Prinzip auf jene Personenkreise ausgedehnt, die nur zu gerne von der Gesellschaft nicht mehr für voll genommen werden: "Ob psychische Erkrankungen oder eine Demenzerkrankung" der Fähigkeit zur freien Willensbildung "entgegenstehen, ist im konkreten Einzelfall zu betrachten."

Endlich mal eine Vorstellung bezüglich der Suizidhilfe, die nicht über die Maßen stigmatisiert und berücksichtigt, dass jeder Mensch einzeln und anders ist. Alles andere als den Einzelfall zu berücksichtigen ist dem Grunde nach mindestens grob fahrlässig: das würde nämlich nichts anderes bedeuten, als dass *jeder* Psycho und *jede* Demenzkranke qua ihres Zustandes *nicht* sterben möchten! Als ob alle psychisch Auffälligen und Demenzkranken, die den Wunsch äußern, sterben zu wollen, Bullshit von sich gäben!

Ich kann es allen jetzt schon sagen: sollte ich einst dement werden, am besten derart, dass ich nicht mehr weiß, wer ich bin und meine Tochter nicht mehr erkennen kann, oja, zweifelsohne werde ich dann schwer demenzkrank sein, vielleicht sogar zum Psycho werden - und doch, und gerade dann, werde ich sterben wollen!

*

Aus einem Dilemma vermag sich aber auch den Entwurf Helling-Plahr nicht zu befreien. Wohlgesonnene mögen es als ein lapidares "Begriffs-Dilemma" abtun - trotzdem bleibt die Frage: Ist eine Beratung, zu der man verpflichtet ist, wirklich noch eine Beratung? Die missgelaunte Schülerin, die sich morgens auf den Weg zur Schule macht, tut das, weil es eine Schul*pflicht* gibt - niemals käme sie auf die Idee zu sagen, dass sie sich jetzt beraten lassen gehe. Man möge das nicht vorschnell als eine Korinthenkackerei eines gescheiterten Germanistik-Studenten abtun - ganz aktuell wird derzeit (April 2024) im Rahmen der Diskussion um den Nachbarparagraphen des untergegangenen § 217 StGB, dem § 218 (Abtreibungsrecht) u.a. genau diese Frage aufgeworfen. Und zwar von niemandem geringeren als von einer aus zig Wissenschaftlern bestehende Enquetekommission, die auf 600 Seiten dargelegt hat, was sie vom aktuellen § 218 StGB hält. Darüber hinaus: in anderen Ländern, z.B. auch im Nachbarland Frankreich, stellt sich diese Frage erst gar nicht: Frauen, die abtreiben wollen, können sich beraten lassen. Müssen es aber nicht.

*

Das also waren, grob zusammengefasst, die drei Entwürfe, die zur Disposition standen. Ich hoffe dem Leser die Inhalte und wesentlichen Unterschiede der Entwürfe einigermaßen hinreichend nähergebracht zu haben. Ganz einfach ist das nicht, wir reden hier von Gesetzentwürfen, mithin von Texten, die komplett frei von jedem Humor und jeder Ironie sind. Stattdessen voll bespickt mit Angaben und Aktenzeichen diverser Gerichtsurteile und allerlei Quellenverweise. Nur ein Beispiel aus dem Entwurf Helling-Plahr; auf Seite 14 heißt es in der Begründung zu § 3 Abs.4: "...Diese Erwägung entspringt ebenfalls aus dem Urteil des BVerfG, folgt aber auch aus früheren Erwägungen des Bundesgerichtshofes (BVerfG, Urteil vom 26.2.2020 - 2 BvR 2347/15-, Rn.244; BGH, Urteil vom 03.7.2019 - 5 StR 132/18, Rn21-juris). Der Suizidentschluss muss sich also...(vgl.: Schneider, in: Müko StgB, 3. Auflage, § 216, Rn19)..."

Das tut sich ja kein Mensch freiwillig an! Außer vielleicht jemand, der einfach die Hoffnung nicht aufgeben will, dass eines Tages über die Sterbe- bzw. Suizidhilfe genauso leidenschaftlich und offen diskutiert wird wie das (nicht nur) derzeit und allerorten beim Recht auf Abtreibung geschieht.

Erleben werde ich es wohl nicht mehr - trotzdem hier die Zusammenfassung der Entwürfe für zukünftige Stammtische: Wo muss man überall hin, welche Hürden müssen genommen werden?

Entwurf Castellucci: Psycho - mindestens eine Beratung - Psycho

Entwurf Künast/Kranke: Arzt - ggf. Gutachten - 2. Arzt

Entwurf Künast/Gesunde: Behörde - Beratung - Beratung - Behörde - Arzt

Entwurf Helling-Plahr: Beratung - Arzt

Dazu die Faustregel: je strenger der Entwurf, desto länger die Wartezeit (10 Tage bis über 3 Monate)

Kapitel 11: Erst mal orientieren

Okay, ich wollte chronologisch vorgehen - und springe jetzt wieder ein paar Wochen zurück. Das hat aber seine Richtigkeit und Gründe. Am 18. Mai 2022 fand im Deutschen Bundestag eine so genannte "Orientierungsdebatte" über etwaige Möglichkeiten zur, wenn man so sagen will, "Reform" der Sterbehilfe statt (streng genommen: es gab ja nichts, das hätte reformiert werden können, das BVerfG hatte ja alles zerschmettert). Dabei wurde über die vorhin vorgestellten Gruppenanträge gesprochen - obgleich zwei der drei Anträge dem Bundestag offiziell noch gar nicht vorlagen. Inoffiziell aber eben schon - man tauscht sich aus unter den Abgeordneten, die Entwürfe Künast und Helling-Plahr waren also hinreichend bekannt, und so verständigte man sich darauf, am 18. Mai 2022 über die ganze Sache mal öffentlich zu diskutieren; den eigenen Standpunkt womöglich mit weiteren Argumenten nochmal vertiefend.

Die parlamentarischen Geschäftsführer der einzelnen Fraktionen vereinbarten eine Dauer der Aussprache von 90 Minuten, Zwischenfragen oder Kurzinterventionen waren nicht zugelassen, die jeweilige Redezeit betrug 5 Minuten. Wie man bei einer Dauer von 90 Minuten und jeweils 5 Minuten Redezeit auf 23 Beiträge kommen kann, erschließt sich mir nicht ganz, spielt aber auch keine Rolle; jedenfalls gab es 23 Vorträge. Vier Abgeordnete, dessen Redewünsche nicht (mehr) berücksichtigt werden konnten, machten von der Möglichkeit Gebrauch, ihre Rede zu Protokoll zu geben. Insgesamt also 27 Vorträge.

Für diejenigen (die Leser gehören schon dazu), denen die drei Entwürfe bekannt sind, hielt sich der Informationsgehalt der Debatte in Grenzen.

Größtenteils wurden die Argumente, die auch schon in den Entwürfen zum besten gegeben worden waren, nochmals vorgetragen.

Trotzdem bin ich weit davon entfernt, die Aussprache nun einfach unter den Teppich zu kehren zu wollen. Allein schon deshalb, weil so selten über das Thema, auch im Bundestag, gesprochen wird. Und weil es eben doch etwas anderes ist, an einem Entwurf mitzuarbeiten als in einer Rede den *eigenen* Standpunkt zu vertreten, womöglich eingefärbt durch persönliche Erfahrungen.

Und so möchte ich - die Leserin möchte nicht erschrecken, ich bemühe mich, nicht ausschweifend zu sein - die Protagonisten (in der Reihenfolge der Redebeiträge) einzeln zu Wort kommen lassen, indem ich die jeweils markantesten Sätze ihrer Reden herausstelle. Zuweilen werde ich das lediglich in Form von Zitaten tun - Zitate, die für sich sprechen und nicht weiter kommentiert werden müssen (und oft genug Hinweis darauf sein werden, welchem Entwurf der Redner anhängt). Gelegentlich werde ich aber auch meinen Senf hinzufügen, oder, so würden es die Abgeordneten wohl nennen, mit der ein oder anderen Bemerkung zwischenintervenieren. Damit klar ist, wer was meint und sagt, werde ich den Beiträgen der Redner ein "A" (für Abgeordnete oder Abgeordneter) voranstellen, meinen Ausführungen ein "J" (für Jochen oder Jochi).

*

Vorab jedoch möchte jedoch noch auf eine Fehleinschätzung meinerseits eingehen - und damit eine Unsitte des Bundestages ein wenig in Schutz nehmen. Am 18. Mai nahm ich mir einen Tag Urlaub, selbstverständlich war mir sehr daran gelegen, die Debatte live im Fernsehen zu verfolgen. Als der Tagesordnungspunkt 3 ("Sterbehilfe") dann aufgerufen wurde, war ich schon, bevor es überhaupt losging, entsetzt - ob der gähnenden Leere im Plenum. Mögen es hundert der 736 Abgeordneten gewesen sein, die da waren- mehr waren es nicht! Dabei ist das Thema doch angeblich so wichtig und besonders, darauf wird bei jeder Gelegenheit von allen immer wieder hingewiesen. Ich war enttäuscht: nicht mal 90 Minuten nehmen sie sich Zeit!

Doch wie gesagt: inzwischen sehe ich das etwas anders. Die Themenvielfalt, der sich der Bundestag zu stellen hat, ist so gigantisch, dass es dem einzelnen Abgeordneten unmöglich ist, sich überall hineinzulesen. Mag er auch noch so fleißig sein - immer wird er nur in einem Bruchteil der zu behandelnden Problemfelder Fachmann sein (können). Umso trauriger, dass sich viele Abgeordnete trotzdem immer so geben und zeigen, als sei ihnen das Unmögliche doch möglich (und gleichzeitig noch lukrative „Nebenjobs" annehmen).

Trotzdem: auch wenn vermutlich jede Abgeordnete und jeder Nichtabgeordnete eine persönliche Meinung zum Thema Sterbehilfe haben wird, so habe ich im Verlaufe der Zeit etwas mehr Verständnis für jene entwickeln können, die der Debatte fernblieben - dieses Verständnis rührte nicht zuletzt daher, erfahren zu haben, wie viel Zeit es braucht, sich detailliert in das vorliegende Thema reinzufuchsen.

So richtig bewusst wurde mir das, als ich mir vorstellte, selbst ein Abgeordneter zu sein. Ein Abgeordneter, der mit Herzblut z.B. am Entwurf Helling-Plahr mitgearbeitet und mitgerungen hätte, und nun zu diesem Punkt auch eine Rede hält. Während ich auf meinen Aufruf gewartet hätte, hätte ich mir noch, unmittelbar davor, brav im Plenum sitzend, die Antwort auf die Mündliche Frage 11 zum Tagesordnungspunkt 2 anhören dürfen (oder müssen). Das Thema lautete: "Höhe der nationalen finanziellen Unterstützung für den European Chips Act".

Imgleichen: Der Tagesordnungspunkt 4, der sich unmittelbar an die Aussprache zur Sterbehilfe anschloss, lautete: "Ein Zukunftszentrum für Europäische Transformation und Deutsche Einheit schaffen". Ich kann mich weder zum European Chips Act noch zum Zukunftszentrum äußern, ich habe keinen blassen Schimmer Ahnung von beidem. Und hätte ihn auch dann noch nicht, wenn ich im Plenum gesessen und den Abgeordneten, die sich zu diesen Themen äußerten, zugehört hätte. Und so überrascht es nicht weiter, dass tatsächlich die meisten Abgeordneten, die der Orientierungsdebatte beiwohnten, nach der Debatte den Plenarsaal wieder verließen, andere dafür nun aber eintrafen: das waren eben die Fachleute für´s Zukunftszentrum.

Ob das alles richtig und gut so ist, sei mal dahingestellt, ist aber auch nicht Thema dieses Buches. Deswegen nun zu den Redebeiträgen. Sie enthalten schon ein paar seltsame Blüten, und an Prominenz, die bemüht wird, fehlt es erst recht nicht: der Papst, Heraklit, Gott - alle sind vertreten.

Kapitel 12: Die Orientierungsdebatte

1. Helge Lindh (SPD)

A: Die Sterbehilfevereine sind letztlich nur entstanden, weil es gegenwärtig keine andere Möglichkeit gibt, rechtssicher und tatsächlich zu helfen. Und der einzig richtige Weg ist derjenige über das Vertrauensverhältnis zwischen dem betroffenen Sterbewilligen und dem Arzt bzw. der Ärztin - kein anderer...

A: Eine solche Form der Assistenz kann sogar suizidpräventiv sein; denn viele befreit das Wissen, dass sie irgendwann die Möglichkeit haben, unterstützt aus dem Leben zu scheiden, wenn sie dieses Leben nicht mehr als erträglich erachten...

2. Ansgar Heveling (CDU/CSU)

A: Die intensive Diskussion und der anschließend gefundene Kompromiss (2015) führte zu einer der vielgerühmten Sternstunden des Parlaments. Nun befinden wir uns nach siebeneinhalb Jahre wieder hier im Plenarsaal des Bundestages, um über Suizidassistenz zu debattieren. Aber wie heißt es bereits bei Heraklit: "Man kann nicht zweimal in den denselben Fluss steigen."

J: Dann tun sie es auch nicht! Der Entwurf, den Sie unterstützen, kommt in der Praxis einem De-Facto-Verbot bedrohlich nahe. Und was Sie als Sternstunde bezeichnen, bezeichne ich als eine Debatte, an deren Ende ein verfassungswidriges Gesetz stand!

A: Aber schon dieser...Ausgangspunkt wirf in der Praxis komplexe Fragen auf: Wann ist der Wunsch, dem eigenen Leben ein Ende zu setzen, Ausdruck persönlicher Autonomie? Wie soll man herausfinden, ob die Entscheidung eines Sterbewilligen vielleicht gar nicht selbstgesetzten Gründen entspringt, sondern er sich sozialem Druck ausgesetzt sieht...

J: Indem man mit ihm spricht und sich mit ihm respektvoll und unvoreingenommen beschäftigt! Da Sie aber schon die Frage stellen: Was glauben Sie - ich spreche aus eigener Erfahrung - wie viele Menschen es gibt, die im Rahmen ihrer Entscheidung, ins Pflegeheim zu gehen oder nicht, unter Druck gesetzt werden!? Mein inzwischen verstorbener Vater, meine weit über 80 Jahre alte, klapprige Nachbarin - sie wurden ganz sicher unter Druck gesetzt, endlich den Weg ins Pflegeheim anzutreten. Auch von mir! Und zwar gemeinsam mit meinen Geschwistern und Nachbarinnen. Ist das nicht eigentlich viel Ärger? Die Sterbewillige sagt ja, dass sie sterben will - von Menschen, die im Pflegeheim aufgenommen werden, wird man das sehr oft nicht behaupten können. Und trotzdem landen sie dort.

A: Über seinen Tod frei entscheiden kann nur, wer lebt. Wer einmal die Grenze zum Tod überschritten hat, kann seine Einstellung nicht revidieren.

J: Das hätte Heraklit nicht schöner sagen können! Und Loriot hätte für seine Antwort nur zwei Worte benötigt: Ach was!

3. Kirtsen Kappert-Gonther (GRÜNE)

A: Eine Gesellschaft, in der es schwierig ist, an gute Pflege, an Krisenhilfe, an einen Psychotherapieplatz zu kommen, in der es aber womöglich an jeder Ecke oder auch in jedem Pflegeheim eine Infrastruktur für den assistierten Suizid gibt - das wäre für mich ein

Horrorszenario. Wir dürfen doch Menschen in Not mit ihren Problemen nicht alleine lassen!

J: Kein Suizidwilliger wird etwas dagegen haben, wenn die Infrastruktur für die Pflege verbessert und es Menschen leichter gemacht würde, schneller an einen Psychotherapieplatz zu kommen. Und Ihre Aufforderung, die Menschen nicht allein zu lassen ist ein klassisches "Nicht"- oder Totschlagargument: Nennen Sie mir einen einzigen Abgeordneten, der sich vorne hinstellt und dann fordert, Menschen in Not am besten doch mit ihren Problemen alleine zu lassen. Solcherlei Aussagen sind keine Argumente, das sind populistische Füllsätze!

A: Stattdessen muss es buchstäblich an jeder Brücke Hinweise für eine jederzeit erreichbare Suizidhotline geben, auch online, auch anonym.

J: Wenn dieser Vorschlag mal nicht nach hinten losgehen und das Gegenteil dessen bewirken würde, was Sie, vermutlich in guter Absicht, bezwecken wollen. Wenn man täglich daran erinnert wird, doch bitte nicht von der Brücke zu springen, erinnert mich das ein wenig an den rosa Elefanten, an den man gerade nicht denken soll. Nicht, dass da bei all den Hinweisen noch der ein oder andere auf Ideen kommt, die Sie so gar nicht mögen und sogar unter Strafe stellen wollen.

4. Katrhin Helling-Plahr (FDP)

A: Ich kann es gut verstehen, wenn man selbst bestimmen möchte, wann und wie das eigene Leben endet. Und ich kann gut verstehen, dass man emotional die Sicherheit haben möchte, gehen zu dürfen, wenn es für einen selbst so weit ist...

A: ...,ich war bei der Entscheidung zu § 217 Strafgesetzbuch in Karlsruhe. Das Urteil, dass das BVerfG...gesprochen hat, war unmissverständlich und ist wegweisend. Ich möchte uns alle aufrufen, das Urteil und seine Erwägungen zu achten... Es darf nicht noch einmal wegen zu hoher gesetzlicher Hürden faktisch leerlaufen. Das sind wir den Menschen in unserem Land schuldig.

5. Thomas Seitz (AfD)

A: Die Selbsttötung ist in Deutschland straflos, weil kein fremdes Rechtsgut verletzt wird. Damit ist grundsätzlich auch die Förderung der Selbsttötung straflos...

A: Da, nach den gerichtlichen Vorgaben je nach Lebenssituation unterschiedliche Anforderungen an den Nachweis der Dauerhaftigkeit und Ernsthaftigkeit eines Selbsttötungswillen gestellt werden können, darf hier differenziert werden zwischen Menschen mit schwerer oder fortgeschrittener Erkrankung einerseits und völlig gesunden Menschen andererseits.

6. Petra Sitte (DIE LINKE)

A: Es steht niemandem zu, zu bewerten, aus welcher Lebenssituation heraus der Wunsch auf Suizidhilfe entstanden ist. Hier war das BVerfG überraschend klar...

A: Dieses Recht muss aber auch praktisch wahrzunehmen sein... Denn ein Recht, das sich in der Praxis nicht ausüben lässt, ist kein Recht...

A: Wir können kommerziellen Angeboten den Boden entziehen, indem Beratungsangebote unentgeltlich gestaltet werden und allen zugänglich sind.

7. Martina Stamm-Fibich (SPD)

A: Es ist nicht unsere Aufgabe, Werturteile darüber zu fällen, weshalb jemand sein Leben beenden möchte.

A: Wir müssen sicherstellen, dass das Recht auf selbstbestimmtes Sterben nicht durch blockierendes Verwaltungshandeln eingeschränkt wird... Diejenigen Einrichtungen, in denen künftig Suizidhilfe geleistet werden wird, brauchen von uns die entsprechende Unterstützung, um diese neue Herausforderung gut zu bewältigen. Das sind neue Aufgaben - nicht mehr und nicht weniger.

A: Genauso wenig kommt die Suizidhilfe per Patientenverfügung infrage, weil die Kontinuität des Sterbewunsches so nicht sichergestellt werden kann.

J: Schade, dass Sie, was die Patientenverfügung anbelangt, zweierlei Maß anlegen. Sehr wohl nämlich kann ich schon heute verfügen, dass ich, im Falle eines Unfalls oder einer schweren Erkrankung, nicht künstlich beatmet werden möchte. Von dieser Möglichkeit machen auch nicht wenige Menschen Gebrauch. Wer sagt, dass all diese Menschen, wenn sie denn einst tatsächlich am Beatmungsgerät angeschlossen sein sollten (und sich nicht mehr äußern können), wieder genauso entscheiden würden, wie sie das einst in der Patientenverfügung taten!? Sollte es indes darum gehen, die Betroffenen vor einem Irrtum zu bewahren, dann müsste - konsequenterweise - eine jede Patientenverfügung für unwirksam erklärt werden. Wer nichts verfügt, kann sich auch nicht irren. Irrtümer passieren immer, auch bei Sterbewilligen. Es liegt dann in der Verantwortung des Verfügenden (und nicht in der der Abgeordneten), sich genau zu überlegen, was sie denn wohlwollen (werden).

Wer heute verfügt, im Fall der Fälle nicht beatmet werden zu wollen, dann aber, wenn es so weit ist, doch noch gerne mit Sauerstoff versorgt

werden würde, das aber nicht mehr mitteilen kann: Pech gehabt!
*"Allgemeine Regeln und Bedingungen der Vermeidung des Irrtums
überhaupt sind: selbst zu denken...und jederzeit mit sich selbst
einstimmig zu denken..." (Immanuel Kant)*

Wer nicht hinreichend selbst denken kann oder will, soll stumm bleiben
dürfen, oder auch sich irren - wer es jedoch kann und auch tut, der
sollte auch seinen Sterbewunsch verfügen dürfen.

8. Marc Biadacz (CDU/CSU)

A: Papst Johannes Paul II. hat einmal geschrieben - ich zitiere -: "Der
Tod zwingt den Menschen, sich die radikalen Fragen nach dem
eigentlichen Sinn des Lebens zu stellen." Das habe ich ganz persönlich
erlebt, als mein Vater im Jahr 2004, als ich 25 Jahre alt war, unheilbar
an Darmkrebs erkrankte und zwei Jahre später an den Lebermetastasen
verstorben ist. Zeitweise waren die Schmerzen für ihn fast nicht zu
ertragen. Vielleicht hat er sich auch manchmal gedacht, es wäre besser,
wenn er seinem Leben und dem Leid ein Ende setzen würde. Vielleicht
hat er sich gedacht, er könnte seiner Familie so das Miterleben des
Leids ersparen. Aber, liebe Kolleginnen und Kollegen, er hat es nicht
getan, und er hat mir etwas Wichtiges mitgegeben: Es gibt nicht nur
Schatten und Licht, nicht nur Leid und Glückseligkeit; das Leben ist viel
facettenreicher. Nach der ambulanten Chemotherapie ging mein Vater
in die Kirche in meinem Heimatort Böblingen und zündete eine Kerze
an; danach ging er in die Kneipe und hat ein Bier getrunken...

J: Amen!

A: Wir brauchen in Deutschland daher einen klar definierten
gesetzlichen Rahmen - nicht für das selbstbestimmte Sterben, sondern
zum Schutz der selbstständigen Entscheidung über das eigene Leben.

• • •

J: Bis die Person so entscheidet wie Sie sich das Vorstellen und Wünschen. Hoffnungsloser Fall! Würde das Bundesverfassungsgericht übrigens auch so sehen.

A: Der assistierte Selbstmord darf niemals die normale Form der Lebensbeendigung werden.

J: Dass Sie von Mord reden, überrascht jetzt auch nicht mehr weiter.

9. Renate Künast (GRÜNE)

A: Einige haben gesagt: das BVerfG hat uns einen Auftrag gegeben. - Nein, das hat es nicht. Wir als Bundestag könnten die Situation jetzt einfach so lassen. Denn der § 217 StGB ist nichtig, andere Dinge sind geregelt; die Tötung auf Verlangen ist strafbar. Die Frage ist, ob wir das wollen... Denn Tatsache ist: Nach der Entscheidung findet Beihilfe zur Sterbehilfe statt: Vereine beraten, Ärztinnen und Ärzte leisten Beihilfe. - Wir fragen uns aber an dieser Stelle: Gibt es eigentlich die notwendige Transparenz? Welche Mittel verschreiben die eigentlich?... Kriegt man gute Beratung durch Vereine - nicht irgendwelche, sondern zuverlässige? Hat man Zugang zu Betäubungsmitteln, zum Beispiel Natrium-Pentobarbital...?

A: Wir brauchen eine Regelung. Es ist unsere Aufgabe, und wir dürfen uns davor nicht drücken.

J: Ihre Ausführungen in allen Ehren: Ich gehe zu Ihren Gunsten davon aus, dass es sich bei dem Ausdruck "Beihilfe zur Sterbehilfe" um ein Versehen handelt, doppelt gemoppelt hält nämlich nicht in allen Fällen besser.

A: Der andere Weg umfasst bei uns den Zugang in allen anderen Fällen. Wir sagen: Es muss eine Behörde geben, gegenüber der man seinen

Sterbewunsch glaubhaft darlegt, die Dauer darlegt und ein, zwei Fragen beantwortet.

10. Benjamin Strasser (FDP)

A: So wollen laut einer Studie mit dem Titel "55 plus - Pflege im Alter" 74 Prozent der Bürgerinnen und Bürger im Pflegefall ihren Kindern nicht zur Last fallen.

J: Wollen Sie ihnen das zum Vorwurf machen!? Die "Kinder" von heute haben Lasten zu tragen, vor denen sich die Alten von heute nicht oder weniger fürchten. Laut einer Studie mit dem Titel "Jugend in Deutschland 2024" sind junge Menschen in Deutschland so pessimistisch wie noch nie. Grund dafür sei die Sorge um die Sicherung des Wohlstands und die damit verbundene hohe politische Unzufriedenheit. Arbeiten Sie daran, das zu ändern und hören Sie auf, zu versuchen, Menschen vorschreiben zu wollen, ob sie ihren Kindern zur Last fallen möchten oder nicht.

11. Martin Sichert (AfD)

A: Ich fand sehr, sehr interessant, zu beobachten, dass einige der Befürworter schärfster Coronamaßnahmen mit all den damit verbundenen Gesundheitsschäden sich nun für weitreichende Sterbehilfe aussprechen. Zwei Jahre wurden Würde und Selbstbestimmung mit Füßen getreten. Es freut mich sehr, dass hier und heute nun viele Würde und Selbstbestimmung in den Vordergrund stellen.

A: Aber man sollte eine Möglichkeit einräumen, durch die der Mensch in einer Patientenverfügung bestimmte Parameter festlegen kann, wann er Sterbehilfe in Anspruch nehmen möchte. Wenn jemand bei vollem Bewusstsein eine Verfügung formuliert, dass er, wenn er massive Schmerzen hat und beispielsweise nach einem Schlaganfall nicht mehr seinen Willen klar formulieren kann, Sterbehilfe in Anspruch nehmen möchte, warum sollte man ihm das verwehren?

(Martina Stamm-Fibich: Weil es Tötung auf Verlangen ist)

A: Aber gesunden Menschen dabei zu helfen, sich aus dem Leben zu befördern, nur weil diese lebensmüde sind, das ist nicht Aufgabe des Staates.

J: Dann beschweren Sie sich aber auch nicht mehr an anderer Stelle über Sterbehilfevereine.

12. Kathrin Vogler (DIE LINKE)

A: Ich bin sehr froh, zu hören, dass es zumindest in den demokratischen Parteien noch den Konsens gibt, dass es Grenzen gibt: Zum Beispiel wird in keinem der bisher vorgeschlagenen Gesetzentwürfe gefordert, dass die Tötung auf Verlangen legalisiert werden soll.

J: Ich glaube zu wissen, wie Sie es meinen. Gleichwohl gilt: sich dafür einzusetzen, die Tötung auf Verlangen zu legalisieren, mag in Ihren Augen ein großer Frevel sein - undemokratisch ist es deshalb aber nicht.

A: Ich lade Sie alle ein: Beteiligen Sie sich daran, und lassen Sie uns, egal welchen Gesetzentwurf Sie bevorzugen, dieses Thema in den Mittelpunkt stellen und mehr tun für die Suizidprävention in diesem Land.

J: Suizidprävention hört sich immer gut an. Kann aber auch überstrapaziert werden. Außerdem war sie nicht Kern und Thema der Debatte: in ihr sollte es vielmehr darum gehen, wie es sterbewilligen Menschen ermöglicht werden kann, bei der Umsetzung ihres Wunsches Hilfe in Anspruch zu nehmen.

13. Lars Castellucci (SPD)

A: Diese Suizidgedanken...sind in den allermeisten Fällen nicht mit einem Sterbewunsch verbunden, sondern mit dem Wunsch, nicht so leben zu müssen, wie es sich aktuell darstellt... Deswegen müsste unsere Debatte korrekterweise mit "Suizidhilfe" überschrieben sein und nicht mit "Sterbehilfe". Denn ein Suizidwunsch ist eben nicht automatisch mit einem Sterbewunsch gleichzusetzen.

J: Weit ausgeholt! Und beinahe schon böswillig, haarspalterisch. Sie hätten auch einfach sagen können: der Suizidwunsch sollte eine gewisse Dauerhaftigkeit haben. In Wirklichkeit schwebt Ihnen vor, dass mehrere Psychiater ihren Patienten einbläuen, dass sie sich weder suizidieren noch sterben wollen. Böswillig zurückgeblafft: Sie generieren sich als (Lebens-) Retter in höchster Not - und verkennen dabei, dass für einige Menschen die größte Not das Leben ist!

A: Eins ist für mich klar, Frau Hellig-Plahr: Mit flächendeckenden, staatlich finanzierten Suizidberatungsstellen erreichen wir das genaue Gegenteil.

J: Da sehen Sie mal: so facettenreich das Leben ist, so facettenreich sind auch die Meinungen, Einstellungen und Wünsche anderer Menschen. Das gilt nicht zuletzt - auch wenn Sie das nicht glauben können oder wahrhaben wollen - auch für Menschen, die nicht mehr leben wollen.

A: Wir wollen ein gutes Land für alle sein.

J: Das haben Sie sehr schön gesagt. Ist aber schon wieder ein Nicht- bzw. Totschlagargument (siehe oben).

14. Thomas Rachel (CDU/CSU)

A: Die Menschen werden älter, das ist eine gute Nachricht.

J: Das sagen Sie so einfach. Die 20-40-jährigen werden schon in naher Zukunft noch ihren zweifelhaften Spaß am Älterwerden der Menschen haben. Die gesamte Wirtschaft ebenso. Über 100 Milliarden im Jahr, Zuschuss des Bundes, nur für die Rente, schon jetzt! Ich weiß auch keinen wirklich gescheiten Rat für die Lösung des Problems. Ich tue aber auch nicht so, als sei es kein Problem; und schon gar nicht verkaufe ich es als gute Nachricht. Dass die Menschen immer älter werden, ist zunächst einmal nichts weiter als ein Fakt. Darüber zu reden, wie mit diesem Fakt umgegangen werden sollte ist auch so ein Thema, über das dann im Zweifel (oder wenn´s ans Eingemachte geht) lieber gar nicht gesprochen wird. Doch lassen wir das an dieser Stelle - hier soll es um Menschen gehen, die nicht mehr älter werden wollen.

A: Suizidales Handeln ist aus Sicht des christlichen Menschenbildes immer zutiefst zu bedauern und tragisch.

J: Und soll deshalb so umfangreich wie möglich verboten werden?

A: Denn wir möchten erreichen, dass ein Mensch nicht durch die Hand eines anderen, sondern an der Hand eines anderen verstirbt.

J: Die Hand eines anderen würde sich strafbar machen, § 216 StGB. Und an der Hand eines anderen zu versterben: genau das sieht u.a. der Entwurf der Gruppe Helling-Plahr vor.

15: Till Steffen (GRÜNE)

A: Zudem differenziert dieser Entwurf (Künast) zwischen Sterbewilligen in einer gegenwärtigen medizinischen Notlage und anderen Sterbewilligen. Ich halte diese Abgrenzung für ausgesprochen schwierig. Worauf soll abgestellt werden? Etwa auf starke Schmerzen? Das ist weitgehend überholt, weil diese heutzutage praktisch alle behandelbar sind. Dann ist die Frage: Was ist mit den nicht Schwerkranken? Da soll eine staatliche Stelle eine Prüfung vornehmen. Was hat der Staat eigentlich an dieser Stelle zu suchen?

A: Das Grundgesetz garantiert ein Recht auf Leben, es begründet aber keine Pflicht, zu leben.

16. Michael Kruse (FDP)

A: Ich möchte von der Person erzählen, mit der ich die meisten Gespräche über dieses Thema geführt habe. Das ist meine Großmutter. Meine Großmutter wird am Sonntag 100 Jahre alt.

(Helge Lindh: Ui)

Sie lebt selbstständig. Sie lebt allein. Sie schreibt mit mir über Whatsapp, noch kurz vor der Sitzung, zu diesem Thema...

(Heiterkeit bei Abgeordneten der SPD)

Ein Satz, den sie sehr häufig zu mir gesagt hat, ist: Ich habe mein Leben gelebt, und wenn ich einmal weggetreten bin, dann helft mir bitte beim Sterben. - Ich habe sie auch gefragt: Was wären eigentlich deine Wünsche, wenn es denn mal so weit ist? - Sie hat mir gesagt, dass sie sich vor allem wünscht, dass es wenig Bürokratie in diesem Bereich gibt, dass es einen niederschwelligen Zugang gibt, dass es keinen

Missbrauch geben soll und dass ihr Hilfe zuteilwird, wenn der Lebenswille erlischt.

17. Beatrix von Storch (AfD)

A: Das Urteil des Bundesverfassungsgerichts...hat uns auf eine schiefe Bahn gebracht. Minderjährige, also unter 18 Jahre, dürfen keine Zigaretten kaufen, weil gesundheitsgefährdend; aber - nach dem Diskussionspapier des BMG, Seite 17 zu Satz 1 Nummer 1 Buchstabe a - 15-Jährige sollen einen selbstbestimmten Entschluss zur Selbsttötung treffen können, wenn ein Familiengericht die Einsichts- und Urteilsfähigkeit feststellt. Wirklich? Zigaretten gefährlich, aber Selbsttötung möglich?

J: Trauen Sie das den Familiengerichten nicht zu? Nebenher: keiner der drei Entwürfe sah eine Hilfe für Minderjährige vor! Also reden Sie doch in den fünf Minuten, die Ihnen zustehen, lieber über die Vorschläge, die auf dem Tisch liegen.

A: Die Niederlande sind ein warnendes Beispiel. Der Medizinethiker Theo Boer hat festgestellt, dass sich dort mit der Legalisierung der Sterbehilfe der extreme Ausnahmefall zum Normalfall entwickelt hat. 4 Prozent aller Sterbefälle dort sind Fälle von Sterbehilfe..., zehnmal mehr als Verkehrstote...

J: Einmal abgesehen davon, dass es vielsagend ist, wenn man eine Quote von 4 Prozent für den Normalfall hält: Wovor haben Sie Angst? Vor Menschen, die in den Niederlanden eine Hilfe, die dort angeboten wird, in Anspruch nehmen? Und dabei übrigens ganz sicher nicht die Anzahl der durch Sterbehilfe Verstorbenen in Relation setzen zu Menschen, die im Verkehr tödlich verunglückt sind. Würde die Statistik für Sie verträglicher, wenn es mehr Verkehrstote gäbe?

A: In den Niederlanden ist es zulässig, schwer demenzkranke Patienten auch dann zu töten, wenn sie sich nonverbal heftig dagegen zu wehren versuchen.

J: Lesen Sie die Kapitel VII und VIII des ersten Beibuchs, dann wissen Sie, wie es zu diesen (wenigen) Fällen gekommen ist, wie sich die Gerichte dazu äußerten und was es mit dem Begriff "precedent autonomy" auf sich hat.

A: Ich darf zum Schluss die Deutsche Bischofskonferenz von 1999 zitieren; sie schrieb dazu: "Jeder Mensch hat seine Würde, seinen Wert und sein Lebensrecht von Gott her... Weil Gott allein Herr über Leben und Tod ist, sind Menschenwürde und Leben geschützt." Daran glaube ich.

J: Ist Gott ein Deutscher oder ein Niederländer?

18: Nina Scheer (SPD)

A: Mich hat jetzt doch noch mal der Satz aufgeschreckt: "Es darf nicht zur Normalität werden"... Man ist vielleicht geneigt, zunächst zu sagen: Okay, Normalität und Sterben, das wollen wir nicht zusammendenken. - Aber in "Normalität" steckt auch Norm; es steckt auch Geregeltheit, es steckt auch etwas, das wir als Selbstverständnis in unserer Gesellschaft haben. Und der Tod und auch das selbstbestimmte Ausscheiden aus dem Leben gehören zur Normalität; das ist Norm... Es darf dann eben nicht als Norm gelten, was aber doch Normalität ist. Es ist Normalität - wir können das nicht leugnen - dass es Menschen gibt, die selbstbestimmt sterben wollen...

J: *Das* den Gegnern der Suizidhilfe (und damit den Gegnern der Entscheidung des BVerfG) beizubringen ist vielleicht die Kernaufgabe derjenigen, die den Sterbewilligen wirklich und aus dem Herzen heraushelfen wollen. Ist diese Aufgabe erst einmal gelöst, werden nur noch diejenigen als echte Gegner übrigbleiben, die aus ideologischen und/oder religiösen Gründen den Suizid niemals als Normalität ansehen werden - weil sie es nicht *wollen*. Und vermeinen, es auch nicht zu dürfen. Was bei den ideologisch weniger verbrämten Gegnern helfen würde: reden! Darüber reden und nochmal reden, nicht nur im Bundestag. Dann würde womöglich auch viel besser eingesehen, was Sie weiter oben in Ihrer Rede feststellen, nämlich...

A: Es geht um Entscheidungen, die wir nicht zu entscheiden haben; diese sind individuell zu entscheiden.

J: Ebenso pflichte Ihnen bei, wenn Sie sich daran machen, die juristischen Konsequenzen zu ziehen, aus dem Umstand, dass das Sterbenwollen auch zur Normalität gehört (umso überraschter war ich, als ich sah, welcher Gruppe Sie sich angeschlossen haben) - Sie sagen..

A: Das heißt also auch, dass ein Straftatbestand nicht in Betracht kommen kann; denn das Bundesverfassungsgericht hat den Regelfall definiert. Der Regelfall ist die Erlaubnis. Wenn wir einen Straftatbestand mit dem Ausnahmefall der Erlaubnis schaffen würden, würden wir die Aussage des Bundesverfassungsgerichts auf den Kopf stellen."

19. Hubert Hüppe (CDU/CSU)

A: ...aber ich möchte einfach nicht, dass es eine Regelung gibt, die die Beihilfe zur Selbsttötung sozusagen als therapeutische Alternative sieht.

J: Es gibt nun einmal Menschen - einerlei, ob Sie das möchten oder nicht - die nicht mehr therapiert werden möchten! Und es wird sie auch weiterhin geben.

A: Wenn es ein gesetzlich garantiertes Recht auf assistierten Suizid gibt, dann ist auch klar, dass nicht mehr das Schicksal dafür verantwortlich ist, wenn ich als kranker, alter oder pflegebedürftiger Mensch die Gesellschaft, insbesondere auch meine Verwandten, belaste, sondern dass ich es selber bin, der sie belastet.

J: Ich muss dem Schicksal schon so viel überlassen - da würde ich dann doch einst lieber eigenverantwortlich entscheiden, ob ich meiner Tochter zur Last fallen will oder nicht! Zum Glück aber reden Sie wenigstens nicht von einem "Gefühl" der Kranken und Alten, dass sie eine Last darstellen würden - in aller Regel nämlich tun sie das. Keineswegs in böser Absicht - eine Last sind sie trotzdem, für die Angehörigen und die Gesellschaft. Auch das ist so eine Wahrheit, die kaum jemand an sich heranlassen möchte, und trotzdem bleibt sie das was sie ist: Wahrheit und Wirklichkeit! Deswegen sehe ich auch die in Ihrer Rede zitierte "Oregan-Studie" eher als Beleg für das Vorliegen einer nüchternen Tatsache an als ein Horrorszenario, für das Sie das in der Studie Gesagte halten werden.

A: ...dass in Oregan, wo es eine solche Regelung schon seit über 20 Jahren gibt, 54 Prozent derjenigen, die sich unter ärztlicher Aufsicht das Leben genommen haben, angegeben haben, dass sie Sorge haben, ihrer Familie, Freunden, Pflegenden zur Last zu fallen...

J: Und was schließen Sie daraus? Sollen also diejenigen, die ihren Liebsten nicht mehr zur Last fallen möchten, gezwungen werden, es doch zu tun?

A: Wie will ich jemandem erklären, dass er zwar das Recht auf Selbsttötung hat, aber dass ihm, wenn er nicht mehr in der Lage ist, das Glas zu nehmen, kein anderer dieses Glas geben kann.

J: Einmal abgesehen davon, dass man das neue Gesetz so gestalten könnte, dass man der Person das Glas geben *darf* - sofern Sie sich hinreichend mit dem Thema beschäftigt haben, wovon ich bei einem Bundestagsabgeordneten, der eine Rede zum Thema hält, doch gerne ausgehen würde - unterstelle ich Ihnen, in diesem Fall Unkenntnis aus taktischen Gründen vorgespielt zu haben! Es ist hanebüchener Unsinn, zu behaupten, dass dem, der kein Glas mehr nehmen kann, nicht geholfen werden könnte, sich "eigenhändig" zu töten. Ein Strohhalm tut´s auch! Und für diejenigen, die sogar nicht mehr saugen oder schlucken können (denen wollen Sie auch noch Steine in den Weg legen?) gibt es Vorrichtungen, bei welchen durch ein leichtes Drücken auf einen Knopf (mit einem einzigen Finger, der noch minimal bewegt werden muss) die Dosis todbringender Medikamente in den Körper gelangen kann. Und kommen Sie mir jetzt nicht mit Menschen, die nicht mehr saugen, nicht mehr schlucken und sich rein gar nicht mehr bewegen können. Selbst für die gibt es noch, den Computern sei Dank, Möglichkeiten, sich selbst ins unendlich Weite zu befördern, zum Beispiel durch Bewegungen der Augen. - All diese Optionen zu verschweigen, indem man das Bild eines Menschen zeichnet, der kein Glas mehr in die Hand nehmen kann, ziemt sich nicht und dieser Debatte nicht würdig!

20. Jens Beeck (FDP)

A: Ja, die autonome Selbsttötung mit Assistenz ist zulässig, sie ist dein Recht. - Aber wir müssen genauso klar die Botschaft dagegen- und mit darzustellen: Kein Leben ist eine Last in dieser Gesellschaft.

J: Eine Gesellschaft, in der kein Leben eine Last ist! Das gibt es nicht einmal im Märchen!

A: Menschliches Leben ist in Deutschland im Jahre 2022 immer wertvoll, und wir werden alles tun, um dich dabei zu unterstützen, es zu erhalten.

J: Bitte nicht! Und schon gar nicht "alles"! Würde übrigens auch bedeuten: Patientenverfügungen können wieder eingestampft werden: Wir halten dich am Leben, solange es geht!

21. Kerstin Griese (SPD)

J: Die Kerstin von der SPD, Beibuch I, Kapitel XIII. Drin kam schon zum Ausdruck, dass ihr Lieblingswort "Würde" ist. Und siehe da, wie lautet ihr Einstieg in ihre Rede?

A: Auch ich sage als Erstes: In dieser Debatte steht im Mittelpunkt der Mensch, jeder Mensch, die Würde des Menschen. Die Würde jedes Menschen ist gleich viel wert, unabhängig davon, ob er alt, krank, leidend, behindert ist. Der Respekt vor der Würde des Menschen, vor der Würde des Lebens leitet mich in dieser Debatte.

J: Ja

A: Jedes Leben hat die gleiche Würde, und niemand hat darüber zu urteilen, ob ein Leben weniger oder mehr lebenswert ist.

J: Ich für mein Leben schon! Sehr wohl urteile ich darüber, ob mein Leben (noch) lebenswert ist oder nicht. Das zu dürfen gehört zu meiner Würde!

A: Selbstverständlich ist Sterbehilfe in Deutschland möglich. Deshalb ist der Titel der Debatte in der Tat falsch.

A: Niemand muss qualvoll sterben, und vor allem soll niemand alleine sterben müssen.

J: Und das sagen Sie im Mai 2022! Covid 19!? Es gibt genug Menschen, die nicht einmal dabei sein *durften,* als ihre Eltern (ungewollt) verstarben!

A: Gar keine Regelung ist keine Lösung. Gar keine Regelung würde Sterbehilfevereinen wie den von Herrn Kusch Tür und Tor öffnen. Diese Situation haben wir jetzt. Das halte ich für ethisch nicht haltbar.

J: Das mag so sein, dass Sie das ethisch nicht für tragbar halten. Die Betroffenen aber, die sich schon um die Aushändigung von Natrium-Pentobarbital gekümmert haben, oder dies noch beabsichtigen, meinten und meinen unisono, dass ihnen gar keine Regelung lieber sei als die Umsetzung des Entwurfs, den Sie befürworten!

A: Gerade bei diesem Thema zeigt sich, wie wir die Würde des Einzelnen wahrnehmen.

J: Eben!

22. Erich Iristorfer (CDU/CSU)

A: Der Tod gehört zum Leben, und jedes Leben hat einen Wert.

J: Der Tod gehört eben nicht zum Leben! Das Sterben gehört zum Leben! Doch lassen wir das - zumal Sie Ihrer falschen Diagnose einen sehr feinfühligen und wahren Satz folgen lassen, der verstehen hilft, was Sie eigentlich meinen.

A: Doch durch das Leben in Frieden, in Wohlstand und Luxus haben wir dieses ungeliebte Thema "Sterben und Tod" aus der gesellschaftlichen Mitte irgendwie an den Rand unseres Denkens und Handelns verbannt.

J: Das ist wohl wahr, und erinnert mich an einen Satz, den die Ärztin meines Vertrauens in einem unserer unzähligen Gespräche zu diesem Thema mal zum Besten gab: "Früher war Sterben irgendwie normal." - Welchen Schluss Sie aber aus dieser Ihrer Einsicht ziehen, lässt mich kopfschüttelnd zurück. Er lautet:

A: Mich leitet immer noch dieser Satz, den Kardinal Höffner von sich gegeben hat, als er sagte: Der Mensch stirbt nicht an einer Krankheit, sondern dann, wenn Gott ein Leben vollendet hat.

23. Herbert Wollmann (SPD)

A: Wir reden hier über Suizidhilfe. Suizidhilfe und Sterbehilfe sind verschiedene Themenkreise. So ehrenwert ein 100. Geburtstag ist - ich bewundere das -: Das ist nicht der Kern dessen, was wir heute besprechen und demnächst beschließen müssen... Auch mir, muss ich allerdings ehrlich sagen, wurden die fundamentalen Unterschiede zwischen Sterbehilfe und Suizidbeihilfe erst im Lauf der Zeit klar.

J: Im Grunde und Wortsinn haben Sie recht. Und Ihre Ehrlichkeit ehrt sie. Zwischen Sterbehilfe und Suizidhilfe zu unterscheiden ist auch keine Wortklauberei. Allerdings auch kein allheiliges Erfordernis; denn auch der Suizidwillige will ja in erster Linie sterben, das suizidieren ist nur sein Weg dorthin. Man schießt sich ja nicht in den Kopf, nur weil man vielleicht ein Waffennarr ist. Und da Sie die Unterscheidung schon ansprechen: Sie verfallen leider selbst, ich hoffe ohne böse Absicht, in den Fehler, für etwas, was Sie bezeichnen wollen, zweierlei Begriffe zu verwenden: einmal reden Sie von Suizidhilfe, zwei Zeilen später von

Suizidbeihilfe! Es empfiehlt sich auch diesbezüglich zu unterscheiden: Der Begriff "Beihilfe" trägt nämlich irgendwie so etwas Verbotenes an sich. Beihilfe zum Mord, das sagt jedem was. Hilfe zum Mord sagt kein Mensch. So, wie im übrigens auch kein Mensch von Sterbebeihilfe spricht. Belassen Sie es also bei der Hilfe. Sie wollen doch den Menschen helfen, und nicht "beihelfen". Auch das Bundesverfassungsgericht sprach den Betroffenen ein Recht auf Hilfe zu, keineswegs ein Recht auf Beihilfe. - Lassen Sie mich in diesem Zusammenhang noch eine persönliche Bemerkung anbringen: ich sitze ja nicht im Bundestag und gebe, wenn überhaupt, meine Argumente eher auf der Straße, in der Kneipe, beim Kaffeeklatsch zum Besten. Sofern ich gefragt werde, worüber ich denn ein Buch geschrieben habe, antworte ich fast immer: "Sterbehilfe" - und werde auch nicht falsch verstanden. Unbeteiligte schauen mich dann schon oft genug entgeistert an und können gar nicht nachvollziehen, dass ich mich dem Thema zuwende, da ich doch gar nicht krank bin. Deswegen sage ich bewusst "nur" Sterbehilfe - würde ich "Suizidhilfe" sagen: Viele würden gar nichts mehr verstehen oder wären vielleicht verunsichert, die Übervorsichtigen würden mich womöglich in Gefahr wähnen, und, wer weiß, vielleicht würde ich sogar gefragt werden, an welcher Stelle im Darknet das Buch zu finden sei.

A: Mir ist überhaupt nicht klar, wie die Suizidhilfe bei Nichtvolljährigen zu regeln ist... Wir können uns diesem hochsensiblen Problem nicht verschließen; denn laut Bundesverfassungsgericht - das muss ich betonen - gilt das Urteil in jeder Phase der menschlichen Existenz - ich wiederhole: in jeder Phase der menschlichen Existenz -, was auch immer das zu bedeuten hat.

*

Das also waren Ausschnitte aus den im Plenarsaal vorgetragenen Reden. Vier Abgeordnete gaben Ihre Reden noch zu Protokoll - und sollen hier nicht unterschlagen werden.

*

24. *Michael Brand (CDU/CSU)*

A: ...und so werden die Forderungen nach Freigabe auch von Tötung auf Verlangen lauter, sogar durch ein Mitglied des Deutschen Ethikrats...

J: Da sehen Sie mal, wie verschieden die Meinungen und Geschmäcker der Menschen sind.

A: Wer die Freiverantwortlichkeit und die Autonomie wirklich schützen will, der muss mit dem Schutz auch Ernst machen. Leider wird keiner der vorgelegten Gesetzentwürfe diesem Grundrecht auf Schutz der Autonomie bislang wirklich gerecht.

J: Nicht mal der Entwurf Castellucci? - In den Genuss des Schutzes, den Sie ihm Kopf haben mögen, will ich nimmer kommen! In Wirklichkeit wollen Sie den Menschen allein vor dem Suizid "schützen". Sie verurteilen das Urteil des BVerfG auf's schärfste. Das ist Ihr gutes Recht - sich dann aber am Ende Ihrer Rede zu wünschen, die Debatte möge ohne "ideologische Verkrustungen" vonstattengehen - das ist schon ein gepulvertes Pfefferchen!

25. *Heike Brunner (CDU/CSU)*

A: Selbst entscheiden, wann es Zeit ist, zu sterben - seit zwei Jahren ist das in Deutschland rechtlich möglich und der Gedanke daran stimmt mich sehr, sehr nachdenklich.

A: Das führte dazu, dass allein im Jahr 2021 Sterbehilfeorganisationen hierzulande fast 350 Fälle von Suizid begleitet oder vermittelt haben.

J: Das ist der Zweck von Sterbehilfevereinen! 350 Fälle also. Praktisch ein Fall pro Tag. Bleiben noch ca. 9000 andere Menschen, die sich anderweitig ins Jenseits befördert haben.

A: 350 Fälle innerhalb eines Jahres - das sind 350 Schicksale, die mich sehr betroffen machen und die Frage aufwerfen: Wer entscheidet über Leben und Tod?

J: Eine gute Frage - die Sie dann zwei Seiten weiter selbst beantworten...

A: Als Christin bin ich davon überzeugt, dass unser Leben ein Geschenk Gottes ist, einzigartig und wertvoll - schutzwürdig von Anfang bis zum Ende.

J: Möge Gott für Sie entscheiden. Ich würde das aber bitte gerne selbst in die Hand nehmen. Ich bin allerdings auch kein Christ.

26. Ingeborg Größle (CDU/CSU)

A: Auch aus meiner christlichen Überzeugung heraus bin ich der Gewissheit, dass das Ende unseres Lebens nicht in unseren Händen liegt und liegen sollte.

J: "Christentum schließt immer die Moral ein, aber die Moral nicht das Christentum." (W.J. Oehler)

27. Petra Pau (DIE LINKE)

A: Wir haben als Politiker aber auch die Verantwortung, dass sich niemand das Leben nimmt, weil wir schlechte Gesetze gemacht haben.

J: Und die Verantwortung, Gesetze zu machen, die den Betroffenen das Recht geben, das ihnen laut Bundesverfassungsgericht zusteht. Das Recht auf Hilfe beim Suizid!

Kapitel 13: Bundestagsdebatte am 24.06.2022

5 Wochen nach der Orientierungsdebatte stand dann die jeweilige Erste Beratung der (inzwischen auch offiziell) eingebrachten Gesetzentwürfe auf der Tagesordnung des Bundestages (TOP 28). Es lohnt nicht, näher auf die Inhalte der Debatte einzugehen: im Grunde wurde das vorgetragen, was auch schon in der Orientierungsdebatte gesagt wurde.

Eine Entscheidung wurde nicht getroffen (was aber bei einer Ersten Lesung auch gar nicht vorgesehen ist); stattdessen versah das Plenum alle drei Entwürfe mit einem sogenannten Überweisungsbeschluss. Auch das ist nicht ungewöhnlich und bedeutet: Die Entwürfe werden dem Rechtsausschuss übergeben; dort soll, grob zusammengefasst, geprüft werden, ob die vorgeschlagenen Gesetzesänderungen, unabhängig von ihren Inhalten, überhaupt mit deutschem und europäischem Recht vereinbar sind. Noch gröber gesagt: Der Ausschuss soll die einzelnen Entwürfe auf juristische Fehler hin abklopfen. Ebenso hat er das Recht, Empfehlungen auszusprechen, und auch inhaltlich Stellung zu beziehen. Von diesem Recht muss er aber keinen Gebrauch machen.

Das ganze Verfahren (zum Ende erstellt der Ausschuss, meistens sich mit den Initiatoren der Entwürfe ständig austauschend, sogenannte Beschlussempfehlungen) hört sich für Laien wie mich schrecklich verwirrend und technokratisch an - und ist es wohl auch. Nichtsdestotrotz hinterließ dieses Procedere sehr wohl kräftige Spuren: abgestimmt wurde nämlich letztlich (ein Jahr später) nur noch über *zwei* Entwürfe. Doch dazu später mehr; bleiben wir noch ein paar Augenblicke beim 24.06.2022.

Bezogen auf ein artverwandtes Thema hat dieses Datum es nämlich in sich. Just in derselben Sitzung, in welcher die Entwürfe zur Suizidhilfe erstberaten wurden, kippte der Bundestag mit großer Mehrheit (gegen die Stimmen der Union und der AfD) den §219 a StGB. Bedeutet: Das Werbeverbot für Abtreibungen wurde abgeschafft.

Obgleich ja auch das Thema "Abtreibung" für gewöhnlich als sehr "schwierig" und "ethisch beladen" angesehen wird: *darüber* wird national wie weltweit öffentlich gestritten, schon seit Jahrzehnten. Und auch im Bundestag war man entsprechend weniger pathetisch unterwegs als bei Debatten über die Sterbe- oder Suizidhilfe: da wurde zwischengerufen, polemisiert und protestiert, was das Zeug so hergibt, und eine Aufhebung des Fraktionszwangs ist auch schon längst kein Thema mehr.

Da es in diesem Buch nicht um das Recht oder Verbot von Abtreibungen geht, beschränke ich mich, die Inhalte der Debatte betreffend, auf das Statement des Justizministers Marco Buschmann (FDP), der den §219 a StGB für aus der Zeit gefallen hielt: "Im Internet kann jeder Troll und Verschwörungstheoretiker alles Mögliche über Schwangerschaftsabbrüche verbreiten", Ärzten das Informieren bei Strafe zu verbieten sei "absurd".

Und tatsächlich: Viele, vermutlich sogar die meisten der Frauen, die schwanger werden, das Kind aber, aus welchen Gründen auch immer, nicht austragen wollen (oder im Zweifel sind), werden sich zunächst - passend dazu, dass sie in der Regel noch keine 50 oder 60 Jahre alt sind - online zu informieren versuchen. Aus welchem Grund sollte sich eine junge Frau, die womöglich erst 15 oder 16 Jahre alt ist, nicht an ihre Ärztin wenden dürfen - auch wenn diese zuvor damit "geworben" haben sollte, bei derlei Konstellationen zu "helfen"?

Ich stelle das hier heraus, weil - wir erinnern uns: Der Entwurf Castellucci sah explizit ein Verbot der "Werbung für die Hilfe zur Selbsttötung" vor (§ 217 a StGB). Das wäre es noch gewesen: § 219 a wird abgeschafft, da aus der Zeit gefallen, dafür wird § 217 in eben dieser Zeit ins Strafgesetzbuch hinein geschubst. Und das in einer Zeit, in der andauernd und offensiv für Produkte geworben wird, die nachweislich krank und süchtig machen. Die Spitze des Eisbergs dabei: Ehemalige, millionenschwere Fußballprofis verdingen sich, Werbung für Wettanbieter zu machen, obgleich die Zahl der Spielsüchtigen immer größer wird und bereits zig Existenzen durch Spielsucht gefährdet oder zunichtegemacht worden sind. Und diese Form der Werbung ist mal wirkliche Werbung - da geht es nicht mehr ums Informieren, sondern allein ums Ködern. Imgleichen die Häufigkeit und Penetranz der Werbung irritierend und oft auch lästig ist: heutzutage kommt keine Fußballsendung (egal ob bei den Privaten oder bei den Öffentlich-Rechtlichen) mehr ohne Werbeblöcke für irgendwelche allein auf Gewinn ausgerichtete Wettanbieter aus.

Im Vergleich dazu fällt die Werbung, die bis 2022 verboten war (Abtreibung) bzw. laut dem Entwurf Castellucci eingeführt werden sollte (Hilfe zur Selbsttötung) doch recht smart und gegen Null tendierend aus: Oder fühlt sich wer während seines Gangs zum Supermarkt durch Plakate gestört, auf denen für Selbsttötung geworben wird?

*

Nochmal zu den Abtreibungen: In den USA war und ist der 24.06.2022 sogar, was den Schwangerschaftsabbruch anbelangt, ein geradezu historisches Datum. Exakt an diesem Tag wurde nämlich das Recht der amerikanischen Frauen, eine ungewollte Schwangerschaft beenden zu lassen, einkassiert. Nach 49 Jahren!

Dass das Oberste Gericht in den USA, der Supreme Court, das Recht auf Abtreibung (mit 5:4 Stimmen) nicht generell verbot, sondern den einzelnen Bundesstaaten überlässt, die Sache in jeweiliger Eigenregie zu regeln, macht die Angelegenheit nur auf den ersten Blick erträglicher. Eine Folge ist nämlich ein totales Wirrwarr und Sammelsurium von Gesetzen, die, je nach politischer Führung in den Einzelstaaten, erlassen, kassiert und wieder erlassen werden, je nach dem eben, ob Republikaner oder Demokraten das Sagen haben.

Natürlich brauchte es nicht lange, bis dass einzelne Bundesstaaten von ihren Freifahrtscheinen Gebrauch machten - oder sie missbrauchten. Den 2. Platz gebührt dem Bundesstaat Missisipi, dort sind Abtreibungen nur noch dann nicht verboten, wenn die Schwangere Opfer einer Vergewaltigung ist (und Anzeige erstattet hat) oder das Leben der Mutter gefährdet ist. Den vergifteten Vogel schießt indes das Gesetz in Louisiana ab: Dort sind Abtreibungen strikt untersagt, auch für Opfer von Vergewaltigungen und Inzest!

Das Recht auf Abtreibungen war und ist in den USA, schon seit Jahrzehnten, ein riesengroßes politisches Thema. Welches auch die Gesellschaft immerzu beschäftigt. Was zu der sehr bizarren Folge führt, dass sich Donald Trump im Wahlkampf zur Präsidentschaftswahl im November 2024 in der Zwickmühle sieht.

Einerseits sympathisiert er mit den Absichten der vielen konservativen Republikaner und Politiker, die jede Form des Schwangerschaftsabbruchs für Teufelswerk halten. Es ist davon auszugehen, dass er sie am liebsten und lautstark (leise kann er ja eh nicht) unterstützen und weiter antreiben würde. Andererseits weiß und spürt er - obgleich legendär einfältig, dumm und ungebildet - dass auch junge Frauen, die ihrerseits jedwedes strikte Verbot des Schwangerschaftsabbruchs für Teufelswerk halten, wählen dürfen! Und es gibt viele junge Frauen in Amerika. Die wird man nicht alle verprellen dürfen, wenn man die Wahl gewinnen will. Und so laviert Trump herum und lässt sich keine eindeutige Stellungnahme (um die er sonst nie verlegen ist) entlocken. Mit der schmutzigen und übelriechenden Folge, dass es bei den Diskussionen um die Abtreibung in den Monaten des Wahlkampfs gar nicht um die Abtreibungen und die betroffenen Frauen gehen wird, sondern allein um politische Macht.

Zum Schluss dieses kleinen Ausflugs in das Abtreibungsunrecht in den USA möchte ich noch dem Gedanken Luft geben, dass Trump selbst womöglich gar kein großer Befürworter oder Gegner eines strikten Verbots von Schwangerschaftsabbrüchen ist. Auszuschließen ist das nicht - dass ihn die ganze Frage eigentlich gar nicht so recht interessiert. Und ihm, seinem Wesen nach, vollkommen egal ist, ob und wie Abtreibungen verboten oder erlaubt werden. Was wiederum seinen einfachen Grund darin haben könnte, dass er - nicht schwanger werden kann.

Kapitel 14: Der mit dem Halo-Body-Jacket: Gnade

" ´My body, my choice´ sollte auch in diesem Zusammenhang oberste Maxime sein." Als Maximilian Schulz im Rahmen eines Berichts im "SPIEGEL" im Juli 2022 diese Forderung stellte, war es keineswegs so, dass er sich suizidieren wollte. Vielmehr setzte er sich für eine Liberalisierung der Sterbehilfe ein und forderte die Politik auf, per Gesetz für einen "mentalen Befreiungsschlag" zu sorgen, für all diejenigen, die, unumkehrbar schwer krank, aus dem Leben wegbetäubt werden wollen.

Wie Viele vor und nach ihm tat er dies - ich will ehrlich sein und füge hinzu: leider - erst, als er selbst durch ein Unglück körperlich derart eingeschränkt war, dass er einen Suizid nicht mehr ausschließen wollte.

Seit dem 6. Lebensjahr eh schon chronisch erkrankt - und deswegen in ständiger Behandlung - ist Schulz seit 2016 querschnittsgelähmt und auf einen Rollstuhl angewiesen. Verursacht durch einen, wie er sagt, "medizinischen Unfall". Operation, aufgewacht, querschnittsgelähmt. Mit 29. Der Schaden war so groß, dass er zunächst auf ein sogenanntes Halo-Body-Jacket angewiesen war; ein Oberkörpergestell, das verhindert, dass der Körper wie Gummimatsche in sich zusammenfällt. Wer ihn, eingezwängt von diesem Ding, auf dem Rollstuhl sitzend, auf Fotos sieht, kann sehr leicht zu dem Schluss kommen: na, vielen Dank, ich verzichte.

Er selbst kam zu dem Schluss, dass dieser Zustand, der ja allein der seinige war, kein Zustand auf Dauer sein solle. Unzumutbar. Das Besondere an diesem Fall: es bestand die Möglichkeit, dass bei positivem Verlauf diverser Therapien das Unding von stählernem Jacket im Zuge einer weiteren Operation wieder entfernt werden könne.

Sein Entschluss: Okay, ich warte ab. Ohne dieses Stützkorsett soll es weitergehen, mit dem Halo-Body-Jacket am Leib aber nicht. Genau dies hat er auch mehrmals so gesagt - auch gegenüber medizinischem Personal. Aus seinem Bericht geht nicht dezidiert hervor, wie die Ärzte reagierten - besonders viel werden sie ihm aber nicht gesagt haben können: wir schrieben schließlich das Jahr 2016, der frisch eingeführte § 217 StGB stand gerade in voller Blüte und hatte seinen Platz im deutschen Straftatbestands-Dschungel stolz eingenommen.

Nun wurde Schulz wütend - zumal er mitbekam, wie ein Mitpatient, ein sehr alter, sehr kranker Mann, nicht mehr in der Lage, selbstständig zu essen oder sich anzuziehen, ebenfalls längst im Rollstuhl sitzend, mehrfach und offensiv seinen Tod einforderte - und daraufhin mit Verwunderung und Schweigen bedacht wurde. An dieser Stelle seines Berichts bringt Schulz einen sehr schönen, passenden Begriff ins Spiel. Er fragt: "Warum verweigert man Menschen wie diesem Mann die letzte Gnade? Und ich meine genau dieses Wort."

Weder vom Gesetz noch vom Personal war also Hilfe zu erwarten. Was aber tun, so schoss es Schulz durch den Kopf, wenn sich die Lage zu seinen Ungunsten entwickelt und er das Halo-Body-Jacket *nicht* loswerden kann? Er machte sich schlau und wurde Mitglied der deutschen Dependance des in der Schweiz ansässigen Sterbehilfevereins Dignitas. - Hilfe in Deutschland? "Selbst Aufklärung und Beratung schienen in Deutschland heikel, von tatsächlicher Sterbehilfe ganz zu schweigen."

Um das Ende vorwegzunehmen: Schulz hatte Glück und war hart im Nehmen: Das Halo-Body-Jacket konnte ihm wieder abgenommen werden, es schloss sich ein mehrmonatiger Krankenhaus- und Reha-Aufenthalt an, sein Zustand verbesserte sich, offenbar hielt er sein Leben nun wieder für lebenswert.

Damit war das Thema "Sterbehilfe" für ihn aber noch nicht ad acta gelegt. Sehr wohl fragte er sich nämlich: "...was, wenn sich nichts verbessert hätte an meiner Situation? Wenn alle Qualen umsonst gewesen wären? Wie hätte ich dem ein Ende machen können?" Ebenso, in die Zukunft blickend: "Was, wenn ich weiß, dass ich gesundheitlich an einen ´Point of no return´angekommen bin - aber nicht nicht abzusehen ist, wann das ersehnte Ende kommt?"

All das sind ja genau die Fragen (die nicht nur er sich stellt), mit denen sich die drei zur Debatte stehenden Gesetzentwürfe auseinandergesetzt haben. Und, glaubt man den Abgeordneten, auch zur Zufriedenheit aller beantwortet wurden. Schulz kennt die Entwürfe und bezieht auch Stellung. Und spricht sich - wenig überraschend - für den Entwurf Helling-Plahr aus. Sowohl die Bedenkzeit von 10 Tagen als auch die Pflicht zur (einmaligen) Beratung hält er für angemessen.

Leider lässt er es dabei nicht bewenden und stellt noch eine weitere Forderung auf - die darauf schließen lässt, dass er sein eigenes Schicksal an dieser Stelle zu sehr in den Mittelpunkt gestellt hat und darüber das Große und Ganze aus den Augen verliert: "Es müsste zudem dafür gesorgt sein..., dass sämtliche Therapieangebote, psychisch und physisch, ausgeschöpft werden und eine Besserung ausgeschlossen ist."

Das hört sich zunächst wenig despektierlich an; viele werden es sogar für selbstverständlich und logisch halten - das Urteil des Bundesverfassungsgerichts besagt aber etwas anderes! Und aus guten Gründen hält gerade der Entwurf Helling-Plahr ein solches Erfordernis weder für nötig noch für zulässig.

• • •

Jeder soll nämlich allein und nur für sich entscheiden dürfen. Angenommen, ein Mensch würde sich in der exakt gleichen medizinischen Notlage wie Schulz wiederfinden: dann soll er eben sehr wohl - man lese und studiere das Urteil! - das Recht haben zu sagen und zum Schluss zu kommen: Ich habe gar keine Lust darauf, abzuwarten, ob ich diese Folterweste wieder loswerde. Ich habe, im Gegensatz zu dir, lieber Maximilian, *keinen* starken Freundeskreis und *keine* engen Familienbande, und ich studiere auch nicht so wie du "Soziale Arbeit"; Pläne für mein Berufsleben haben ich schon mal gar nicht. Ob nun mit oder ohne Halo-Body-Jacket: das Leben, so wie es sich mir anbietet, querschnittsgelähmt, im Rollstuhl sitzend und ständig auf Pfleger und Therapien angewiesen, kann mir gestohlen bleiben.

Gehe du deinen Weg und ziehe es durch - ich für meinen Teil halte es eher mit dem Dichter Guido Hildebrandt: *"Der Tod ist nur eine Art, nicht zu leben."*

Kapitel 15: Sterbehilfe für Kinder - Der Fall Archie

Der Fall Archie, eines 12-jährigen Jungen aus dem Vereinigten Königreich, ist wie geschaffen, um auf diverse Missverständnisse und Kuriositäten rund um das Thema Suizid- und Sterbehilfe hinzuweisen.

Archie verunfallt im April 2022, daheim. Womit wir schon beim traurigsten Teil seiner Geschichte angekommen wären: es wird gemutmaßt, dass dieser Unfall seinen Ursprung in einer nach hinten losgegangenen Internet-Mutprobe hatte. Wie dem auch sei: Archie liegt seit diesem Unfall im Koma. Schwerste Hirnverletzungen. Irreparabel. Kein zweites Leben. So gut wie alle Körperfunktionen werden nur noch künstlich aufrechterhalten. Null Aussicht auf irgendeine Form der Besserung. Was tun?

Aufgrund der aussichtslosen Lage sehen die behandelnden Ärzte "es im besten Interesse des Jungen", die Geräte abzuschalten. Die Eltern sehen das ganz anders - und ziehen vor Gericht. Alle Instanzen werden in Eilverfahren durchlaufen, bis dass das Oberste Gericht, der High Court, entscheidet, dass die Geräte abzuschalten sind.

In ihrer Verzweiflung wenden sich die Eltern, die geltend machen, dass Archies Herz noch schlage und er auch schon zweimal versucht habe, eigenständig zu atmen, an den Europäischen Gerichtshof für Menschenrechte in Straßburg. Doch auch die Richter dort überstimmen den High Court nicht, es bleibt dabei, dass die Ärzte das Recht haben, die Geräte abzuschalten und damit das "Leben" des Jungen zu beenden.

Dass im Anschluss an diese Entscheidung noch bitterlich darüber gestritten wurde, *wo* Archie sterben sollte (im Krankenhaus oder in einem Hospiz) lasse ich jetzt mal außen vor - zumal ich diesen Streit irgendwie armselig finde; sowohl von den Eltern als auch von den Ärzten. Von den Eltern, weil sie darauf bestanden, dass ihr Sohn nicht in einem sterilen Hospital, sondern in einer herzlichen Umgebung eines Hospizes sterben sollte (als ob der Junge davon noch großartig etwas mitbekommen würde!) - von den Ärzten, weil sie den Transport in ein Hospiz für zu gefährlich hielten (was hätte denn schlimmstenfalls passieren können?).

*

Viel interessanter erscheint mir, anhand dieses Falles auf zwei bzw. drei Phänomene hinzuweisen, die für gewöhnlich in der Öffentlichkeit (und gerne auch schon mal in der "Fachwelt") entweder gar nicht wahrgenommen oder, wenn doch, allzu gerne totgeschwiegen werden.

1. Die Entscheidung, die Geräte, an die der 12-jährige Junge angeschlossen ist, abzuschalten, und damit sein Leben zu beenden hat rein gar nichts mit Suizidhilfe zu tun. Alleine schon deshalb, weil Archie sich gar nicht (mehr) suizidieren kann. Ebenso wenig liegt eine Tötung auf Verlangen vor; der Junge verlangt gar nichts mehr, er liegt im Koma! Dass es dieser Fall in der Fachwelt trotzdem zu einiger Berühmtheit gebracht hat, lässt sich zum einen mit dem Alter des Patienten erklären. Denn rein formaljuristisch wird im Fall Archie nichts weiter geleistet als die klassische Form der passiven Sterbehilfe. Wohl - das ist der zweite Grund, deswegen der Fall so bekannt wurde - gegen den Willen der Eltern.

2. Womit wir bei einer Besonderheit angelangt wären, die sich vermutlich nicht statistisch belegen lässt - trotzdem aber immer wieder beobachtet und auch beschrieben wird. Ohne das in irgendeiner Form moralisch oder gesellschaftlich bewerten zu wollen: wenn es zu

Streitigkeiten kommt, ob lebensverlängernde Maschinen abgeschaltet werden sollen oder nicht, sind es in Deutschland meist die Angehörigen oder die Patienten selbst, die auf die rasche Beendigung des Lebens hindrängen - nicht selten gegen den Widerstand von Ärzten oder Pflegekräften. In Großbritannien verhält es sich genau umgekehrt: dort sind es viel eher die Ärzte, die sich für ein Einstellen der lebenserhaltenden Maßnahmen aussprechen (wie auch im Fall Archie) - oft genug gegen den Widerstand der Eltern oder Angehörigen. Ziehen diese dann vor Gericht, tun sie das oft vergeblich: die Richter nämlich neigen in Großbritannien eher dazu, sich der Einschätzung und Empfehlung der Ärzte anzuschließen.

Wie gesagt: ich stelle diesen Unterschied hier zunächst nur heraus - ohne ihn zu bewerten. Trotzdem wird man sich die Frage stellen dürfen, weshalb dem so ist, weshalb also die Geräte in Großbritannien im Schnitt früher abgeschaltet werden als in Deutschland.

Eine der möglichen Antworten streift einen Aspekt, der in Deutschland einem ungeschriebenem Gesetz zufolge nicht mal erwähnt werden darf (oder soll). Tut man es doch wird man schnell als gefühlloser, unmoralischer, kapitalgesteuerter Kaltblüter einschubladiert. Und trotzdem: Auch im Fall Archie wurde im Rahmen der Berichterstattung mehrmals darauf hingewiesen (so auch im Ärzteblatt), dass der britische Gesundheitsdienst (National Health Service, NHS) "finanziell stark unter Druck steht" und (auch deshalb) "dazu neigt, lebenserhaltende Maßnahmen sehr viel früher zu entziehen als das etwa in Deutschland der Fall wäre..."

Das liebe Geld also! Bisher hatte in Deutschland noch kein Mediziner, kein Politiker die Traute, diesen wunden Punkt (als einen von vielen) mit in die Debatte zu werfen. Aus persönlicher Sicht sogar verständlich:

• • •

Politiker wollen geachtet und (wieder-)gewählt werden. Mediziner wollen helfen und keine Finanzjongleure sein.

Und nochmal trotzdem: über kurz oder lang, dessen bin ich mir sicher, werden auch die Deutschen nicht umhinkommen, den monetären Aspekt bei der Frage, wie lange und unter welchen Umständen Menschen am Leben gehalten werden sollen, viel offener und ehrlicher mit einzubeziehen, als dies heute der Fall ist. Bei weniger dramatischen Behandlungen und Entscheidungen ist das im Übrigen längst der Fall: wie viele Operationen können ambulant stattfinden, wie viele Krankenhäuser braucht das Land, sollen sich Kliniken spezialisieren, werden in Deutschland zu viele Hüften eingebaut, welche Leistungen sollen von den Krankenkassen übernommen werden - bei diesen und noch viel mehr Fragen wird überhaupt kein Hehl daraus gemacht, dass es bei der Beantwortung derselben auch um Flocken geht.

Im Zuge der Sterbehilfe scheint hingegen allein die Erwähnung des finanziellen Aspekts irgendwie verboten. Das Gleiche trifft eigentlich auch bei der Debatte um die Versorgung der Menschen zu, die zwar dem Tod noch nicht unmittelbar geweiht sind, gleichwohl aber in stationären Pflegeeinrichtungen vor sich hinvegetieren, zuweilen in einer Form, dass man nur noch Mitleid mit ihnen haben kann. Und bei ihnen handelt es sich übrigens nicht um ein paar Archie-Einzelfälle - man frage bei den kommunalen Sozialhilfeträgern nach, um wie viele Menschen es sich dabei handelt, und was es kostet, einen Menschen, der eigentlich nur noch atmet und ansonsten so gut wie nichts mehr von sich, der Welt und seiner Umgebung mitbekommt, Tag für Tag, Monat für Monat, Jahr für Jahr zu versorgen. Nicht selten übrigens zum Vorteil von Eigentümern diverser Pflegeeinrichtungen, die vor Jahren - um Geld zu sparen! - in großem Stil privatisiert wurden!

Kapitel 16: Er bekommt es einfach nicht: H. Mayer und sein Natrium-Pentobartial (1)

Im November 2022 wurden binnen dreier Tage gleich zwei Filme zum Thema Suizidhilfe veröffentlicht. Sowohl in Tina Solimanns "Harald Mayer kämpft um seinen Tod" als auch in dem Film "Wer hilft mir beim Sterben?" von Erika Fehse und Renate Werner ging es in der Hauptsache um das Recht (oder Verbot) der Herausgabe des Betäubungsmittels Natrium-Pentobarbital, zum Zwecke der Selbsttötung.

In "Wer hilft mir beim Sterben?" wurde auch der Fall Natalja Jaxen (unser "Kölner Fall", Kapitel 5) beleuchtet. Ich wies ja bereits darauf hin, dass die gute Frau, nachdem sie bei der Deutschen Gesellschaft für Humanes Sterben (DGHS) Mitglied geworden war, letztlich doch an das von ihr ersehnte Mittel gekommen war.

Nun erfuhr man von Robert Roßbruch, dem Vorsitzenden der DGHS, dass sie das insgesamt ca. 5000 Euro gekostet hat. Ich möchte das weniger als Vorwurf an die DGHS verstanden wissen als vielmehr ein Appell an die Politik, insbesondere an das Gesundheitsministerium, doch bitte schön mal in die Puschen zu kommen. Oder befürwortet man dort etwa, dass der Zugang zu einem Medikament vom Kontostand der Patienten abhängig ist?

*

Harald Mayer leidet schon seit langem an Multipler Sklerose, sitzt in einem Spezial-Rollstuhl, kann sich vom Hals abwärts nicht mehr bewegen und ist in der Szene, wenn ich das so sagen darf, ein bekannter Hund. Seit Jahren schon lässt er sich von Journalisten und

TV-Teams begleiten; und ja, er ist für wahr ein Kämpfer. Dabei will er gar nicht, wie etwa Natalja Jaxen, "sofort" sterben - alles was er will, ist eine verflixte Dosis NaP, um, wenn er "wirklich nicht mehr kann", selbstbestimmt sterben zu dürfen.

Begonnen hat seine Odyssee 2017. Wie schon im ersten Beibuch (Kapitel V) hinreichend dargelegt, hatte das Bundesverwaltungsgericht im März 2017 einem Kläger einen Anspruch auf NaP zugesprochen und klargestellt, dass dieses Mittel an Menschen herauszugeben ist, sofern sie sich in einer "extremen Notlage" befinden.

Mayer brauchte nicht lange, um einen entsprechenden Antrag beim zuständigen Bundesinstitut für Arzneimittel und Medizinprodukte (BfArM) zu stellen. Die damaligen Gesundheitsminister, zuerst Hermann Gröhe, dann Jens Spahn, ignorierten das Urteil und erließen einen Nichtanwendungserlass: alle Anträge seien abzulehnen.

Die Filmemacher Fehse und Werner weisen darauf hin, dass zum Zeitpunkt der Ausstrahlung ihres Films, also bis November 2022, 225 Anträge beim BfArM eingegangen seien. Alle abgelehnt! Nicht auszuschließen, dass sich die Institutsbeamten inhaltlich kaum mehr mit den Anträgen auseinandergesetzt haben - wozu auch, sie waren ja weisungsbedingt eh alle abzulehnen.

Unterdessen H. Mayer das nicht auf sich sitzen lassen wollte. Gemeinsam mit sechs weiteren Betroffenen zog er, vertreten durch den weiter oben schon erwähnten Anwalt Robert Roßbruch, vor Gericht. Besser gesagt: vor die Gerichte. Denn eine Instanz nach der anderen verwehrte ihm die Herausgabe des todbringenden Mittels. Im November 2022 lag der Fall dann beim Oberverwaltungsgericht in Münster. Aber auch dort sollte er kein Recht bekommen. Daraufhin er in Revision ging - es sollte noch ein gutes Jahr dauern bis dass das Bundesverwaltungsgericht in Leipzig die endgültige Entscheidung traf.

Ohne das Ergebnis hier bereits zu verraten, sei erwähnt, dass fünf der sieben Kläger die Urteilsverkündung im November 2023 nur noch vom Grab aus verfolgen konnten; sie waren inzwischen verstorben - was nicht sonderlich überrascht, es handelte sich schließlich größtenteils um sterbenskranke Menschen, die einfach nur in Ruhe sterben wollten - und nicht bereit oder in der Lage waren, für das Mittel ihrer Wahl ins Ausland zu fahren oder ein paar Tausend Euro hinzublättern.

Kapitel 17: Große Pläne, kleine Münze - Haushaltsdebatte

Es könnte einem vorkommen wie ein kleines parlamentarisches Wunder. Bei allen Unterschieden und Differenzen, die im Zuge der Entstehungsgeschichte der drei bereits vorgestellten Gesetzentwürfe zu Tage traten, waren praktisch alle Abgeordneten, über alle Parteigrenzen hinweg, hinsichtlich eines Erfordernisses in märchenhafter Einigkeit vereint. Sogar die beiden Antipoden Castellucci und Helling-Plahr waren sich einig, nicht mal die AfD schoss um sich her: die Suizidprävention müsse gestärkt werden.

Und so machte man sich, alle miteinander vereint, daran, einen Antrag auszuarbeiten, in dem die Bundesregierung aufgefordert wird, jenes und dieses auf die Beine zu stellen, um die Menschen besser vor einem Suizid zu schützen. Abgestimmt werden sollte über diesen Antrag an dem Tag, an welchem auch zu entscheiden war, welcher der drei Gesetzentwürfe tatsächlich zum Gesetz werden sollte. Wobei: "Abstimmen" ist eigentlich zu viel gesagt: wie soll schon eine Abstimmung ausgehen, wenn praktisch alle Abgeordneten an dem Papier mitgewirkt haben, und es im Vorfeld von jedermann und jedefrau befürwortet wurde?

Beflügelt und beseelt von der Grandiosität des eigenen Vorhabens reihte sich eine Forderung an die nächste; der Antrag liest sich, als seien alle Beteiligten fest entschlossen, von jetzt auf gleich alles besser zu machen, mit einem Wums herbeizuschaffen, woran es bisher gefehlt hat und fehlt. Und es stimmt ja auch: es gibt genug Baustellen, die beachtet werden müssten.

Allein: mit dem nackten Aufzählen diverser Wünsche und Forderungen ist es nicht getan! Hehre Ziele sind schnell formuliert - man denke, nur z.B., an die 400.000 neue Wohnungen, die jährlich eigentlich neu gebaut werden sollen. An die Umsetzung glaubt heute kein Mensch mehr, allein schon deshalb, weil völlig unklar ist, wer die Wohnungen bauen und bezahlen soll. Klimaziele sind auch zuweilen derart unrealistisch, dass man sich fragt, weshalb sie überhaupt beschlossen wurden. Unterdessen die EU in dieser Disziplin den Vogel abgeschossen hat: bis 2030 soll die Obdachlosigkeit abgeschafft werden. Putziges Ziel.

Was nun die Suizidprävention angeht, gibt es ähnlich hochtrabende Wünsche und Zielvorgaben. Im Rahmen einer Rede zur Haushaltsdebatte im November 2022 wurden einige dieser Ziele von der Abgeordneten Diana Stöcker (CDU/CSU) beim Namen genannt. Da ihre Rede angenehm kurz ausfiel, soll sie hier, nur leicht gekürzt, ihren Platz haben:

"...Es gibt auch außerordentliche Aufträge für neue gesetzliche Regelungen, zum Beispiel vom Bundesverfassungsgericht. Ein solcher Auftrag ist, den begleitenden Suizid neu zu regeln. Wir befinden uns als Abgeordnete inmitten einer sehr ernsten, komplexen und ethisch schwierigen Debatte. Es liegen drei sehr unterschiedliche Gesetzvorschläge vor, und die Entscheidung wird im Frühjahr kommenden Jahres anstehen. Das verbindende Element dabei aber ist, dass sich alle für den Ausbau und die Stärkung von Suizidprävention sowie Hospiz- und Palliativangeboten aussprechen... Im Rahmen der Suizidprävention muss es deshalb oberstes Ziel sein, mit den Menschen, die einen Suizid in Erwägung ziehen, in Beziehung zu treten. Dazu gehört es, die psychische, psychotherapeutische und psychiatrische Regelversorgung zu verbessern... Bereits heute ist die Versorgung nicht ausreichend.

(Dr. Paula Piechotta, GRÜNE: Genau!)

Dazu gehört psychiatrische und psychotherapeutische Kriseninterventionsangebote für Menschen in einer aktuellen psychischen Notlage auszubauen, flächendeckend und für 24 Stunden, sieben Tage die Woche und im Netzwerk mit bestehenden Diensten und Einrichtungen. Auch die weitere Verbesserung der Hospiz- und Palliativversorgung für schwerstkranke Menschen ist anzugehen. Dazu gehört, die Palliativversorgung in vollstationären Pflegeeinrichtungen und Hospizen zu stärken.

(Maria Klein-Schmeink, GRÜNE: Das ist an Ihnen mal gescheitert, an der der CDU!)

Dazu gehört, psychosoziale Fachkräfte regelhaft in die spezialisierte ambulante Palliativversorgung zu integrieren. Und dazu gehört gezielte Öffentlichkeitsarbeit zu Hospiz, palliative Beratung, Begleitung und Versorgung. Alle oben genannten Punkte müssen im Haushalt finanziell hinreichend abgesichert sein. Im Haushalt 2023 findet sich davon - nichts. Liebe Kolleginnen und Kollegen, Sie fordern zwar das Gesundheitsministerium auf, eine nationale Suizidpräventionsstrategie vorzulegen... - der Plan soll aber erst im April 2024 vorliegen. Bis zur Umsetzung wird wichtige Zeit verstreichen, obwohl bereits jetzt klar (ist), was zu tun ist..."

Die Mühlen mahlen also langsam, und da sich die Haushaltslage seit der Rede von Frau Stöcker bekanntlich alles andere als entspannt hat - auch aufgrund eines weiteren Urteils des Bundesverfassungsgerichts, das abermals verfassungsrechtlich schön grüßen lässt - kann man sich an einem Finger ausrechnen, mit welchem Miniwümchen die Suizidprävention ausgebaut wird.

• • •

Dabei geht es in der Debatte um den § 217 StGB (und noch weniger in diesem Beibuch) vordergründig gar nicht um die Suizid*prävention*, sondern um Menschen wie Natalja Jaxen und Harald Mayer, die, um in Ruhe leben und sterben zu können, ein Mittel verlangen, durch dessen Besitz sie sich in die Lage versetzt sehen, selbst zu entscheiden, wann es genug ist. Also ob man einem H. Mayer, der sich über Jahre hinweg durch die Instanzen klagt, noch was von Prävention erzählen müsste! Der wird die Angebote und Nichtangebote, die ihm zur Verfügung stehen, besser kennen als die meisten Abgeordneten das je tun werden.

Kapitel 18: Ansichten wie von einem anderen Stern: Unsere Nachbarn

Während man sich in Deutschland auf den Countdown vorbereitet - im Sommer steht die große Abstimmung im Bundestag auf der Tagesordnung - und noch an den Entwürfen herumdoktert, bewegt man sich anderswo in ganz anderen Sphären.

Zur Einordnung: In den drei zur Abstimmung vorgesehenen Gesetzentwürfen geht es darum, ob und wenn ja, in welcher Form die Hilfe zum Suizid legalisiert bzw. verboten werden soll. Unter welchen Umständen also eine Ärztin dem Patienten ein todbringendes Mittel verschreiben darf, ohne sich selbst strafbar zu machen. Von einer Legalisierung der Tötung auf Verlangen - die dann vorliegt, wenn der Arzt das todbringende Mittel nicht nur verschreibt, sondern selbst verabreicht, z.B. in Form einer Injektion (von Leuten, die den Horror lieben, auch gerne "Todesspritze" genannt) - ist in keinem der Entwürfe auch nur ansatzweise die Rede; § 216 StGB steht also wie ein Fels im Deutschen Strafgesetzbuch.

In den Niederlanden hat man dieses *grundsätzliche* Verbot schon vor über 20 Jahren abgeschafft: seit 2002 ist dort, unter vorgegebenen Voraussetzungen die *aktive* Sterbehilfe legal. Selbstverständlich gab es auch schon damals Stimmen, die diese Legalisierung mit dem Eintritt in die Vorhölle gleichsetzten und warnten, dass die "Giftspritze", gesetzt von Ärztinnen und Ärzten jeglicher Couleur, Hunderte, wenn nicht Tausende ins Jenseits befördern würden.

Und, was soll ich sagen: das mit der Vorhölle ist und bleibt natürlich weiterhin eher Ansichtssache - an die muss man ja auch erst mal glauben -; was aber die Zahlen anbelangt, sollten die Kritiker Recht behalten. Allein im Jahr 2022 ließen sich in den Niederlanden 8.720 Menschen durch aktive Hilfe von Ärzten töten. Da es sich um ein relativ kleines Land handelt und es dort im selben Jahr insgesamt "nur" 170.000 Sterbefälle gab, bedeutet dies, dass rund 5,1 Prozent aller Sterbefälle eine Tötung auf Verlangen war (Quelle: Deutsches Ärzteblatt). Jeder Zwanzigste!

Manch einen Skeptiker, von denen sich viele für Schutzbefohlene über ein jedes Leben halten, sehe ich schon panisch aufschrecken; von diversen Kirchenmännern ganz zu schweigen: um Gottes Willen, der Teufel himself muss seinen Hauptwohnsitz in Holland haben. Ihnen sei gesagt: schüttelt euch nicht zu sehr, es kommt noch besser!

Die nun folgende Aufzählung wird nicht nur einer Beatrix von Storch, einem Castellucci, einem Amthor, vorkommen wie eine Aneinanderreihung von Todessünden, die nur von gottlosen Gestalten im Maschinenraum der Vorhölle erfunden worden sein können.

> In den Niederlanden können Kinder, die älter als 12 Jahre sind, Sterbehilfe beantragen. Mit ihrem 16. Geburtstag benötigen sie dafür nicht einmal mehr die Zustimmung der Eltern.

> Die Gründe bzw. Diagnosen, die Ärzte für ausreichend halten, um guten Gewissens aktive Sterbehilfe zu leisten, haben sich im Laufe der Zeit ausgeweitet. Laut Gesetz ist aktive Sterbehilfe zwar nur bei "schweren, unheilbaren und unerträglichen" Krankheiten zugelassen - de facto akzeptieren inzwischen aber immer mehr Ärzte auch "Lebensmüdigkeit" oder "Altersgebrechen" als hinreichenden Grund, um zu helfen. Schließlich sind *sie* es auch, die darüber zu befinden haben, ob ein Leiden "unerträglich" ist, und nicht selten handelt es sich bei den Ärzten, die in den Niederlanden Sterbehilfe leisten, um

● ● ●

einfache, niedergelassene Hausärzte, die ihre sterbewilligen Patienten seit Jahren kennen und betreuen.

> Seit 2005 dürfen missgebildete Neugeborene straffrei getötet werden. wenn bestimmte Bedingungen vorliegen bzw. eingehalten werden und die Eltern zustimmen.

> Laut einem Urteil des Oberstes Gerichtshofs von 2020 ist die Tötung auf Verlangen von schwer dementen Patienten zulässig, wenn sie zuvor eine entsprechende Patientenverfügung formuliert haben, aber sich zum Zeitpunkt der geplanten Tötung gegen die todbringende Spritze wehren (vgl. hierzu Beibuch I, Kapitel VIII: "Überlege gut, wer du bist, was du willst, wie du schreibst...").

> Der häufigste Grund für den Wunsch nach einer Tötung auf Verlangen war auch in 2022 ein Krebsleiden (57,8%, Quelle: Ärzteblatt). Zwei Kategorien verzeichneten im Vergleich zu den Vorjahren jedoch signifikante Anstiege: die Demenzerkrankung (plus 34%, insgesamt wurden 288 an Demenz erkrankte Menschen getötet) sowie die "Häufung von Altersbeschwerden" (plus 23,5%).

*

Angesichts dieser Regelungen und Praktiken wundert es mich eigentlich, dass Jens Spahn noch lebt. Bekanntlich musste der ja schon bei der Lektüre des Urteils des BVerfG zu § 217 StGB "schwer schlucken" - ich hätte gedacht, dass er bei der Zurkenntnisnahme der niederländischen Gesetze, Urteile und Bräuche erstickt wäre. Aber vielleicht kommt das noch: denn tatsächlich setzt die Niederlande - in der übrigens weder die Politik noch die Gesellschaft je ernsthaft an eine Rücknahme der Legalisierung der aktiven Sterbehilfe gedacht hat - noch einen drauf, in dem es im Frühjahr 2023 in Erwägung zog, Sterbehilfe auch für Kinder von 1 bis 12 Jahren zuzulassen. Für viele Menschen und Kartoffel hierzulande bedeutet dieses Vorhaben wohl nichts weiter als die beabsichtigte Installation der nächsten Todsünde - nun sollen also nicht mal mehr die Kleinkinder vor dem Teufel geschützt werden.

Kleiner Spoiler: Die Niederlande beließen es nicht bei der Absicht: seit Februar 2024 ist aktive Sterbehilfe - natürlich unter bestimmten Voraussetzungen - auch für Kinder von 1 - 12 Jahren erlaubt. Das dortige Innenministerium geht von einer "kleinen Gruppe" von fünf bis zehn Kindern unter 12 Jahren pro Jahr aus, "bei denen die Möglichkeiten der Palliativmedizin nicht ausreichen, um ihr Leiden zu lindern". In einem Brief an das Parlament erklärte der (damalige) Gesundheitsminister der Niederlande, Ernst Kuipers, dass Sterbehilfe für Kinder nur dann ermöglicht werde, "wenn es die einzige vernünftige Alternative für einen Arzt ist, das verzweifelte und unerträgliche Leiden des Kindes zu beenden." Dabei sei "die Meinung des Kindes so weit wie möglich in einer dem Verständnis und dem Alter des Kindes angemessenen Weise" einzuholen - soll heißen: Die Zustimmung des Kindes ist erforderlich; sobald es zu erkennen gibt, (noch) nicht sterben zu wollen, sei selbstverständlich auch keine Sterbehilfe zu leisten, darüber hinaus verboten.

*

Bevor nun aus alledem der Schluss gezogen wird, dass es sich bei den Niederländern um ein grausames, todessüchtige Barbarenvolk handeln muss, sei darauf hingewiesen, dass Sterbehilfe bei Kleinkindern in Belgien bereits seit 2014 erlaubt ist.

Und bei der aktiven Sterbehilfe für Erwachsene kann man, wenn man das mit anderen Ländern vergleicht, eher zu dem Schluss kommen, dass es die Deutschen sind, die der zivilisatorischen und gesellschaftlichen

Entwicklung (diesen Punkt betreffend) um Jahre und Jahrzehnte hinterherhinken. *Hier* ist das eine (Tötung auf Verlangen) glattweg und absolut verboten, das andere (Hilfe beim Suizid) gar nicht geregelt.

Hingegen die aktive Sterbehilfe (in diesen Fällen gleichzusetzen mit der Tötung auf Verlangen) in den Niederlanden und in Belgien schon seit 2002 erlaubt ist. In Luxemburg, einem weiteren unserer Nachbarn, seit 2009. Selbst das katholisch geprägte Spanien hat 2021 sowohl aktive Sterbehilfe als auch die Hilfe zum Suizid erlaubt, Portugal folgte 2023! Von Österreich war bereits die Rede, in Slowenien wurde zeitgleich mit der Europawahl am 09.06.2024 eine Volksabstimmung zu einem Gesetzesvorschlag zur Legalisierung des assistierten Suizids abgehalten.

Nun sind all diese Länder beileibe keine Diktaturen, nebenher auch noch EU-Mitglieder. Da darf man sich schon mal die Frage stellen, woran es denn nun liegen mag, dass wir Deutschen uns so ungemein schwer damit tun, einzusehen, dass das ansonsten ja so hochgepriesene Recht auf Selbstbestimmung bei der Art, wie man zu sterben gedenkt, nicht enden sollte.

Ist es unsere Vergangenheit? Nirgends wird (aus verständlichen und guten Gründen) der Begriff "Euthanasie", der ursprünglich für gutes, schönes, richtiges Sterben stand, so verpönt und vermieden wie bei uns. Es könnte also sein, dass die unsäglichen Verbrechen der Hitler-Diktatur an kranken, behinderten oder uns fremden Menschen latent immer noch nachwirkt. Oder sind es immer noch die Einflüsse der Kirche, die uns im Vergleich zu anderen Ländern wie gelähmt erscheinen lassen? Oder ist es vielleicht die allgemeine "German Angst" (laut Wikipedia ins Englische mit "typisch deutsche Zögerlichkeit" übersetzt), die uns zaudern lässt? Ich weiß es nicht.

Wohl weiß ich, dass es hier wie anderswo immer wieder Menschen geben wird, die nicht mehr leben wollen und darum bitten, ihnen dabei zu helfen, den Übergang ins Jenseits möglichst angenehm zu gestalten. Und das anderswo eben eher und mehr auf diese Menschen gehört und eingegangen wird!

*

Natürlich sind die Niederlande kein Höllenstaat - die Menschen dort gehen das Thema Sterben und Tod eben nur viel offener, freier, weniger verkrampft und auch - nicht zu unterschätzen - sachkundiger, informierter an.

Nicht zuletzt lässt sich das sehr schön beim Zustandekommen des vorhin erwähnten neuen Rechts auf Sterbehilfe für Kinder von 1 bis 12 Jahren zeigen. Was glaubt man denn, wer der eigentliche Initiator dieses Gesetzes war - irgendwer muss ja mal auf den Gedanken gekommen sein, dass es besser wäre, wenn auch Kleinkinder in Ausnahmefällen getötet werden dürfen. Nun - eine der vielen Parteien, die es in den Niederlanden gibt, war es nicht; auch nicht irgendeine Bürgerbewegung, die meinte, sich Gehör verschaffen zu müssen. Auch die Eltern von todkranken Kindern waren es nur sehr bedingt - was verständlich ist: mit dem Schicksal eines sterbenskranken Kleinkindes geschlagen, werden sie weder die Zeit noch die Muße haben, langwährende politische Prozesse in Gang setzen zu wollen. Für wahr werden sie mit ihrem Alltag genug zu tun haben - vielleicht ist das tatsächlich der Vorhof zur Hölle: ein Kind zu haben, das dem Tode geweiht ist, Schmerzen hat, qualvoll dahinvegetiert, und ihm dann nicht oder kaum helfen zu können.

Wer aber bleibt dann noch als eigentlicher "Ideengeber"? Nun - es waren die in den Niederlanden tätigen Kinderärzte, die seit Jahren diese Gesetzeserweiterung eingefordert haben. Immer wieder wendeten sie sich an das Gesundheitsministerium: ´Liebe Politiker, wir haben hier wieder einen Fall; das Kind leidet unerträglich, hat Schmerzen, kann kaum noch schlucken, es ist eine einzige Qual, eine Besserung ist ausgeschlossen, die Eltern wollen ihr Kind nicht weiter so "leben" lassen, stattdessen es von seinen Qualen befreien; wir sehen das genauso, dürfen aber nicht tätig werden - bitte erlasst ein Gesetz, dass es Medizinern unter strengen Voraussetzungen erlaubt, einem todkranken Kind die erlösende Injektion zu verabreichen.´

Natürlich fanden das auch nicht alle Holländer supertoll - auch dort gibt es (noch) einige christlich geprägte Parteien - das Ergebnis aber ist bekannt, das Gesetz wurde ergänzt, die aktive Sterbehilfe auf Kleinkinder ausgeweitet.

In Deutschland undenkbar - eine der Organisationen, die sich alle Mühe geben, dass dies auch so bleibt, ist die Deutsche Stiftung Patientenschutz. Bei aller Verschlossenheit gegenüber allerlei Argumenten und Entwicklungen: eines muss man der Stiftung lassen: sie poltern von Beginn an gegen jedwede Liberalisierung der Sterbehilfe. Und so meldete sie schon 2002 - als die Niederlande und Belgien auf die Idee kamen, die aktive Sterbehilfe zu erlauben - ihre Bedenken an: dieses Gesetz werde zu einer "schleichenden Gewöhnung an aktive Sterbehilfe" führen. Nun, sie sollten Recht behalten - fragt sich nur, ob das schlimm ist!?

Als im Frühjahr 2023 in den Niederlanden darüber diskutiert wurde, ob die aktive Sterbehilfe auch für Kleinkinder erlaubt sein sollte, meinte der Vorsitzende der Stiftung, Eugen Brysch: "Die Niederlanden zeigen mit diesem Schritt, dass sich eine Gesellschaft mit der organisierten Tötung von Menschen arrangieren kann. Denn die Ausdehnung von

Tötung auf Verlangen für alle Altersgruppen wird größtenteils akzeptiert." Wieder hat er Recht - und wieder stellt sich die Frage, ob das schlimm ist!?

Und so geht das immer weiter: man müsse bei der aktuellen Debatte in Deutschland die zwanzigjährige Entwicklung des Nachbarlandes in den Blick nehmen, weil der Einstieg zum organisierten Angebot auf Tötung immer zu einer "Ausweitung" führe. Auch in diesem Punkt wird man ihm nur schwerlich widersprechen können - indes er auf die Idee, dass eine solche Ausweitung vielleicht begrüßt, zumindest aber akzeptiert/toleriert wird, sowohl vom Einzelnen als auch von der Gesellschaft, nimmer zu kommen scheint.

Seine Einwände und Bedenken lesen sich teilweise wie ein langgezogenes "Es kann sich sein, was nicht sein darf."

Gleichwohl lässt er, auch das muss man ihm lassen, in einem Interview, das er – kleine Pointe - der Katholischen Nachrichten Agentur (KNA) gab, aufhorchen - und zwar mit einem Vorschlag, wie der Bundestag denn nun mit den drei Gesetzentwürfen umgehen bzw. für welchen er sich aussprechen solle. Nun könnte man denken: ist doch klar - wie sollte er sich denn nicht für den strengsten und restriktivsten aller Entwürfe aussprechen, also für den Entwurf Castellucci!? Doch weit gefehlt: er kommt mit einem Vorschlag um die Ecke, der auf den ersten Blick sogar charmant klingt, noch dazu einfach und klar daherkommt, und dem man auch eine gewisse Originalität kaum absprechen kann.

Es lohnt sich daher, in gebotener Kürze auf seine Forderungen - es sind deren nur drei - einzugehen und sie auf ihre Tauglichkeit hin zu überprüfen.

Kapitel 19: Passt auf einen Bierdeckel - Forderungen des E: Brysch

1.) "Brysch fordert vom Bundestag, keine gesetzlichen Regelungen für die organisierte Suizidassistenz zu verabschieden." (Quelle: Vatican News)

Das nenne ich mal eine Überraschung. Aber wie kommt er dazu, das zu fordern? Ob ihm selbst der Entwurf Castellucci als Einfallstor in weitere, künftige Liberalisierungen gilt? Sozusagen als gut gemeinter Anfang vom schlimmen Ende? Er wird wissen, dass vielen Betroffenen eine fortgesetzte Nichtregelung lieber wäre als ein Gesetz, das den Entwurf Castellucci umsetzt, frei nach dem Motto: Lieber gar keine Regelung als diese Gängelei und Hin-und-Her-Schickerei, während welcher man zudem stets dem unausgesprochenen Verdacht ausgesetzt ist, nicht mehr alle Tassen im Schrank zu haben. Wie auch immer Brysch zu dieser Forderung gekommen sein mag: seinem Gusto nach soll also alles so bleiben wie es ist. - Oder vielleicht doch nicht?

2.) "Es reicht vielmehr aus, die Beihilfe zur Selbsttötung gegen Geld zu verbieten."

Tja, was soll man dazu sagen? Diplomatisch ausgedrückt sitzt Brysch einer contradictio in adiecto auf, einem Widerspruch in sich; geradeheraus formuliert erfindet er juristische Ufos! Auf den Gedanken muss man erst mal kommen: etwas nicht zu regeln, gleichzeitig aber zu verbieten! Unterdessen er bei dieser irrwitzigen Forderung die Sterbehilfevereine im Blick gehabt haben wird. Ohne Geld können die auch nicht arbeiten - was also nach Bryschs Forderung bedeuten würde, dass sie de facto verboten wären. Doch abgesehen von der tatsächlichen Unmöglichkeit, etwas nicht zu regeln und doch zu verbieten: sofern es ein Gesetz gäbe, das die Hilfe zum Suizid gegen Geld verbietet, und gleichzeitig der Staat keine unentgeltlichen Angebote vorhält - ebendieses Dilemma war es ja, das 2020 vom BVerfG, inklusive einer 114 Seiten starken Begründung, als unzulässig und verfassungswidrig gebrandmarkt wurde! Im Hellen betrachtet wünscht sich Brysch also nicht mehr und nicht weniger als den alten, von Karlsruhe getöteten, § 217 StGB zurück. Das ist gelinde gesagt, ziemlich unverschämt; und zwar im wahrsten Sinne des Wortes: wer sich berufen fühlt, Urteile unseres obersten Gerichts zu ignorieren oder sich gar über dieselben hinwegzusetzen, der tut sich und dem Staat, in dem er lebt, keinen Gefallen. Es sei denn, er will den Staat, in dieser Form, gar nicht mehr. Letzteres Brysch hier vorzuwerfen, wäre unfair, mir sind keine Quellen bekannt, in denen er die Unabhängigkeit der Justiz oder die Rechtsstaatlichkeit infrage stellt. Umso mehr sollte er sich in einer ruhigen Minute dafür schämen, das Karlsruher Urteil von 2020 so zu behandeln, als sei es nie ausgesprochen worden.

3.) "Auch müsse jeder einzelne Sterbehelfer garantieren, dass die Suizidentscheidung des Sterbewilligen in freier Selbstbestimmung erfolgt."

Zu dieser Forderung müssen hier nicht mehr viele Worte verloren werden: sie ist insofern, wenn nicht unsinnig, so aber doch überflüssig, als dass alle drei Gesetzentwürfe genau dieser Forderung gerecht werden: alle drei Entwürfe sehen vor, dass die Entscheider, seien es nun Ärzte oder Behördenbeamte, erst dann den Zugang zu einem todbringenden Mittel erlauben dürfen, wenn sie zu der festen Überzeugung gekommen sind, dass der Wunsch des Sterbewilligen auf dessen "freien Willen" fußt.

*

• • •

Schrieb ich eingangs noch, dass die Vorschläge Bryschs in gewisser Weise charmant und originell daherkämen, so bleibt nun festzuhalten, dass sie sich bei genauerem Hinsehen als das entpuppen, was sie sind: Die erste Forderung ist ein Bluff, die zweite ist rückwärtsgewandt und darüber hinaus nicht umsetzbar, bei der dritten wird ein wenig rumgeschwätzt.

Ernstzunehmen sind die Vorschläge nicht - daher sie bei den drei Entwürfen, die dem Parlament zur Abstimmung vorgelegt werden sollten, auch keine Rolle spielten.

Kapitel 20: Laienhafte Einblicke in ein Labyrinth

Wer meint, durch ein paar Blicke ins Grundgesetz verstehen zu können, wie in Deutschland Gesetze entstehen - dem sei gesagt: so einfach ist es nicht. Dabei hätte man es ahnen können: schon das "Strucksche Gesetz" (benannt nach dem einstigen Verteidigungsminister der SPD) besagt, dass kein Gesetz den Bundestag so verlässt wie es hineinkommt.

Ich bin politisch interessiert, aber kein Politiker. Ich habe also keinen Einblick in die innere Betriebsamkeit und tatsächlichen Verfahrensabläufe jener Gremien, die am Zustandekommen eines Gesetzes beteiligt sind. Trotzdem habe ich mich zumindest in Teilen auch durch diese komplizierte Gemengelage durchzukämpfen versucht...

Mit dem niederschmetternden Ergebnis, dass die Abgeordneten - unabhängig von den Inhalten, die sie vertreten - rein handwerklich im großen Stil versagt haben. Doch der Reihe nach. Zur Erinnerung: im Mai 2022 fand die Orientierungsdebatte zu den drei vorliegenden Entwürfen statt (vgl. Kapitel 12), kurze Zeit später, am 24.06.22, wurden sie in der 45. Sitzung des Deutschen Bundestages "beraten und an den Rechtsausschuss zur federführenden Beratung und an den Ausschuss für Gesundheit zur Mitberatung überwiesen". Die "Mitberatung" des Gesundheitsausschusses können wir hier getrost übergehen; sie bestand im Wesentlichen darin, sich den Empfehlungen des Rechtsausschusses anzuschließen.

Indes ein Ausschuss nicht nur im klassischen Sinne berät (und prüft, ob juristisch alles in Ordnung ist), sondern gleichzeitig auch als

Ansprechpartner fungiert, für Ergänzungswünsche jener Gruppen, die die Entwürfe eingebracht haben. Im Politsprech heißen die Ergänzungswünsche natürlich nicht Ergänzungswünsche, sondern Änderungsanträge. - Nun lagen sie also da, die Entwürfe, beim Rechtsausschuss. Zur Beratung. Im Juni 2022.

Der Rechtsausschuss umfasst stolze 39 Mitglieder. Nun hat man sich das aber nicht so vorzustellen, dass da 39 Abgeordnete in der Runde sitzen und über die Entwürfe diskutieren. Nein, auch hier gilt das Motto: Experten bitte vortreten. Ich finde das vollkommen in Ordnung, und letztlich wird den Abgeordneten auch kaum etwas anderes übrigbleiben: so ein Ausschuss wird ja bombardiert mit Entwürfen, die sie prüfen und beraten sollen. Und so waren es auch in diesem Fall letztlich nur sieben Ausschussmitglieder, die die Entwürfe berieten, unter ihnen auch zwei Namensgeberinnen der Entwürfe, nämlich Renate Künast und Kathrin Helling-Plahr.

Drei Monate nach der "Überweisung" hat der Ausschuss "die Vorlagen in seiner 24. Sitzung am 28. September 2022 anberaten und beschlossen, eine öffentliche Anhörung durchzuführen...". Anberaten - noch so ein Wort, das vielleicht nur Politiker erfinden können. Egal - das Vorhaben, auch mal Experten von außen anzuhören, ist ja nicht verkehrt. Tatsächlich fand die Anhörung dann am 28. November 2022 statt.

Eigentlich waren es sogar 4 Entwürfe, zu denen Stellungnahmen eingeholt wurden; neben den drei hier vorstellten Entwürfen war auch der Entwurf zum Gesetz "Suizidprävention stärken" (den ja alle Parteien und Abgeordneten befürworteten) an den Ausschuss überwiesen worden. Uns interessieren aber hier zunächst nur die drei Entwürfe zur

Neuregelung des Rechts auf einen selbstbestimmten Tod. Zu diesem Komplex wurden insgesamt elf Sachverständige eingeladen.

Neben diversen Inhabern von Lehrstühlen für Strafrecht und Medizinethik seien hier noch Prof.Dr. Winfried Hardinghaus (Deutscher Hospiz- und Palliativ Verband e.V. Berlin), Dr. med habil. Ute Lewitzka (Fachärztin für Psychiatrie und Psychotherapie und Leiterin der AG Suizidforschung an der Universität Dresden) und Prof. Dr. med Barbara Schneider (Chefärztin der Abteilung Abhängigkeitserkrankungen an der LVR-Klinik Köln) genannt.

Mithin also alles Leute vom Fach, wie man so schön sagt: Menschen, die von Berufswegen täglich oder zumindest regelmäßig mit dem Thema Suizid in Berührung kommen. Zu loben ist hier, dass auf der Einladungsliste auch eine Person stand, die nicht nur vom Fach, sondern auch selbst betroffen ist: tatsächlich nämlich wurde auch Maximilian Schulz angehört – der mit mit dem Halo-Body-Jacket (Kapitel 14).

*

Auf den Inhalt der einzelnen Stellungnahmen will ich hier nicht weiter eingehen: das würde zum einen den Rahmen sprengen, zum anderen erscheint er mir für das, was hier gesagt werden soll, nicht relevant genug. Wer sich die insgesamt 84 Seiten trotzdem antun möchte: Das Protokoll der 32. Sitzung des Rechtsausschusses vom 28.11.2022 ist samt den Stellungnahmen der Sachverständigen im Netz einzusehen.

Viel wichtiger und interessanter erscheint mir, hier zu darzulegen, wie es nach der Anhörung fortging. Wie ging es denn nun weiter? Die Entwürfe lagen vor, die Expertenmeinungen waren eingeholt – und jetzt?

Nach außen hin – darunter verstehe ich das, was man als an der Sache interessierter Bürger mitbekommt bzw. mitbekommen kann – tat sich erst mal: gar nichts. Im Innern des Politbetriebs wurde indes weiter gewerkelt, und das nicht zu knapp. Mit Folgen – ich deutete es vorhin schon an – die ihrem Inhalt nach womöglich gar nicht zu beanstanden sind, in der Ausführung aber, vor allem in der zeitlichen Abfolge, Monate später in einem Fiasko enden sollte. Einem Fiasko, das man durchaus auch als Skandal bezeichnen könnte - allein: man als Otto-Normal-Bürger davon nie und nimmer etwas erfährt.

Zur Sache: es steht zu vermuten, dass (auch) die Stellungnahmen der Sachverständigen dazu führten, dass die drei Gruppen (um Castellucci, Künast und Helling-Plahr) an ihren jeweiligen Entwürfen noch Änderungen vornehmen wollten. Dagegen ist nichts einzuwenden; im Gegenteil: drin besteht ja gerade der Sinn und Zweck einer Expertenanhörung: dass man ggf. aus ihr etwas lernt und zu der Einsicht gelangt, dass der eigene Entwurf an dieser oder jener Stelle noch korrigiert bzw. ergänzt werden sollte.

Und so kam es dann auch. Während sich allerdings die Gruppe um den Entwurf Castellucci darauf beschränkte, dem Rechtsausschuss den ein oder anderen Änderungsantrag zukommen zu lassen (denen auch alle, was die Regel ist, stattgegeben wurde) warteten die Gruppen um Renate Künast und Kathrin Helling-Plahr mit einem kleinen Kracher auf.

Wenden wir uns zuerst dem Beschaulichen zu, den Änderungsanträgen der Gruppe um Lars Castellucci.

Kapitel 21: Änderungen im Entwurf Castellucci

In der Hauptsache waren es drei Änderungen, die vorgenommen wurden; das Herzstück des Entwurfs, nämlich die Hilfe beim Suizid grundsätzlich unter Strafe zu stellen, mithin wieder einen § 217 ins Strafgesetzbuch zu implementieren, blieb indes unangetastet. Es waren vermutlich eher praktische Erwägungen, die die Gruppe bewogen, noch einige Änderungen vorzunehmen. Als da wären...

1.) Der Kreis jener Personen, der berechtigt ist, Suizidwillige auf ihre Selbstbestimmtheit hin zu untersuchen, wurde erweitert. Dem Ursprungsentwurf zufolge war dieses Recht nur *Fachärzten* für Psychiatrie und Psychotherapie vorbehalten. Nun sollten auch „Personen mit psychotherapeutischer Qualifikation" dieses Recht erhalten. Bedeutet ins Praktische übersetzt: Der Kreis der berechtigten Personen wurde um „normale" Psychotherapeutinnen erweitert. Gut möglich, dass diese Änderung der Einsicht entsprang, dass, wenn nur die ausgewiesenen Fachärzte ran dürften, es womöglich Monate, wenn nicht Jahre dauern würde, bis ein Sterbewilliger mit seiner Untersuchung auch mal an der Reihe wäre.

Es soll ja schon heute eine Herausforderung sein, einen Termin beim Psychotherapeuten zu bekommen, ohne darüber gefühlt oder tatsächlich ein gehöriges Stück älter zu werden.

An der Essenz der Vorschrift ändert diese Erweiterung aber nichts; denn einerlei, ob nun Fachärztin oder nur Qualifikant: mir leuchtet nicht ein, warum ich, wenn ich selbstbestimmt sterben möchte, *deswegen gezwungen* werden sollte, einen mir völlig fremden Menschen aufzusuchen, auf dass dieser dann prüft, ob ich noch zwei Sätze um die Ecke denken kann.

Egal, woran jemand tatsächlich, gefühlt oder vermeintlich leidet: wer glaubt, Hilfe beim Psychiater oder Psychotherapeuten erhalten zu können, soll sich um einen Termin bemühen und ihn aufsuchen. Jemanden gegen seinen eigentlichen Willen zur Wahrnehmung eines solchen Termins zu zwingen, ist schon per se kontraproduktiv, und im Letzten auch erniedrigend.

2.) Die zweite Änderung kam ein wenig überraschend: Gestrichen wurde nämlich das ursprünglich im StGB vorgesehene Werbeverbot für die Hilfe zur Selbsttötung (ich muss also doch nicht in den Knast). Indes die Überraschung sogleich kleiner erscheint, wenn man berücksichtigt, dass im Gegenzug eine Änderung des Heilmittelwerbegesetzes erfolgte. Als unbedarfter Bürger ist man zuweilen überrascht, was es nicht alles für Gesetze gibt. Womit ich den Sinn des Heilmittelwerbegesetzes nicht infrage gestellt haben will: im Kern geht es in ihm darum, keine unrealistischen Versprechen („Wunderpille") zuzulassen, ebenso um das Verbot von Werbung für Mittel, von denen angeblich eine heilende Wirkung ausgeht, obgleich das nicht nachgewiesen ist oder, noch ärger, erwiesenermaßen gar nicht stimmt.
Verboten bleiben sollte die „Werbung" also allemal – aber immerhin: im Strafgesetzbuch sollte dieses Verbot nicht mehr verankert werden.

Kleines Bonmot am Rande: vorgesehen war für die Erweiterung des modifizierten Verbots der Werbung für Hilfe zur Selbsttötung der Buchstabe „d" im § 1 Abs.1 Nummer 2 des Heilmittelwerbegesetzes; direkt also hinter dem Buchstaben „c" – bei dem es um nichts Schöneres geht als um Schönheitsoperationen…

3.) Die dritte Änderung ist nicht zu beanstanden und gibt ein schönes Beispiel dafür ab, wie sinnvoll es sein kann, sich bei mittelbar oder unmittelbar Betroffenen eines beabsichtigten Gesetzes Rat einzuholen. Im Gegensatz zum Ursprungsentwurf sollte nun – durch Ergänzungen im Elften Sozialgesetzbuch und im Wohn- und Betreuungsvertragsgesetz – sichergestellt werden, dass „Einrichtungen des Gesundheits- und Sozialwesens grundsätzlich nicht verpflichtet sind, an einer Selbsttötung mitzuwirken oder die Durchführung von Förderungshandlungen zur Selbsttötung in ihren Räumlichkeiten zu dulden". Eingefordert haben diese Änderung Vertreter aus der Hospizbewegung, die in der Sachverständigen-Anhörung mit zugegen waren.

Der Hintergrund: viele Einrichtungen, z.B. Pflegeheime, sind ja in privater Hand, und natürlich sollte grundsätzlich jeder Eigentümer selbst bestimmen dürfen, was in seinen Räumen geschehen oder eben auch nicht geschehen soll. Es ist ein bisschen so wie beim weiter oben erwähnten erzwungenen Gang zum Psychiater: Wenn der Betreiber eines Pflegeheims oder eines Hospizes, aus welchen Gründen auch immer, darauf pocht, dass sich in seinem Haus nicht suizidiert werden soll, dann macht es wenig Sinn, ihn dazu zu zwingen. Wäre im Übrigen für das Ambiente und die Stimmung in der Einrichtung auch nicht besonders förderlich.

Allerdings – auch das gehört zur juristischen Wahrheit -: In vielen Pflegeheimen sind Bewohner in Zimmern untergebracht – in welchen sie nicht selten klassisch zur Miete wohnen. Was natürlich die Frage aufwirft, welche Rechte sie denn in ihrer Eigenschaft als Mieter haben bzw. wahrnehmen dürfen. Daher es auch bei der Änderung des Wohn- und Betreuungsvertragsgesetzes zum Schluss heißt: „Die Rechte des

Verbrauchers in den ihm vom Unternehmer überlassenen Wohnraum bleiben hiervon unberührt."

Doch lassen wir das; es ist ja wahr, dass die Juristerei ständig Rechte gegeneinander abwägen soll und muss (hier etwa die Rechte des Betreibers mit denen des Bewohners) – hier aber wäre es, fernab von jedweden juristischen Erwägungen, einfach nur töricht, darauf zu bestehen, dass ein Betreiber gegen seinen Willen die Selbsttötung von Menschen dulden oder sogar fördern muss.

Das kann freilich in ausgesuchten Konstellationen dazu führen, dass ein sich schon im Pflegeheim oder Hospiz befindlicher Sterbewilliger keinen Zugang zu jener Hilfe bekommt, die er sich wünscht und womöglich anderswo bekäme.

Einmal mehr sage ich deswegen, und ich meine das keineswegs zynisch: Augen auf! Nicht nur bei der Wahl des Partners oder Berufs! Fast alle, die im Begriff stehen, den Führerschein zu machen überlegen schon vorab, in welchem Auto sie einst sitzen könnten und wollen; Menschen die sich ein Haus kaufen wollen, machen sich nicht selten jahrelang vor dem Kauf Gedanken: wo, wie groß, wie finanzieren? Solcherlei Gedanken macht sich nicht jeder – ist auch nicht erforderlich: wer sich kein Haus kaufen will, muss auch nichts planen.

Jeder steht aber potentiell im Begriff, pflegebedürftig oder todkrank zu werden, im Moment sind es in Deutschland gut 5 Millionen – davon wohl gut 5 Millionen ungewollt. Es empfiehlt sich also, auch auf diesem Gebiet sich *vorab* ein paar Gedanken zu machen – und nicht erst damit anzufangen, wenn man die Butter schon in den Kleiderschrank stellt oder sich die Fußnägel nicht mehr eigenständig schneiden kann.

Kapitel 22: Änderungen in den Entwürfen Künast und H.-Plahr

Die Überschrift, die ich diesem Kapitelchen gab, ist etwas irreführend. Die Entwürfe Künast und Helling-Plahr wurden nämlich nicht nur geändert, sondern zusammengefügt! Aus zwei mach eins. Der Grund, deswegen die Beteiligten sich für diesen Schritt entschieden, ist mir nicht bekannt, scheint aber auf der Hand zu liegen: Künast, Helling-Plahr & Co werden ihre Entwürfe zu einem zusammengefügt haben, auf dass dieser auch eine realistische Chance hat, vom Parlament durchgewunken zu werden.

Das mag einerseits etwas traurig oder auch (für die Protagonisten) desillusionierend sein, andererseits aber auch verständlich und klug: denn es nutzt ja nichts, mit Entwürfen an den Start zu gehen, von denen man im Vorhinein schon weiß, dass sie vom Plenum abgelehnt werden. Zumal sich die beiden Gruppen gegenseitig die Stimmen weggenommen hätten – und damit womöglich dem Entwurf Castellucci zum Durchbruch verholfen hätten; mithin jenem Entwurf, dem die Gruppen um Künast und Helling-Plahr mal so gar nichts abgewinnen konnten.

Welche Folgen aber hat dieses taktische Manöver? Nun, die wichtigste Folge ist: am 6. Juli 2023 – inzwischen steht fest, dass dies der Tag sein soll, an dem der Bundestag final eine Entscheidung treffen möge – stehen nur noch zwei Entwürfe zur Wahl.

Dessen ungeachtet stellt sich natürlich die ebenso dringliche wie spannende Frage, wie denn nun der neue (zusammengelegte) Entwurf aussieht!

In ihren ursprünglichen Fassungen unterschieden sie sich ja sehr wohl, punktuell sogar erheblich. Es galt also, sich zwischen den beiden Gruppen auszutauschen und sich in Wort und Form irgendwie auf einen gemeinsamen Entwurf zu verständigen. Um diesen dann wieder dem Rechtsausschuss zu übermitteln; dort lagen schließlich nun Entwürfe, über die gar nicht mehr abgestimmt werden sollte. Schon ein seltsam Ding, dieser Politbetrieb.

Nun aber zu den Inhalten: bevor ich darauf eingehe, in welcher Form die Differenzen der beiden Entwürfe aufgelöst wurden, möchte ich noch kurz auf zwei Ergänzungen hinweisen, auf die sich die Gruppen Künast und Helling-Plahr einigten.

a) Um zu verhindern, dass für Suizidhilfe in „irreführender, unsachlicher oder anstößiger Form" geworben werden kann, soll sie, die Suizidhilfe, wie auch schon im geänderten Entwurf Castellucci, in den Anwendungsbereich des Heilmittelwerbegesetzes fallen und in dasselbe integriert werden.

b) Beratende Personen sollen der Schweigepflicht unterliegen; sofern sie sich daran nicht halten, machen sie sich gemäß § 203 StGB („Verletzung von Privatgeheimnissen") strafbar. Eigentlich, so könnte man meinen, eine Selbstverständlichkeit, aber sicher ist sicher, ohne Verbote werden die Menschen ja schnell zu Anarchisten – gut also, dass nochmals explizit darauf hingewiesen wird, dass derjenige, dem sich der Sterbewillige öffnet oder sogar anvertraut, sein Wissen für sich zu behalten hat und es nicht der Öffentlichkeit zur Schau stellen darf.

*

• • •

Jetzt aber ans Eingemachte: auf was wurde sich geeinigt, wie wurden die beiden Entwürfe zusammengefügt? Nun – wenn man sich die beiden Ursprungsfassungen anschaut und diese dann mit dem Gemeinschaftsentwurf vergleicht, so wird man, ohne sich weit aus dem Fenster lehnen zu müssen, feststellen dürfen, dass der neue Entwurf eindeutig die Handschrift der Gruppe um Kathrin Helling-Plahr trägt. Das lässt sich sehr schön an der „Stammtischzusammenfassung" aus Kapitel 10 festmachen; dort hieß es:

- Entwurf Künast für Kranke: Arzt > ggf. Gutachten > 2. Arzt
- Entwurf Künast für Gesunde: Behörde > Beratung > Beratung > Behörde > Arzt
- Entwurf Helling-Plahr: Beratung > Arzt

Nun, im zusammengefügten Entwurf, heißt die Losung: Beratung > Arzt – also exakt so wie der Entwurf Helling-Plahr das vorsah. Praktisch alle entscheidenden Fragen werden im Sinne des Ursprungsentwurfes Helling-Plahr beantwortet: Ist eine Beratung ausreichend oder müssen es zwei sein? Eine reicht! Müssen ein oder zwei Ärztinnen beteiligt sein? Eine!

Wird zwischen „Kranken" und „Gesunden" unterschieden? Dem Grunde nach nicht! Diese Unterscheidung (Kranke/Gesunde) betraf ja die größte Differenz zwischen den beiden Entwürfen.

Während die Gruppe Helling-Plahr diese Unterscheidung rundherum ablehnte (und sogar für möglicherweise verfassungswidrig hielt) führte sie im Entwurf Künast zu der nicht nur umstrittenen, sondern auch sehr bizarren Forderung, dass für Anträge von Sterbewilligen ohne „medizinische Notlage" eine Behörde zuständig sein sollte.

In kompletter Gänze verschluckt wurde die Behörde vom neuen Entwurf zwar nicht – nun aber taucht sie nicht mehr als zuständige

Stelle für „gesunde" Sterbewillige auf, sondern nur noch als, so heißt es im Besonderen Teil der Erläuterungen zum Entwurf – „Rückfallanker". Ein passender Begriff – was deutlich wird, wenn man sich vergegenwärtigt, in welchen Fällen sie laut dem neuen Entwurf zum Einsatz kommen soll.

Nochmal: das Procedere des neuen Entwurfs ist praktisch eins zu eins mit dem Verfahren gleichzusetzen, das bei der Vorstellung des Entwurfs Helling-Plahr in Kapitel 10 beschrieben wurde.
Bedeutet: Der Sterbewillige geht zu einer Beratungsstelle (als welche auch Ärzte und Ärztinnen anerkannt werden können) und bekommt von dort eine Bescheinigung ausgestellt, dass er sich hat beraten lassen. Mit dieser Bescheinigung geht er dann zu einer Ärztin, die berechtigt, aber nicht verpflichtet ist, ihm ein todbringendes Mittel zu verschreiben.
Erst wenn jemand (hier kommt wohl der „gesunde" Sterbewillige ins Spiel) keinen Arzt findet, der ihm das Mittel verschreibt, und es in der Folge unzumutbar erscheint, ihn weiter nach einem Arzt Ausschau halten zu lassen, soll die Behörde einspringen. Sozusagen als Ersatz für den Arzt.
Wobei klargestellt wird: „Wichtig ist hervorzuheben, dass die Bediensteten der staatlichen Stelle keine Entscheidung darüber treffen, ob sie den entsprechenden Entschluss der Betroffenen ethisch billigen oder nicht. Der Staat erteilt keine Erlaubnis zur Selbsttötung – diese Position kann und darf er nicht einnehmen – sondern allein die Erlaubnis…das Mittel zu erwerben, sofern die entsprechenden Voraussetzungen vorliegen."

*

So viel zum neuen Entwurf der Gruppen Helling-Plahr und Künast. Kleine Veränderungen, die noch vorgenommen wurden, wie z.B. die Ausdehnung der Wartefrist zwischen der Beratung und der Verschreibung des todbringenden Mittels von zwei auf drei Wochen können hier vernachlässigt werden - viel elementarer ist die Einsicht, dass es nur noch zwei Gesetzentwürfe waren, die alsbald dem Bundestag zur Abstimmung vorgelegt werden sollten.

Zwei Entwürfe, die sich gehörig voneinander unterscheiden. Hier das grundsätzliche Verbot, dort die grundsätzliche Legalisierung; hier nur eine Beratung auf Augenhöhe, dort mindestens drei Termine, bei unterschiedlichen Stellen, davon zwei bei Psychoärzten; hier eine Wartezeit von drei Wochen, dort eine solche von mehreren Monaten. Oder, wenn man es etwas legerer ausdrücken möchte: Hier das Bemühen, das seit 2020 verfassungsrechtlich verbriefte Recht auf selbstbestimmtes Sterben in ein für die Sterbewilligen erträgliches und zumutbares Gesetz zu gießen, dort das mehr oder weniger unverhohlene Bemühen darum, es den Sterbewilligen in der Praxis so schwer wie möglich zu machen, verbunden mit dem latenten Vorsatz, dass ihr Entschluss prinzipiell einem Irrtum entsprungen sein muss – es passt einfach nicht ins christliche Weltbild, dass jemand sich selbst und freiwillig aus dem Leben befördern will.

*

Zwei völlig verschiedene Denkrichtungen lagen den beiden Entwürfen also zugrunde. Und jeder und jede Abgeordnete sollte bald gefragt werden: Wie hältst du es denn mit dieser Frage, welcher Denke hängst du an?

Es hätte etwas revolutionär Spannendes gehabt, wenn man nicht nur die Mitglieder des Bundestages um ihre Meinung gebeten hätte. Im Rahmen der Feierlichkeiten zum 75-jährigen Bestehen des Grundgesetzes meinte der große und weitsichtige Jurist Andreas Voßkuhle - ehemals Präsident des Bundesverfassungsgerichts und maßgeblich am Urteil vom Februar 2020 beteiligt – dass unsere Verfassung ruhig ein paar plebiszitäre Elemente vertragen könnte.

Vermutlich hat er auch in diesem Punkt recht: jedenfalls wäre es prickelnd und erhellend zugleich gewesen – gerade beim vorliegenden Thema – wenn das Volk mal gefragt worden wäre, was es will.
Dafür müssten wir uns übrigens keineswegs in eine zweite Schweiz verwandeln (wo das Volk ja gefühlt fast alle Gesetze abnicken muss), ich deutete es oben schon an: In Slowenien gab es zwischen Regierung und Opposition einen gehörigen Krach um die Legalisierung der Hilfe zum Suizid. Ein Gesetzentwurf wurde vom Parlament nicht angenommen, daraufhin die Unterlegenen sich daran machten, genügend Unterschriften zu sammeln – nun entscheidet dort das Volk!
Geht schon alles – wenn man nur will.

Das aber nur am Rande – hier ist das nun mal nicht vorgesehen, und so bleibt es allein den Abgeordneten vorbehalten, sich mit dem Thema zu beschäftigen und sich dann auf eine der beiden Seiten zu schlagen.

Kapitel 23: Wir sind alle für das Gute

Schon Albert Einstein, bekanntlich nicht einer der Dümmsten unter der Sonne, vertrat die Ansicht, dass ein Abend, an dem sich alle Anwesenden einig sind, ein verlorener Abend sei.

Von je her habe ich eine Aversion gegen Forderungen, die mit Begriffen operieren, die sich nach allen nur erdenklichen Richtungen auslegen lassen und genau damit schnurstracks ins Leere laufen, gar keine inhaltliche Aussage mehr enthalten – und es deswegen praktisch unmöglich ist, ihnen zu widersprechen.
Der Klassiker: Ich bin für mehr Gerechtigkeit! Dicht gefolgt von: Wir wünschen uns ein friedliches Zusammenleben der Menschen. – Wie schön! Und doch auch so unendlich leer! Obgleich es hehre Worte und Forderungen zu sein scheinen: im Letzten sind es nur, im wahrsten Sinne des Wortes, *nichts*sagende Phrasen.

Ganz so schlimm verhält es sich mit dem Antrag, der dem Parlament zusätzlich zu den beiden Gesetzentwürfen zur Abstimmung am 6. Juli 2023 vorgelegt werden soll, nicht: gleichwohl wird man mit Einstein, etwas skeptisch, nachfragen dürfen, was das denn wohl für ein Antrag sein mag, wenn sich 99 Prozent der Abgeordneten gemeinsam für ein Vorhaben aussprechen.
Und tatsächlich: es fängt schon beim Namen des Vorhabens an: „Suizidprävention stärken". Hört sich doch gut an. Wird man ja wohl machen dürfen.

Stimmt. Stellt sich nur die Frage: Warum erst jetzt? Gab es in den letzten Jahren und Jahrzehnten keine Suizide? Und warum ausgerechnet an dem Tag, an dem es vordergründig darum geht, ob

● ● ●

und in welcher Form die Hilfe zum Suizid legalisiert werden soll? Über 3 Jahre hat es gebraucht, dass der Bundestag endlich mit zwei Entwürfen auf das Urteil des Bundesverfassungsgerichts reagierte; der Weg dahin war doch angeblich so schwer und ethisch beladen; wieso also, genau an diesem Tag, noch diesen Antrag als Anhängsel dazunehmen?

Zugegeben: es ist eine Vermutung meinerseits – aber wenn man es böse auslegt, könnte man schon mutmaßen, dass sich die Abgeordneten mit diesem Antrag (auch) selbst eine Beruhigungspille verschreiben wollten. Sozusagen präventiv, frei nach dem Motto: sofern unser Gesetz vom Plenum abgelehnt werden sollte, haben wir immerhin noch mit dazu beigetragen, zu versuchen, dass es zukünftig weniger Suizide gibt.
Genaugenommen geht es darum in den beiden Gesetzentwürfen aber gar nicht; insbesondere der Entwurf Helling-Plahr beschäftigt sich alleine damit, wie ein Suizidwilliger an sein Medikament kommt – im Normalfall soll da gar nichts mehr verhindert werden!

Vielleicht tut man den Abgeordneten aber auch Unrecht, wenn man so denkt – immerhin enthält der Antrag nämlich auch Vorschläge, gegen die nur schwerlich etwas einzuwenden ist, und die, mehr noch, das beinhalten, was ich mir seit Jahr und Tag wünsche: die Enttabuisierung der ganzen Thematik. Allein: daran glauben, dass dies auch umgesetzt wird, ist mir fast unmöglich.

*

Zur Sache: beim eingereichten Schriftstück handelt es sich nicht um einen Gesetzentwurf, sondern lediglich um einen sogenannten Entschließungsantrag – welcher de facto aus zwei Teilen besteht. Im ersten Teil wird das beschrieben, was der „Bundestag beschließen wolle", im zweiten Teil das, wozu der Bundestag die Bundesregierung auffordern soll.

Anders ausgedrückt: Im ersten Teil wird beschrieben, wie schlimm alles ist und was getan werden müsste, auf dass es besser wird, im zweiten Teil wird dann der Regierung zugerufen: macht mal, setzt das mal um! Für parlamentarische Verhältnisse sind beide Teile beinahe im Steno-Stil verfasst, gemäß der Vorabfassung, Drucksache 20/7360 des Bundestages, nimmt der ganze Antrag nur zwei DIN-A-4-Seiten in Anspruch.

Hier die markantesten Aussagen und Forderungen des Antrags:

Der erste Teil beginnt leider mit einer Feststellung, die mindestens populistisch gefärbt ist, womöglich dramatisieren soll, im Letzten aber Nullkommanichts zur Sache beiträgt: „Im Jahr 2021 nahmen sich in Deutschland 9215 Menschen das Leben. Es sterben etwa dreimal so viele Menschen durch Suizid wie durch Straßenverkehrsunfälle...". Ich hasse den Vergleich! Schon allein deshalb, weil niemand tödlich verunfallen will, es aber sehr wohl Menschen gibt – offensichtlich ja nicht so wenige -, die sich suizidieren wollen. Das ist ungefähr so, als würde man sagen: es gibt mehr Menschen, die kein Fleisch essen als Menschen, die in absoluter Armut leben.

Doch lassen wir das und besinnen uns auf das, was der Bundestag denn nun „beschließen wolle": neben einigen Allgemeinphrasen sticht ein Satz sofort ins Auge: „Das tabufreie Sprechen über den Suizid ist Grundlage der Prävention". Das ist wohl wahr – trifft aber auch nur einen Teil der Wahrheit! Denn ein tabufreies Sprechen über den Suizid ist nicht nur Grundlage der Prävention, sondern auch Grundlage für vieles andere, z.b. dafür, wie man über seine schon vorhandene oder bevorstehende Pflegebedürftigkeit denkt und redet (vgl. hierzu Kapitel IX in Beibuch I: „Rein ins Heim?"), oder auch dafür, ein Gespür dafür zu entwickeln, dass ein Suizid nichts Verbotenes ist, stattdessen aber – ganz nüchtern betrachtet – einen von mehreren Wegen beschreibt, mit einem tiefgreifenden Problem umzugehen. Das mag man bedauern, wahr ist es trotzdem.

Dessen ungeachtet ist es mehr oder weniger uneingeschränkt zu begrüßen, wenn im besagten Antrag von tabufreiem Sprechen über den Suizid nicht nur die Rede ist, sondern es auch gefördert werden soll: „Entscheidend ist der niederschwellige Zugang zu Hilfsangeboten."

Geradezu entzückt war ich, als ich vernahm, dass die „Entstigmatisierung von Suizidalität durch verstärkte Aufklärung der breiten Bevölkerung gefördert werden soll". Dass das möglich ist, ist eine ausgemachte Sache; zum Thema Abtreibungsrecht haben sich die meisten Menschen eine Meinung gebildet; nicht selten eine, die durchaus fundiert und mit Argumenten unterlegt ist – das taten sie, ohne je eine staatliche Beratungsstelle betreten zu haben. Männer taten und tun es sogar, ohne je überhaupt schwanger werden zu können. Warum? Weil darüber berichtet wird, in allerlei Medien, und weil viele sich (auch gerade deshalb) in ihrem Bekanntenkreis schon über das Recht oder Verbot von Abtreibungen ausgetauscht haben. Sogar zum Gendern hat jeder so seine Meinung – viele davon allerdings, ohne in der Lage zu sein, auch nur zwei Sätze am Stück unfallfrei niederschreiben zu können.

Ob das indes auch bei der „Entstigmatisierung von Suizidalität" umzusetzen ist – wie soll das funktionieren? Nun, damit befasst sich der zweite Teil des Antrags. Dieser besteht auf den ersten Blick aus „nur" zwei Forderungen – die zudem mit konkreten Daten versehen sind, also Fristen, die die Regierung einzuhalten habe. Die erste Forderung besteht aus nur drei Zeilen, daher sie hier auch in Gänze zitiert werden kann:

„Der Deutsche Bundestag fordert die Regierung auf,
1.) bis zum 31. Januar 2024 dem Bundestag ein Konzept vorzulegen, wie zeitnah – z.b. mit Mitteln des Nationalen Präventionsplans – bestehende Strukturen und Angebote der Suizidprävention unterstützt werden können."

Hört sich schrecklich theoretisch an – und ist es wohl auch; daher wir uns ohne Umschweife direkt der zweiten Forderung zuwenden können:

„Der Deutsche Bundestag fordert die Regierung auf,
1.) …
2.) bis zum 30. Juni 2024 dem Bundestag einen Gesetzentwurf und eine Strategie für Suizidprävention vorzulegen, mit dem die Maßnahmen und Akteure koordiniert und eine dauerhafte sowie zeitnahe Umstellung sichergestellt werden. Der Gesetzentwurf soll den Schwerpunkt auf die Prävention in den Alltagswelten legen…"

Sichergestellte Maßnahmen, der Schwerpunkt auf die Prävention, dazu noch die Alltagswelten – man verliert als Leser solcher Zeilen schnell das Interesse und sehnt sich nach etwas weniger Blabla und Theorie. Und immerhin: es folgt ein Katalog von Maßnahmen, die im Gesetzentwurf berücksichtigt werden sollen. Insgesamt umfasst dieser Katalog 14 Forderungen. Ein wildes Sammelsurium von, sagen wir, Wünschen, die teils nachvollziehbar erscheinen, ja eigentlich sogar zu

• • •

loben sind, teils aber auch ein bisschen hanebüchen klingen; andere wiederum werden - das sage ich schon jetzt vorher – weder finanziell noch personell umsetzbar sein.

Es lohnt nicht, auf alle Forderungen einzugehen; daher ich hier nur die markantesten kurz vorzustellen beabsichtige, zumal der ganze Antrag, ich deutete es schon an, weniger den Eindruck eines Forderungskatalogs macht als vielmehr den eines Wunschzettels.

- „...Die Bundesregierung soll...ein Konzept zum Ausbau von kostenlosen...Beratungs- und Hilfsangeboten vorlegen...“
Hört sich gut an, trägt aber wohl den unausgesprochenen Makel an sich, dass es sich bei den Beratungen eher nicht um ergebnisoffene Gespräche zwischen dem Beratenden und der zu Beratenden handeln soll; andernfalls würde es mich wundern, dass nahezu alle Abgeordneten den Antrag unterstützten. Vorbild mag für manchen hier die Beratung von Schwangeren sein, die abtreiben wollen: diese Beratung nämlich soll vom Bemühen geleitet werden, die Frau zur Fortsetzung der Schwangerschaft zu ermutigen, so steht es im Gesetz (§219 StGB).

- „...soll ein deutschlandweiter Suizidpräventionsdienst etabliert werden, der Menschen...rund um die Uhr...einen sofortigen Kontakt mit geschulten Ansprechpartnerinnen und -partnern ermöglicht.“
Diese Forderung hat mich überrascht, war ich doch der festen Überzeugung, dass es einen solchen Dienst längst gibt. Schließlich wird man, wenn man im Netz nur herauszufinden versucht, wie die Sterbehilfe z.B. in Australien geregelt ist, beim ersten Klick schon gefragt, ob man Hilfe braucht, und aufgefordert, „noch heute“ mit

jemandem zu sprechen – mit Angabe einer Telefonnummer, die 24 Stunden erreichbar ist.

- „...die Bundesregierung soll...eine bundesweite...Aufklärungs- und Informationskampagne entwickeln, die Tabuisierung und Stigmatisierung von Suizidwünschen vorbeugt..."
Das hört sich gefühlt zu gut an, um wahr werden zu können. Bevor mir aber übereilte Schwarzmalerei vorgeworfen wird, belasse ich es hier bei einem nüchternen, wenn auch nicht allzu hoffnungsfrohen: wir werden sehen! Wir werden sehen, wie der Gesetzentwurf im Sommer 2024 lauten wird, wie die Aufklärungskampagne aussehen und umgesetzt werden soll. Nicht zuletzt: von und mit wem sie umgesetzt werden soll. Sollte die Regierung mich indes Lügen strafen und einen Entwurf vorlegen, der es ernst meint mit der Informationskampagne – dann wird man sehen können, wie die 99%-Mehrheit zerfließt wie ein Stück Butter in sengender Hitze. Stellvertretend für alle, die den § 217 StGB einst gutheißen (und in ihren Herzen immer noch gutheißen) kaufe ich den Castelluccis, den von Storchs und den Amthors einfach nicht ab, dass sie an wahrer Aufklärung interessiert sind. Dass sich die ganze Debatte in aller Regel im Dunkeln abspielt, spielt ihnen sogar in die Karten – zumal sie immer fürchten müssten, die Mehrheit der Bevölkerung nicht hinter sich zu haben, würde wirklich tabufrei über das Thema gesprochen.

- „...sollen Empfehlungen für suizidpräventive bauliche Maßnahmen bspw. an Brücken oder auf Hochhäusern ausgearbeitet werden. Verpflichtende Vorschriften im Baurecht sollen geprüft werden."
Mal abgesehen davon, dass dieser Vorschlag auch nach hinten losgehen könnte (wer weiß schon, wie manch einer reagiert, wenn er beim Überqueren einer jeden Brücke durch irgendwelche Vorrichtungen

ständig daran erinnert wird, sich theoretisch auch hinunterstürzen zu
können?): Die Beamten im Bauministerium werden sich freuen; haben
sie endlich nochmal was zu tun! Könnte mir gut vorstellen, dass in
einem ersten Schritt eine Kommission eingesetzt würde, die
ausarbeiten soll, was man im Sinne des neu zu beachtenden Gesetzes
unter einer „Brücke" und unter einem „Hochhaus" zu verstehen hat. Ich
will gar nicht wissen, wie solche Vorrichtungen aussehen sollen; das
wären ja zum Ende hin, konsequent durchgedacht, halbe
Freiluftgefängnisse...

Es schließen sich weitere Forderungen und Wünsche, man könnte auch
sagen: Wunschträume an: Alles mögliche soll gefördert, ausgebaut,
erweitert werden. So etwa die „Fort- und Weiterbildungsangebote für
ärztliche...und andere Berufsgruppen", imgleichen die
„Forschungsförderung zur...Suizidprävention", dann natürlich eine
„bedarfsgerechte psychotherapeutische, psychiatrische, psychosoziale
und palliativmedizinische Versorgung"; nicht zuletzt „ein
niedrigschwelliger Zugang zur Beratung und eine leitliniengerechte
Behandlung für psychisch erkranke Menschen...nach einem
Suizidversuch."

Mit einem Satz: Der ganze Katalog, der ganze Antrag hat etwas von
„Wünsch dir was" und strebt nach einem vermeintlichen Ideal, von dem
eigentlich jeder weiß, dass es nicht zu erreichen ist. Eingefordert wird
es trotzdem, offenbar fröhlich und forsch nach dem Motto: ´Fordern
und beantragen kann man es ja mal, macht auch bestimmt was her.
Wird ja auch niemand was gegen sagen können.´

Das mag ja alles stimmen – trotzdem (oder gerade deshalb) hört es sich
hohl und weit weg von der Realität an. Genau so, wie es sich hohl

anhören würde, wenn urplötzlich alle(!) Abgeordneten des Bundestages, quer über alle Parteien und Ansichten hinweg, die Bundesregierung auffordern würde, doch bitte schön mal für eine alle und alles umfassende Steuergerechtigkeit zu sorgen. Kann man machen – wird aber nichts bringen.

Hinzu kommt, dass es bei den Wünschen zur idealisierten Suizidprävention nur eine Frage der Zeit sein wird, bis dass das berühmt-berüchtigte Wort „Finanzierungsvorbehalt" dazwischenfunken wird.

*

Nichtsdestotrotz wurde der Antrag so formuliert wie er formuliert wurde und liegt nun mal auf dem Tisch. Sofern er, wovon auszugehen ist, vom Bundestag angenommen wird, hat sich die Bundesregierung im Allgemeinen, das Gesundheitsministerium wohl im Besonderen, daran zu machen, die beiden Hauptforderungen des Antrags, in welcher Weise auch immer, anzugehen. Sprich: ein Konzept vorlegen, wie zeitnah die bestehenden Strukturen der Suizidprävention unterstützt werden können; sowie im Anschluss einen Gesetzentwurf, durch den alles besser werden soll.

Das Schöne daran ist: das Konzept soll bis zum 31.01.2024 vorgelegt werden, der Gesetzentwurf bis zum 30.06.2024. Man wird also taggenau überprüfen können, ob und in welcher Form was vorgelegt bzw. umgesetzt wurde.

Über den Antrag abgestimmt wurde am 6. Juli 2023 – in der 115. Sitzung des Bundestages. Im Mittelpunkt stand diese Abstimmung dabei aber beileibe nicht, ging es in dieser Sitzung doch darum, nun endlich, dreieinhalb Jahre nach dem Urteil des

Bundesverfassungsgerichts zum § 217 StGB, zu entscheiden, wie die Hilfe zum Suizid in Deutschland geregelt werden sollte.

Für Interessierte und, noch mehr, für Betroffene ein einschneidendes Datum: Castellucci oder Helling-Plahr? Verbot oder Legalisierung? Psychiater oder Beratungsstelle? Die Schutzpflicht des Staates an erster Stelle, oder das Selbstbestimmungsrecht des Einzelnen?

*

Kleine persönliche Anmerkung am Rande: am Abend des 6. Juli 2023, nach der Abstimmung, stand für mich fest: dem ersten Beibuch wird ein zweites folgen… - und das, obgleich ich ja weiß:

„Dieses ganze Schreiben ist nichts als die weiße Fahne des Robinson auf dem höchsten Punkt der Insel." Franz Kafka

Zweiter Teil - ENDSPIEL

Kapitel 24: 6. Juli 2023 - Die Regeln

Wie schon bei der Orientierungsdebatte vom Mai 2022 einigte man sich für die der Abstimmung vorgeschalteten Aussprache auf eine Zeit von 90 Minuten, aufgeteilt in 18 Reden zu je 5 Minuten. Eine weitere Parallele: wieder sollte es keine Kurzinterventionen oder Zwischenfragen geben.

Überaus interessant und zugleich einen bedauerlichen Umstand entlarvend war die Aufteilung der Redebeiträge, bezogen auf die beiden Gruppen. Durchaus hätte man ja davon ausgehen können, dass sich die Aufteilung allein schon aus arithmetischen Gründen von selbst ergibt: zwei Gesetzesvorschläge, zwei Gruppen, 18 Beiträge, also je Gruppe neun Beiträge.
Doch leider weit gefehlt: sowohl die Gruppe „Castellucci und andere" als auch die Gruppe „Helling-Plahr, Künast und andere" durften jeweils achtmal ans Rednerpult. Die beiden anderen Beiträge waren der AfD-Fraktion vorbehalten.
Darauf, wie es zu dieser seltsamen, ja unlogischen Aufteilung kommen konnte, werde ich sogleich, im nächsten Kapitelchen, eingehen – kein schönes Thema!

Zuvor aber noch zwei, drei Hinweise auf das Procedere, auf das sich die parlamentarischen Geschäftsführer der Fraktionen geeinigt hatten. Hinsichtlich der Abstimmungs*reihenfolge* verständigte man sich darauf, dass (nach der Aussprache) zuerst über den Entwurf Castellucci abgestimmt werde. Für den Fall, dass er angenommen werde, würde die Abstimmung über den Entwurf Helling-Plahr – logisch – entfallen. Als letztes sollte dann – unabhängig von den Ergebnissen der

Abstimmungen zuvor – über den Antrag „Suizidprävention stärken" abgestimmt werden.

Sehr fein: bei allen Abstimmungen handelte es sich um namentliche Abstimmungen. Bedeutet: man kann auch als Otto-Normal-Bürger jederzeit und recht problemlos nachvollziehen, welcher Abgeordnete für welchen Entwurf gestimmt oder eben nicht gestimmt hat. Was ich denn auch – nicht ohne Genuss – getan habe. Ja, mit Genuss, und gleichzeitig mit großer Neugier.

Denn in meinen Augen wird es nur sehr wenige Fragen (oder Abstimmungen) geben können, die das Welt- und Menschenbild eines jeden Einzelnen (nicht nur der Abgeordneten) so pointiert widerspiegeln kann wie die Frage, ob die Hilfe zum Suizid unter Strafe gestellt werden soll oder nicht.

Jeder, der das Beibuch bis hierhin gelesen hat, wird einem Entwurf eher zugeneigt sein als dem anderen, sich eher auf eine Seite hingezogen *fühlen*. Den Abgeordneten wird es nicht anders ergangen sein. Und eben deshalb bin ich dankbar dafür, nachvollziehen zu können, wer wie abgestimmt hat.
Auch wenn ich weiß, dass ich dieses Thema betreffend alles andere als die blanke Objektivität verkörpere, erlaube ich mir trotzdem hier anzumerken – gerade unter Berücksichtigung meiner bereits ausgesprochenen Wertschätzung für die (FDP)-Abgeordnete Kathrin Helling-Plahr -: Jeder einzelne FDP-Mensch (und es gab einige davon!), der, am besten noch mit Inbrunst, für den Entwurf Castellucci stimmt, braucht sich mir gegenüber nicht mehr als „Liberaler" auszugeben!

Was bitte schön soll am Entwurf Castellucci liberal sein? Sofern sich das „liberale" darauf beschränkt, sich vehement gegen ein Tempolimit auszusprechen – freie Fahrt für freie Bürger! – dann aber, bei der Hilfe zum Suizid, ein Stoppschild aufstellt: auf *diese* Liberalität kann ich getrost verzichten.

Dazu kommt: Ist es nicht gerade die FDP, die überall und immer die GRÜNEN als die Verbotspartei schlechthin brandmarkt und niederpinselt? Unmöglich, den Menschen vorschreiben zu wollen, was sie essen sollen. Unmöglich, den Menschen vorgeben zu wollen, wie sie heizen. Unmöglich, Inlandsflüge durch Steuererhöhungen teurer machen zu wollen, die Menschen sollen doch so viel fliegen wie sie wollen. Aber die Menschen so sterben lassen, wie sie wollen? Da hört dann bei manch einem Liberalen das liberale Denken auf!

Eine nicht minder spannende Frage: ob es auch Mitglieder der CDU-CSU-Fraktion gab, die sich, trotz des „C" in ihren Parteinamen, für den Entwurf Helling-Plahr entschieden? Um es vorwegzunehmen: Ja, es gab sie – auch wenn es nur drei waren.

Und nicht zuletzt: in irgendeiner Form hat ja ein jeder so seine speziellen „Lieblinge" oder Antilieblinge im alltäglichen Politbetrieb. Man könnte nahezu ein Ratespiel draus machen: was glaubst du, wie jener oder diese abgestimmt hat?

Bei einigen Abgeordneten hat man sich im Vorfeld schon denken können, wie sie sich entscheiden würden – doch auch in diesen Fällen war man vor Überraschungen nicht gefeit. Ich z.B. war bass erstaunt, als ich erfuhr, wie mein Spezialfreund schlechthin, Philipp Amthor, abgestimmt hat.

Und dann die Kandidaten, die man zwar „kennt", von denen man aber bezüglich der Debatten um die Hilfe zum Suizid noch nie etwas gehört hat. Der zurzeit in allen Umfragen beliebteste Politiker, Boris Pistorius: auf welche Seite wird er sich wohl geschlagen haben? Oder unser Bundeskanzler?

Kapitel 25: 6. Juli 2023 - Ihr seid nicht dabei – der Vorabausschluss

In der Regel ist es das Kabinett, mithin die Bundesregierung, die dem Bundestag Gesetzesvorschläge unterbreitet. Solche Entwürfe können aber auch vom Bundesrat eingebracht werden, ebenso – das ergibt sich aus dem Grundgesetz, Art. 76 – „aus der Mitte des Bundestages".

Es liegt auf der Hand, dass bei fraktionsübergreifenden Vorschlägen im Vorfeld auch fraktionsübergreifend diskutiert und zusammengearbeitet werden muss. So auch bei den beiden vorliegenden Entwürfen. Sogar die Protagonisten – sowohl des einen Entwurfs (Castellucci und Heveling) als auch die des anderen (Helling-Plahr und Künsast) – gehören nicht der gleichen Partei an.

Man darf das ruhig als eine Errungenschaft unserer Demokratie und auch der parlamentarischen Arbeit feiern: der sogenannte Fraktionszwang ist eben nicht in Stein gemeißelt. Es gibt nun mal Fragen und Entscheidungen, bei denen die Einsicht und das Gewissen des Einzelnen mehr Gewicht haben sollte als die Farbe des Parteibuchs und das sich selbst auferlegte Gebot des einheitlichen Auftretens innerhalb der Fraktion.

So weit, so gut. „Fraktionsübergreifend" soll also bedeuten: eine bunt zusammengesetzte Gruppe arbeitet an einem Entwurf, und jeder, der sich von der Stoßrichtung des Entwurfs angesprochen fühlt, ist eingeladen, mitzuwirken. Und zwar unabhängig von der Partei oder Fraktion, der er angehört.

Im vorliegenden Fall haben sich indes die Abgeordneten der CDU/CSU, SPD, FDP, GRÜNEN und LINKEN zu einer Entscheidung hinreißen lassen, die, nun ja, zumindest diskussionswürdig ist: alle miteinander beschlossen sie im Vorfeld der Beratungen, die Mitglieder der AfD-Fraktion von allen Gesprächen und Gruppen auszuschließen.

Es fällt mir schwer, und ärgert mich auch, die AfD an dieser Stelle in Schutz nehmen zu müssen. In wesentlichen Teilen besteht diese Partei aus rechtsradikalen, der Hetze zuneigenden, völkisch dumm-dumpfen Köpfen, denen man keinesfalls mit der feinen englischen Art entgegentreten muss.
Sie aber von den Beratungen und Diskussionen zu den Gesetzentwürfen zur Suizidhilfe von vorneherein auszuschließen, war ein Fehler. Ob das *anständig* war, darüber lässt sich ja noch trefflich streiten: manch ein AfD-Mensch mag sich tatsächlich das Recht verwirkt haben, ihm noch mit Anstand zu begegnen.
Unklug und unangemessen war die Entscheidung aber allemal. Unklug, weil sie nichts bringt. Außer vielleicht der AfD weiteres Futter, welches sie an ihre potentiellen Wähler verteilen können: ´seht her, die da oben, die Altparteien, machen einen auf Demokratie, schließen uns aber, die wir doch gewählt worden sind, aus – die Verschwörung gegen uns ist in vollem Gange. ´

Vor allem aber war die Entscheidung unangemessen. Weil: völlig fehl am Platz. Denn gerade bei der Frage, ob Suizidhilfe verboten gehört oder nicht, war die Bandbreite der Meinungen innerhalb der AfD-Fraktion viel weiter gestreut als beispielsweise innerhalb der CDU/CSU. Wenn es darum geht, das Asylrecht zu verschärfen oder das eine oder andere Land zum sicheren Drittstaat zu erklären, da braucht man nicht lange nach sich diametral gegenüberliegenden Meinungen innerhalb der AfD zu suchen – weil es sie nicht gibt. Hier aber ging es nicht um das Asylrecht, auch nicht ums Gendern oder der Änderung des Staatsangehörigkeitsgesetzes!

Wahrscheinlich gibt es kaum eine andere Frage, bei welcher die AfD-Abgeordneten untereinander so uneins waren (und sind) wie bei der Frage nach der Legalisierung der Hilfe zum Suizid.
Sie dann ausgerechnet bei dieser Frage von allen Gesprächen und Gruppen auszuschließen war weder klug noch – was eigentlich noch viel schwerer wiegt – der Sache dienlich. Es hätte den Abgeordneten gut zu Gesicht gestanden, wenn sie gerade bei dieser Frage zumindest versucht hätten, dem Ideal nahezukommen, das besagt, ein Argument unabhängig von der Sympathie, die man für den Urheber des Arguments hegt, zu gewichten. Zumal das, bezogen auf alle anderen Parteikonstellationen, ja auch gut geklappt zu haben scheint: wann kommt das schon mal vor, dass einzelne LINKE und CDU-Menschen einen Gesetzentwurf unterstützen, der teils von den eigenen Parteikollegen vehement abgelehnt wird!?

In Anbetracht einer solchen Bandbreite von Meinungen und Ansichten, quer verstreut über alle Parteien hinweg, die AfD von vornherein auszuschließen; ich frage mich, mit welchem Ziel das beschlossen wurde. Zumal man ihr das Stimmrecht ja nicht nehmen konnte: selbstverständlich nahmen auch die AfD-Abgeordneten an der Abstimmung zu beiden Entwürfen teil – und sie taten das, wie bereits angedeutet, wesentlich differenzierter als beispielsweise die Abgeordneten der CDU/CSU-Fraktion.

Nun kann man ja darüber streiten, ob der Ausschluss der AfD ein großer oder kleiner Fehler war, oder, so Gott will, gar kein Fehler. Ihr dann aber während der Debatte am 6. Juli 2023 per Zwischenrufe vorzuwerfen, keinen eigenen Gesetzentwurf eingebracht zu haben, ist schon schlechter Stil! Genau das taten die beiden FDP-Abgeordneten Benjamin Strasser und Marie-Agnes Strack-Zimmermann, als der AfD-Mensch Thomas Seitz sich im Rahmen seiner Rede eben über diesen Ausschluss einer Fraktion beschwerte.

Wie unangebracht, und in gewisser Weise auch unprofessionell, diese Zwischenrufe waren, kam erst richtig zum Vorschein, als Seitz zum Konter bzw. zur Erklärung ausholte: „Da sich die unterschiedlichen Auffassungen zur Suizidhilfe auch in der AfD-Fraktion widerspiegeln, konnten wir keine eigenen Entwürfe vorlegen, weil keine der Positionen die notwendige Anzahl unterstützender Abgeordneten erreicht."

Gerade die Abgeordneten der FDP, als Mitglieder einer Riesenfraktion, hätten, wenn sie etwas weniger gebellt, stattdessen etwas mehr nachgedacht hätten, auf dieses Ausschlusskriterium kommen können…

Einmal abgesehen davon, dass die Rede des Abgeordneten Seitz ganz bestimmt nicht zu den schlechteren der abschließenden Debatte gehörte: es mag gute Gründe geben, zu versuchen, die AfD von diversen Ämtern, Ausschüssen, Gremien oder auch Arbeitsgruppen fernzuhalten. Es bei der Entscheidungsfindung zur angestrebten neuen Regelung der Suizidhilfe getan zu haben, war, wie nun bereits mehrfach erwähnt, nicht klug.

Aber es sollte nicht der letzte Fehler gewesen sein, der den Abgeordneten dieses ganzen Gesetzgebungsverfahrens unterlief – und schon gar nicht sollte es der größte Fehler gewesen sein. Auf diesen kommen wir noch zu sprechen…

• • •

Kapitel 26: 6. Juli 2023 - Reihenfolge und Gewichtung

18 Reden also. Jeweils acht für die Gruppen Helling-Plahr und Castellucci, dazu zwei Reden von AfD-Abgeordneten.
Man kann nicht sagen, dass die Debatte langweilig gewesen wäre – und durchaus wurden auch noch ein paar neue Argumente vorgetragen.
Trotzdem will ich nun nicht schon wieder, wie ich das noch weiter oben bei der Orientierungsdebatte tat, explizit auf jede einzelne Rede eingehen. Stattdessen die Beiträge hier blockweise vorstellen. Soll heißen: was hat die eine Gruppe noch Neues vorgetragen, was die andere?
Endlos viel war es nicht – was aber auch nicht verwundert: die Redner waren oft dieselben, die schon während der Orientierungsdebatte und der Ersten Beratung des Gesetzes das Wort ergriffen hatten, und die meisten Argumente und Ansichten waren nun mal nach „1226 Tagen Arbeit" (so rechnete es Helling-Plahr vor) bereits bekannt und ausgetauscht.

Auch wenn ich nichts darauf kommen lasse, dass solche Bundestagsdebatten wichtig sind und es sehr löblich ist, dass sie für alle Bürger eingesehen werden können, in Wort und Bild (die Debatte wurde live übertragen, die dazu gehörigen Protokolle sind bis heute zugänglich) – es wäre einmal sehr interessant zu erfahren, ob auch nur ein einziger Abgeordneter (und nur die Abgeordneten des Bundestages sind ja stimmberechtigt) *seine* Abstimmung von den Reden der Debatte am 6. Juli abhängig gemacht hat. Erfahren wird man das nie; vorstellen kann ich es mir nicht so recht. Doch wie gesagt: selbst wenn jeder und jede Abgeordnete sich schon vor der Debatte entschieden haben sollte:

sie, die Debatte, deshalb nicht zu führen, wäre grob fahrlässig, außerdem über allen Maßen demokratiefeindlich.

Umso besser kann ich mir vorstellen, wie die Gruppen zusammengesessen haben und dann verhackstückten, wer denn die Reden halten möge.

Die Reihenfolge war vorab bereits von den parlamentarischen Geschäftsführern festgelegt worden: abwechselnd sollten die Gruppen Helling-Plahr und Castellucci das Wort ergreifen dürfen, die Gruppe Helling-Plahr in Form der ersten Rede, die Gruppe Castellucci 90 Minuten später mit der letzten. Die beiden AfD-Abgeordneten sollten nach den jeweils ersten und zweiten Vorträgen der beiden Gruppen an der Reihe sein.

Wenn ich nun sage, dass beide Gruppen sich dafür entschieden, ihre jeweiligen „Chefs" und „Chefinnen" zuerst reden zu lassen, meine ich das keineswegs despektierlich.

Sowohl Kathrin Helling-Plahr und Renate Künast auf der einen sowie Lars Castellucci und Ansgar Heveling auf der anderen Seite waren nun mal diejenigen, die sich mit besonderem Engagement und Eifer an die Arbeit gemacht haben. Sie waren die eigentlichen Initiatoren der Entwürfe, sozusagen die Mütter und Väter derselben – und vermutlich werden auch sie es sein, die, nicht zuletzt durch ihre Arbeit, über das größte Fachwissen verfügen. Ein Fachwissen übrigens, das man – wahrscheinlich vergeblich – jedem wünscht, der sich in der Lage sieht, reinen Gewissens dem ein oder anderen Gesetzentwurf zuzustimmen.

Den Regeln der Reden-Reihenfolge gemäß hatte also Kathrin Helling-Plahr das Recht der ersten Worte. Und fürwahr zeigte sie sich dieses Rechts als würdig, leitete sie doch ihre Rede mit der Bemerkung ein,

● ● ●

noch nie „so voller Demut" am Rednerpult gestanden und auch noch nie eine Rede gehalten zu haben, „die so wichtig ist für so unfassbar viele Menschen". Als Fachanwältin für Medizinrecht habe sie „viele Schicksale miterlebt, und vielleicht auch zu oft mitgelitten."

Die Reihenfolge war also abgesteckt – und vermutlich auch für kaum jemanden ein Stein des Anstoßes.
Keine Ahnung, ob es innerhalb der Gruppen Streit darüber gab, wie oft die jeweiligen Fraktionen nach vorne ans Rednerpult durften – vielleicht ist das im alltäglichen Politbetrieb auch schon längst zu einer Routineangelegenheit geworden – interessant aber ist es allemal, mitzubekommen, wie die beiden Gruppen ihre Redebeiträge nach Fraktionen aufteilten. Denn Routine hin oder her: in der Gruppe Castellucci zum Beispiel tummelten sich nun wirklich Abgeordnete aller Fraktionen (außer der AfD, die war ja ausgeschlossen worden) quer durcheinander, von der CSU bis zu den LINKEN.

Trotzdem wird die CDU/CSU-Fraktion penibelst darauf geachtet haben, dass da bei der Auswahl der Redner nicht wild herumgewürfelt wird, womöglich mit dem Resultat, dass auf einmal mehr Beiträge von Abgeordneten der GRÜNEN zu hören sind als von Christen und Christdemokraten.
So weit geht das Fraktionsübergreifende dann doch nicht. Und wie bestellt und zu vermuten stand war es zum Ende hin in der Gruppe Castellucci die CDU/CSU-Fraktion, die dreimal nach vorne durfte, die SPD zweimal, FDP, GRÜNE und LINKE je einmal.

In der Gruppe Helling-Plahr fiel die Aufteilung anders aus – was zuvorderst damit zusammenhing, dass sich praktisch kein einziger Unionsabgeordneter maßgeblich oder offensiv am Zustandekommen des Entwurfs beteiligt hatte. Mit der Folge, dass sich auch niemand in Form einer Rede für den Entwurf Helling-Plahr einsetzen wollte oder durfte.

Aber auch hier wird die größte der beteiligten Fraktionen, nämlich die der SPD, darauf gepocht haben, die meisten Rednerinnen stellen zu dürfen. Und so überrascht auch die Aufteilung der Gruppe Helling-Plahr nicht: 3x SPD, 2x FDP, 2x GRÜNE, 1x LINKE.

*

So viel zum Vorab-Procedere. Im Rahmen der Auswertung der Abstimmungen werden wir noch sehen, dass es schon so etwas gab wie „Parteipräferenzen", für den einen oder anderen Entwurf (insbesondere bei der CDU/CSU) – gleichwohl wird man aber getrost feststellen dürfen, dass der ansonsten übliche (und wahrscheinlich zu oft durchgesetzte) Fraktionszwang im vorliegenden Fall tatsächlich keine Rolle spielte.

Auf besonders schöne Weise kam dies bei der Debatte am 6. Juli zum Vorschein, als die beiden LINKEN-Abgeordneten Petra Sitte und Kathrin Vogeler unmittelbar nacheinander ihre Reden hielten: Petra Sitte für den Entwurf Helling-Plahr, Kathrin Vogeler für den Vorschlag Castellucci. Vogeler erhielt während ihrer Rede mehrmals Applaus von CDU/CSU-Abgeordneten, das wird noch nicht oft vorgekommen sein.

Und einmal unabhängig davon, *was* Frau Vogeler da zum besten gab und wofür sie den Applaus erhielt: gerade in heutigen Zeiten würde man sich es öfter wünschen: dass es im Bundestag insgesamt etwas weniger parteipolitisch zugeht, und stattdessen die Ansichten und Argumente der Einzelnen häufiger in den Vordergrund rücken.

● ● ●

Schon klar: das wird nicht immer gehen. Und trotzdem, es wäre schon schön: etwas weniger Parteibuch, etwas mehr eigene Meinung, ein bisschen weniger Partei-Marionette, ein bisschen mehr persönliche Standfestigkeit, etwas kleiner der Wunsch nach Macht, etwas größer die Sehnsucht, auch Andersdenkende überzeugen zu wollen.

Der größte Teil der Bevölkerung würd´s den Abgeordneten sicher danken.

Kapitel 27: 6. Juli 2023 - Die Reden der Gruppe Castellucci

Aus der Sicht des Abgeordneten Strasser (FDP) muss es einem kleinen Unglück gleichgekommen sein, dass er als letzter Redner an der Reihe war: ihm war nämlich die ganze Debatte zu „unterkomplex".
Nach seinem Vortrag war sie nun aber mal vorbei, die Debatte, und so blieb ihm wohl nichts weiter als zu hoffen, mit seinen Ausführungen die Kolleginnen und Kollegen im Plenum zur Einsicht gebracht zu haben, dass deren Reden, im Gegensatz zu seiner, der Komplexität des Themas nicht gerecht geworden waren.

Das nenne ich mal Vertrauen in sich selbst – zumal er bis auf einen sehr unterkomplexen, um nicht zu sagen: simplifizierenden Ausflug ins weit entfernte Kanada, wo seit 2016 auch die „Tötung auf Verlangen" erlaubt ist, nichts Neues von sich gab und sich im Wesentlichen darauf beschränkte, das zu wiederholen, was die Abgeordneten der Gruppe Castellucci zuvor schon zum Besten gegeben hatten.

Was aber waren nun die Ansichten und Argumente, mit welchen die Gruppe ihren Entwurf zu rechtfertigten versuchte, welches Menschen-, Gesellschafts- und Weltbild stand hinter ihrem Entwurf? Durchaus gab es verbindende Elemente zwischen den Reden, die Stoßrichtung der Grundideen war fast immer die gleiche.

Der Anker schlechthin, also die Überzeugung, an der praktisch (fast) alle weiteren Argumente festgemacht wurden, zieht sich wie ein roter Faden durch alle Reden und Argumente der Gruppe Castellucci. Dieser Anker, in Worten ausgedrückt, besagt: ´Das Selbstbestimmungsrecht der Menschen in allen Ehren – in erster Linie müssen „wir als Gesellschaft" (so u.a. Kirsten Kappert-Gonther) unserer Schutzpflicht nachkommen. Mag ja sein, dass ein jeder, der sterben möchte, ein Recht auf Hilfe zum Suizid haben sollte – vorher aber haben wir sicherzustellen, dass er vor den Bösen der Gesellschaft geschützt wird; vor denen, die das Leben gar nicht wertschätzen können, und ja, wir müssen ihn auch vor sich selbst schützen.´

Man meint geradezu spüren zu können, wie sehr den Abgeordneten der Gruppe Castellucci das Urteil des BVerfG vom Februar 2020 gegen den Strich geht, dem einen mehr, der anderen weniger. Dass sie es, wie der AfD-Abgeordnete Seitz in seiner Rede treffend sagt „nicht wirklich akzeptieren".

Der Anstand verbietet es (zum Glück ist *dieser* Anstand in Deutschland noch nicht verlorengegangen), Urteile des höchsten Gerichts öffentlich anzukleffen oder, noch ärger, sich über sie hinwegsetzen zu wollen. Das tun die Mitglieder der Gruppe Castellucci auch nicht. Daher ihnen auch nachzusehen ist, dass sie – so viel Freiheit muss ein – keinen großen Hehl aus ihrer Abneigung gegen das Urteil des BVerfG machten. Dem Mitinitiatoren des Entwurfs, Ansgar Heveling, bereitet der Karlsruher Spruch „Kopfzerbrechen", sein Parteikollege Stephan Pilsinger meinte, dass das Urteil „ehrlich gesagt nicht seinem Weltbild entspricht." – Das kann es auch nicht, da es die Schutzpflicht des Staates ja gerade *nicht* über das Selbstbestimmungsrecht des Einzelnen stellt.

Heveling schien diesen Fakt noch verwässern oder relativieren zu wollen, indem er anführte, dass das Grundgesetz „eine Verfassung des Lebens und nicht des Sterbens" sei. Das ist natürlich ziemlicher Quatsch: Das Grundgesetz ist die Verfassung Deutschlands, und es ist eine Verfassung der (Grund-)Rechte, die die Menschen haben, auch gegenüber dem Staat. In Artikel 2 Absatz 2 ist zwar festgeschrieben, dass jeder ein „Recht auf Leben und körperliche Unversehrtheit" hat; ebendieser Artikel umfasst aber auch (in Absatz1) das „Recht auf freie Entfaltung der Persönlichkeit".

Das Recht auf Leben darf also niemandem genommen werden; das Recht auf die freie Entfaltung der Persönlichkeit aber auch nicht. Und die Richter in Karlsruhe haben nun wirklich zur Genüge dargelegt, dass das Recht auf freie Entfaltung das Sterben-Wollen (und sich dabei helfen lassen wollen) mit einschließt.

Aber, und da wäre man wieder beim Lieblingswort der Gruppe Castellucci: es gibt ja neben den Rechten des Einzelnen auch noch die *Schutzpflicht* des Staates. Und so machte sich die Gruppe daran, immer und immer wieder anzuführen, wie viele Menschen es doch gibt, die – arm, krank, einsam – unbedingt des Schutzes durch den Staat bedürfen. All die Menschen, die sich fragen, ob sie „im Alter oder in Krankheit gut versorgt" seien, ob sie sich „das alles noch leisten" können (Castellucci) – diese Menschen darf man doch nicht alleine lassen!

Einmal abgesehen davon, dass das niemand verlangt: man kann die Art und Weise, wie die Gruppe Castellucci auf die Missstände in unserer Gesellschaft hinweist – inklusive der Aufzählung, wem nicht alles geholfen werden muss – wenn man es gut mit ihr meint, nahezu rührend nennen.

Man kann sie aber auch als Phrasendrescherei bezeichnen: Wenn z.B. Castellucci meint feststellen zu müssen, dass „niemand in diesem Land sich überflüssig fühlen soll" – was will er uns damit sagen? Zwischenrufe in der Art „Unsinn, natürlich soll es Menschen geben in unserem Land, die sich überflüssig fühlen" gab es jedenfalls nicht.

Im Weiteren sorgt er sich „um die Einsamen, um die Zurückgelassenen, um die, die denken, sie fallen nur noch anderen zur Last…". Solchen Menschen müsse doch der Staat, so Lina Seitzl (SPD), „zumindest einen Ausweg bieten aus einer als ausweglos empfundenen Situation, der eben nicht Suizid heißt."

Wie gesagt: man kann das rührend nennen – ggf. aber auch nahezu heuchlerisch: Wer bitte schön hindert denn den Staat daran – und zwar vollkommen unabhängig davon, wie die Hilfe zum Suizid gesetzlich geregelt ist – den Einsamen und Zurückgebliebenen mehr und hilfreicher zur Seite zu stehen als das gegenwärtig der Fall ist!? Wenn sich jemand, der dabei ist, pflegebedürftig zu werden, ob eines monatlichen Eigenanteils an den Heimkosten von ein paar Tausend Euro im Monat die Frage stellt, ob er sich das alles noch leisten könne (oder womöglich seinen Kindern auf der Tasche liegen wird), dann ist das kein Wunder, sondern eine ziemlich natürliche Sache.

Und natürlich sollte ihm dann idealerweise auch geholfen werden; zunächst vielleicht in Form einer Beratung, in der ihm erklärt wird, ob er Anspruch auf Sozialhilfe hat, inwieweit seine Kinder einspringen müssen, ob und in welcher Form sein Häuschen angerechnet wird und so weiter und so fort. Was aber hat das alles mit einer Regelung der Hilfe zum Suizid zu tun? Oder sollen die Beratungen erst stattfinden, wenn der Gedanke an den Suizid schon da ist?
Hinzu kommt: paradoxerweise sieht der Entwurf Castellucci ja gerade eben *nicht* vor, dass sich ein womöglich suizidwilliger Mensch zunächst einmal (wenn gewünscht auch unverbindlich) an eine Beratungsstelle wendet – zuerst hat er gefälligst mal einen Psychiater aufzusuchen, um mit diesem zu klären, ob er noch ganz sauber ist, in seinem Stübchen.

Mindestens an einer Stelle verfällt die Phrasendrescherei ins Halbreligiöse: „Jedes Leben in diesem Land ist wertvoll." – Lieber Herr Castellucci, das hört sich wunderbar wertvoll und emphatisch an. Und in Ihrer Welt mag das auch so sein. Gleichwohl gibt es immer wieder Menschen, die, aus welchen Gründen auch immer, zum Schluss kommen, dass *ihr* Leben eben keinen Wert mehr hat. Und deshalb sterben wollen. Den Wert des *eigenen* Lebens zu bemessen – das sollte dann doch bitte schön jedem selbst überlassen sein. Und da Sie sich bei ihrem Werturteil ja auch auf die Verfassung berufen (da ja ihrem Kollegen Heveling zufolge eine solche des Lebens ist): Karlsruhe hat unzweideutig festgestellt, dass ein jeder zu dem Schluss kommen darf: ´Jedes Leben mag ja wertvoll sein – meins ist es nicht´.

Auch Elisabeth Winkelmeier-Becker (CDU/CSU, im Übrigen auch die Vorsitzende des Rechtsausschusses) nimmt die, die es nicht so leicht haben auf dieser Welt, in den Blick; „die ältere Frau mit dem teuren Heimplatz, der junge Mensch im Rollstuhl, der auf Hilfe angewiesen ist". Ihrer Meinung nach dürfen sie „nicht darüber nachdenken müssen und sollten noch nicht mal zwingend damit konfrontiert sein, ob sie Kosten verursachen, ob sie jemandem zur Last fallen."

Diese Sichtweise erscheint mir, um es mit den Worten des Kollegen Strasser zu sagen, tatsächlich ein wenig unterkomplex: als ob allein die Tatsache, dass jemand auf den Rollstuhl oder einen Heimplatz angewiesen ist, dazu führt, dass er damit liebäugelt, aus dem Leben zu scheiden!
Um diesen Wunsch entstehen zu lassen braucht es wohl noch ein paar andere, tieferliegende Gründe. Doch selbst wenn man die Steilheit der These, oder den Wunsch von Frau Winkelmeier-Becker einmal außen vorlässt: Bei dieser Aussprache am 6.Juli 2023 ging es bestenfalls am

• • •

Rande um die Hilfe für Menschen, die im Rollstuhl sitzen, die auf einen Heimplatz angewiesen sind – es ging stattdessen (in erster Linie) um Hilfe für Menschen, die nicht mehr leben wollen! Und zwar vollkommen unabhängig davon, ob sie im Rollstuhl sitzen oder nicht.

Dies zu begreifen, und gleichzeitig zu akzeptieren, fällt vielen Abgeordneten bis heute sehr schwer. Bei Winkelmeier-Becker gipfelte dieses Unbehagen (gegen die Vorstellung, dass sich überhaupt jemand freiwillig suizidieren möchte), dieses Unverständnis in der zwar mit Applaus versehenen, gleichwohl aber ziemlich leeren Aussage:
„Niemand soll sich (in dieser Situation) rechtfertigen müssen, dass er sein Leben ausschöpfen will",
Endlos leer ist die Aussage deshalb, weil niemand, nicht ein Einziger, das verlangt! Stand auch noch nie in irgendeinem Gesetzentwurf. Hat noch nie jemand so gefordert.

Man ist geneigt, einigen Abgeordneten zuzurufen: beschränkt euch doch in den fünf Minuten, die ihr habt, auf das worum es geht und verschont uns mit Phrasen, die zwar höflich beklatscht werden, zur Lösung des Problems aber null komma nichts beitragen, weil sie so allgemein gehalten sind, dass sie im Letzten gar keinen Geschmack haben – ähnlich einer Plastikrose, die auch „schön" daherkommen mag, und doch nach nichts riecht, und alles Mögliche ist, nur nicht lebendig.

*

Das Gegenteil der Phrasen sind die Einzelbeispiele. Zweischneidige Schwerter: einerseits können sie, wenn sie gut ausgewählt sind und passen, auf kurzweilige Weise einen Sachverhalt veranschaulichen, ihn aus der allzu trockenen Theorie herausholen, ihn mit Leben erfüllen.

Oft passen sie aber auch überhaupt nicht; das ist vor allem der Fall, wenn es sich um Extrem-Beispiele handelt; Fälle, die zwar so geschehen sein mögen, trotzdem aber auch so ausgefallen sind, dass sie sich eher wie eine kleine abgeschlossene Geschichte anhören als ein (veranschaulichendes) Beispiel.

Mit Einzelbeispielen aufzuwarten ist nicht nur für Abgeordnete verlockend – ich selbst bediene mich in den Beibüchern ja auch welcher – trotzdem sollte man relativ sparsam damit umgehen, und vor allem: bei der Auswahl darauf achten, das eigentliche Thema nicht zu verfehlen.

Wenn nun beides zusammenkommt, wenn also das Beispiel einen sehr extremen Fall wiedergibt, und darüber hinaus auch noch das Thema verfehlt, dann wird es, wenn nicht peinlich, so doch aber zumindest kurios.

Wie sehr man bei der Auswahl eines Beispiels danebenliegen kann, zeigt auf sehr eindringliche Weise die Rede des Abgeordneten Stephan Pilsinger.

Nachdem er zunächst feststellte, dass es über allen Maßen wichtig ist, „den tatsächlichen autonomen Willen einer vermeintlich suizidwilligen Person festzustellen", legte er gleich los, mit seinem Beispiel.

(Nebenher: auch bei ihm gilt: man spürt geradezu, dass ihm das Urteil des BVerfG nicht schmeckt, andernfalls hätte er sich das Wort „vermeintlich" sparen können)

Es geht um einen jungen US-Amerikaner, Kevin Hines mit Namen, der an einer bipolaren Störung und schweren Depressionen litt. „Plötzlich", hatte ihn, so Pilsinger, „ein starkes Gefühl ergriffen, jetzt sterben zu wollen."

Daraufhin er von der Golden Gate Bridge in San Francisco sprang. In 99% der Fälle ist ein solcher Sprung gleichzusetzen mit dem Sprung ins Jenseits – Kevin Hines aber gehörte zu dem einen Prozent, das den Sprung überlebte, wenn auch mit schweren Verletzungen, u.a. waren ein Wirbel und der Beckenknochen gebrochen.

Nun wird es ein wenig bizarr; Pilsinger lässt uns nämlich wissen: „Er selbst erzählt, dass er noch im freien Fall tief bereut habe, gesprungen zu sein." Nun hat unsereins eine solche Erfahrung ja noch nie gemacht und kann gar nicht wissen, was einem in solchen Sekunden durch den Kopf schleudert – daher ich auch gar nicht in Abrede stellen will, dass Hines so gedacht haben mag, wie er das beschrieb.

Gleichwohl fragte ich mich schon an dieser Stelle der Rede, was Pilsinger uns mit diesem Beispiel sagen will. Und dabei war das erst der Anfang. Der gute Kevin Hines nämlich erholte sich, sowohl körperlich als auch seelisch; dafür brauchte es allerdings drei Jahre in einer geschlossenen Psychiatrie.

Egal, das Weitere liest sich wie ein Märchen: mit Hilfe von Medikamenten stabilisierte sich der junge Mann, fand zu einem geordneten Tagesablauf, setzte sich intensiv mit seiner Krankheit auseinander und – der Clou schlechthin – setzte „sich selbst zum Ziel, anderen Menschen mit ähnlichen Problemen zu helfen. Seither engagiert sich Kevin Hines im Bereich der Suizidprävention."

Ist das nicht eine wunderbare Geschichte!? Nochmal viel schöner und herzerfrischender als all die Storys von den Junkies, die sich per Entgiftungen, Langzeittherapien und Adaptionen von ihrer Sucht befreien konnten und sich im Anschluss in der Drogenhilfe engagieren. Nein, *hier* ging es nicht um Sucht oder Nichtsucht, sondern um Leben oder Nichtleben. Da springt jemand vermeintlich in den sicheren Tod, und ein paar Jahre später hilft dieser Jemand anderen dabei, ihr Leben zu sortieren.

So weit, so schön. Doch Pilsinger beließ es nicht bei dem Schönen der Geschichte: ohne zu zögern meinte er dem Hohen Haus auch noch mitteilen zu müssen, wer oder was denn dieser wonderful story aus San Francisco hätte im Wege stehen können: „Wäre Kevin Hines von einem Sterbehilfeverein das schnelle, schmerzfreie Ende in harmonischer Atmosphäre mit einer Pille angeboten worden, hätte er dies in dieser Ausnahmesituation vielleicht angenommen."

In meinen Aufzeichnungen zur Recherche steht unter diesem Passus der Rede Pilsingers lediglich ein lapidares, auch von Fassungslosigkeit ausgelöstes „ach du liebes bisschen!".
Umso dankbarer bin ich dem Abgeordneten Fricke (FDP), der mit seinem Zwischenruf weniger allgemein und viel sachlicher als ich das in meinem Vermerk tat, auf das Schiefe dieses Beispiels hinwies, ebenso auf die gewagte und auch ein bisschen irre anmutende Schlussfolgerung Pilsingers, derzufolge womöglich die Pille eines Sterbehilfevereins den Sprung von der Golden Gate Bridge verhindert hätte (!?).
Fricke rief also dazwischen: „Aber was hat das jetzt mit den Gesetzen zu tun?" Pilsinger schien sich aber in einen Flow geredet zu haben, ging auf den Zwischenruf nicht ein und wartete sogleich mit Zahlen auf, die in Fachkreisen inzwischen nun wirklich jedem bekannt sind, einigen auch als ausgelutscht gelten und wenig bis nichts zur Lösung des Problems, wie die Suizidhilfe geregelt werden soll, beitragen: 90% der Menschen, die sich suizidieren haben nach Angaben der Stiftung Deutsche Depressionshilfe eine psychische Erkrankung (vgl. dazu Beibuch I, Kapitel XXIII: Übriggebliebenes und Nachgeschobenes), 80-

90% der Menschen, die „kurzfristig" für sich beschließen, Suizid begehen zu wollen, werten das im Nachhinein als Fehlentscheidung (vgl. dazu Beibuch I, Kapitel XV: Irrtum, die dritte: Das wiedergefundene Glück).

Fricke startete einen zweiten Versuch: „Das hat mit beiden Gesetzentwürfen nichts zu tun!"
Er stieß auf taube Ohren – und so, als wolle Pilsinger das Sprichwort „Aller guten Dinge sind drei" in sein Gegenteil verkehren, schaffte er es tatsächlich, nun vom Wunderbeispiel wegkommend, diesmal den Spieß komplett umzudrehen: eben noch gab er ein Beispiel zum besten, das eigentlich in der Debatte wenig bis nichts verloren hatte, nun versuchte er zu erläutern, worauf es in der Aussprache ankomme – und irrt abermals; und zwar in einer Form, die man schon als sehr bedenklich bezeichnen darf.

Zitat: „Wenn man an den assistierten Tod denkt, dann denkt man meistens an alte, leidende Personen, die am Ende ihres Lebens keine Schmerzen mehr erleiden wollen. Aber darum geht es hier heute nicht." – Daraufhin nun Renate Künast nicht mehr an sich halten konnte und dazwischenfunkte, und zwar mit einem so kurzen und herzhaften wie auch vollkommen berechtigtem „Doch!"

Natürlich wird auch Pilsinger gewusst haben, dass es in beiden Gesetzentwürfen auch um alte, kranke Menschen geht. Aber die Jungen und Gesunden, also die, die sich, obgleich nicht alt oder todkrank, suizidieren wollen, sind ihm offensichtlich so sehr ein Dorn im Auge, dass er darüber sogar ganze Teile der Gesetzesinhalte vergisst oder für belanglos hält.

• • •

*

Es gab aber auch, wenn auch nur vereinzelt, Beiträge und Argumente der Gruppe Castellucci, die es verdient haben, beachtet und diskutiert zu werden, und hier nicht unterschlagen werden sollen. So wiesen die Abgeordneten Heveling und Strasser darauf hin, dass der Entwurf Helling-Plahr keine Konsequenzen vorsah, für den Fall, dass die im beabsichtigten Gesetz beschriebenen Auflagen nicht erfüllt werden. Wenn z.b. der Arzt dem Sterbewilligen Natrium-Pentobarbital verschreibt, ohne dass dieser sich vorher hat beraten lassen. Oder wenn die gesetzten Fristen nicht eingehalten werden. Oder ein Fall mutwillig zum Härtefall erklärt wird (um Fristen zu umgehen), in Wirklichkeit aber gar kein Härtefall vorliegt.

Nun ist aber diese Nicht-Erwähnung von Konsequenzen im Missbrauchsfall keinesfalls gleichzusetzen mit einem Jeder-kann-tun-und-lassen-was-er-will. Zumal davon auszugehen ist, dass ein Arzt, der sich nicht an die vorgeschriebenen Regeln halten würde, unangenehme Post von seiner Landes- oder Bundesärztekammer zu erwarten hätte. Analoges würde dem Beratenden, der falsch berät, widerfahren. Und dem Sterbewilligen selbst Konsequenzen anzudrohen würde schon ein wenig surreal anmuten: der möchte ja weder bestraft noch freigesprochen werden, sondern nur dieses verflixte Nap.

Der Gruppe Helling-Plahr ging es bei der Nichterwähnung von Sanktionen – das betonte der Abgeordnete Fricke auch in seiner Gegenrede – in der Hauptsache darum, nicht alle Mitwirkenden von vorneherein unter einen Generalverdacht zu stellen. Außerdem werde, so Fricke, „die Rolle des Strafrechts weiterhin existieren, auch in unserem Gesetzentwurf." Soll wohl heißen: Fehltritte und Missbräuche jeglicher Art können auch mit den schon bestehenden Gesetzen hinreichend sanktioniert werden.

Das kann man so sehen – trotzdem war und ist es statthaft, wenn die Gruppe Castellucci darauf hinweist, dass es kompliziert werden kann, wenn man Regeln aufstellt, nicht aber klärt, was passiert, wenn die Regeln nicht eingehalten werden.

*

Das vielleicht eindringlichste und tiefsinnigste Argument der Gruppe gegen eine allzu legere Regelung der Suizidhilfe stammt von der Abgeordneten Kathrin Vogeler (DIE LINKE). Es ist ein Argument, dass schwer zu fassen ist, sich, gemessen an der Praxis, auch kaum einordnen lässt; trotzdem aber auf einen Umstand hinweist, der nicht ohne Weiteres wegzuwischen ist.
Welche Schlüsse sie dann aus ihrer Beschreibung zieht, steht wiederum auf einem anderen Blatt, und zeugt von etwas weniger Tiefsinn; doch der Reihe nach.

Vogeler fehlt es in der „gesamten Debatte häufig" an einem realistischen Blick „auf die Gesellschaft". Das Bild von der Selbstbestimmung des Einzelnen, das gezeichnet werde, sei zu oft vollkommen losgelöst von der Bedingung und dem Umfeld, in dem wir alle leben, und sei „geprägt durch den Blick von wohlsituierten Menschen mit hoher Bildung und entsprechendem Selbstbewusstsein."

Das ist nicht von der Hand zu weisen – auch wenn ich vermute, dass sie eher den Zustand der jeweiligen Umstände und den Zustand der

Gesellschaft im Blick hat, und weniger, so wie ich, die Beschaffenheit des einzelnen Menschen.

Im Kern hat sie aber nicht unrecht: all diejenigen, die meinen, die Grenzen des Rechts auf Selbstbestimmung abstecken zu können, sei es nun inhaltlich, moralisch oder juristisch, repräsentieren in aller Regel eben *nicht* unsere Gesellschaft. Ich will mich da gar nicht aus ausschließen: Ich habe die Zeit, das Geld, die Muße und den Intellekt, mich intensiv damit beschäftigen zu können, wie denn so eine Selbstbestimmung aussehen könnte oder sollte. Vielen Menschen fehlt es aber an dem einen oder anderen, womöglich mit der Folge, dass *ihre* Vorstellungen von einer etwaigen Selbstbestimmung etwas, sagen wir mal, karg ausfallen.

Nun ist Frau Vogeler ja Mitglied der LINKEN; daher nicht auszuschließen ist, dass sie unsere Gesellschaft per se schon mal in einem bemitleidenswerten Licht sieht. Das ist ihr gutes Recht, gerade in diesen Zeiten.

Vom Zustand der Gesellschaft aber auf die Schutzbedürftigkeit des Einzelnen zu schließen, ist zumindest mal gewagt. Ebenso wie es gewagt ist, den Ursprung eines jeden Bildes, das man sich von seiner (eigenen) Selbstbestimmung zeichnet, in den Um- und Zuständen der Gesellschaft zu suchen.

Da ich kein Politiker bin, schon gar kein Abgeordneter des Bundestages, und deshalb viel weniger auf Diplomatie achten muss, sage ich es mal so: Manch ein Zeitgenosse läuft mit einer sehr rudimentären, beschränkten Vorstellung von seinem Recht auf Selbstbestimmung durch die Gegend, nicht weil die Gesellschaft so ist wie sie ist, sondern weil er selbst, nun ja, beschränkt ist.

Es gibt Halbstarke, bei denen sich sowohl die Beschreibung ihrer Rechte als auch die Kontur ihres Selbstbildes insgesamt auf ein endlos flaches „Mir gehört Welt" reduzieren. Ihnen verwandt sind die unauffälligen, stillen, gleichwohl aber sagenhaft Einfältigen; es gibt Fenstergucker, die schauen mit einer geradezu faszinierenden Leere in ihren Blicken auf das Treiben der Gesellschaft. Der Mund steht ihnen dabei meistens offen, und man weiß gar nicht so recht, ob die Leere ihrer Blicke Ausdruck einer Verwunderung ist, oder die Folge einer Schockstarre. Einer Schockstarre ihrer Gedanken. Will gar nicht wissen, kann mir aber fast denken, was man von solchen Fensterguckern zu hören bekäme, wenn man sie fragen würde, wo ungefähr sie die Grenzen des Rechts auf Selbstbestimmung ziehen würden.

Mit einem Wort: es gibt Menschen, deren Bild von Selbstbestimmung nicht, wie Vogeler meint, „geprägt ist durch den Blick von wohlsituierten Menschen mit hoher Bildung", und sie haben auch keins, welches durch den Blick von weniger gutsituierten und nicht hochgebildeten Menschen geprägt worden wäre – nein, sie haben gar keins! Und wo nix ist, da kann auch nix werden. Oder, um es viel schöner und mit den Worten des Schriftstellers Charles Tschopp zu sagen: *„Dumm ist, wer es nicht merkt."*

Keine Frage: es gibt viele Menschen (und die sind keineswegs alle dumm wie Brot), die es schwer haben, die benachteiligt wurden und werden, die in Familien hineingeboren und in einem Umfeld groß wurden, das es ihnen kaum erlaubte, sich aus den Zwängen und Gepflogenheiten ihrer Gesellschaft zu befreien. Und ja, es gibt genug Menschen, die unser aller Mitleid verdient hätten: zuletzt noch sah ich eine schwangere Frau einen Kinderwagen mit einem Baby darin vor sich herschieben – mit der einen Hand schob sie den Wagen, mit der anderen zündete sie sich eine Zigarette an.

Doch was folgt nun aus alledem, wie sollte man mit diesen Ungleichgewichten und Ungerechtigkeiten zwischen den einzelnen Schicksalen umgehen? An dieser Stelle nun zieht Vogeler zwei Schlüsse – den ersten vermag man mit viel Wohlwollen noch unter die Rubrik „klassisch links" fallenlassen; der zweite hingegen zeugt von einem verblendeten Blick, den ich der Abgeordneten Vogeler ehrlich gesagt nicht zugetraut hätte.

Zunächst schließt sie, sinngemäß, aus der Tatsache, dass es in unserer Gesellschaft viel Böses gibt, mit vielen Ungerechtigkeiten und Gefahren, einen Jeden vor eben diesen Gefahren zu schützen.
Das mag, wie gesagt, dem linken Weltbild geschuldet sein: die Gesellschaft ist im Groben und Ganzen, bedingt durch einen zu neoliberalen Wirtschaftskurs, eine zu sehr auf Profit ausgerichtete Globalisierung, einer zu großen und nur schwer kontrollierbaren Machtelite, ein gefährlicher Haufen; und zwar potentiell für jedermann: überall lauern Betrüger und Schummler, also kann es auch dich, der du doch so ungeschützt den Machenschaften der Mächtigen ausgeliefert bist, treffen.

Wenn es aber nun – so ihr erster Schluss – jemandem schon so dreckig geht, dass er überlegt, sich zu suizidieren, kann das nur heißen: Dieser Mensch ist schon Opfer seiner Umstände geworden, liegt also schon ganz unten; also müsse man diesen armen und bemitleidenswerten Menschen auf jeden Fall und über allen Maßen schützen.

Sie ist aber klug genug, zu wissen, dass sie mit dieser Argumentation nicht durchkommen kann, Karlsruhe lässt grüßen. Sie bestreitet auch nicht, dass es durchaus und sehr wohl Menschen gibt, die sterben wollen, ohne dass sie zu dieser Einstellung durch irgendwen oder irgendwas hingetrieben worden wären: „...gibt es natürlich auch diejenigen, die aus wohlüberlegter, freier und dauerhafter Entscheidung ihr Leben beenden wollen und dann Hilfe suchen..." Sie geht sogar noch einen Schritt weiter: „...Ihnen...dies unter würdevollen Bedingungen zu ermöglichen, das halte ich natürlich für richtig."

Mal abgesehen davon, dass das überhaupt nicht „natürlich" ist – es gibt genug Abgeordnete, die sehen das ganz anders -: wenn man schon einsieht, dass es Menschen gibt, die tatsächlich aus einer freien Entscheidung heraus ihr Leben beenden wollen, und dann vorgibt, ihnen dabei helfen zu wollen, dann sollte man alles Mögliche aus dieser Ein- und Absicht folgern, nicht aber das, was die Abgeordnete Vogeler folgen lässt: „Und genau das leistet der Gesetzentwurf Castellucci."

Nein, Frau Vogeler, das leistet er nicht! Wenn ich mich zuallererst von einem Psychiater darauf hinzuuntersuchen lassen habe, ob ich noch ganz dicht bin, dann mich mindestens einmal beraten lassen muss, um im Anschluss noch zu einem anderen Psychiater gehen zu dürfen, dabei zig Fristen zu beachten habe, und mich, sinnbildlich, vor fremden Menschen auszuziehen habe, dann sind das keine würdevollen Bedingungen!

*

Eigentlich ist es schade, Frau Vogeler liegt mit ihrer Diagnose durchaus richtig: nicht alle Menschen sind befähigt, das Für und Wider ihrer Entscheidungen umfassend und vernünftig abzuwägen. Daraus aber zu schließen, dass jeder, der eines seiner Rechte (in diesem Fall das Recht auf Hilfe beim Suizid) wahrnehmen möchte, auf Herz, Nieren und Verstand hin überprüft werden soll, ist unangemessen, und im Übrigen auch nicht üblich. So kann, nur zum Beispiel, auch bei weitem nicht jeder hinreichend erklären, weshalb er bei einer Wahl einer bestimmten Partei seine Stimme gab. Es gibt Menschen, die wissen so wenig und sind so dumm, dass ihre Entscheidung, ihr Kreuz da oder dort zu machen, ganz sicher nicht das Ergebnis einer breit angelegten Nutzwertanalyse ist.

Niemand aber käme auf die Idee, ihnen deshalb das Wahlrecht zu entziehen. Oder sie vor der Abgabe ihrer Stimme dahingehend zu durchleuchten, ob sie auch hinreichend informiert sind. Oder, noch ärger, sie nach den Gründen ihrer Entscheidung zu befragen. Oder wissen zu wollen, ob sie dazu getrieben oder gezwungen wurden, so zu wählen, wie sie wählen zu wollen vorgeben.

Ich sage: mit diversen Dilemmata wird die Gesellschaft leben, sterben und umgehen müssen; sie lassen sich nicht einfach so aus der Welt schaffen, per Gesetz schon mal gar nicht. Die Menschen sind nun einmal sehr verschieden, und ja, es wird auch immer wieder, auf allen möglichen Gebieten, zu persönlichen Fehlentscheidungen kommen. Das darf aber nicht dazu führen, dass der Staat einen Schutzschirm aufbaut, unter dem dann *alle* mitgefangen und mitgehangen sind.

Das Wahlrecht kann als Paradebeispiel gelten: es gibt Menschen, die so krank, geistig verwirrt oder unzurechnungsfähig sind, dass man ihnen eigentlich tatsächlich das Wahlrecht entziehen müsste. Tut man aber nicht; weil es praktisch nicht umsetzbar wäre. Der Staat nimmt diesen eigentlich unbefriedigenden Umstand also in Kauf – und er tut gut daran: Es wäre der pure Wahnsinn, jeden daraufhin abklopfen zu wollen, ob sein geistiger Zustand eine „freie" Wahl noch zulässt.

Gleichzeitig behält sich der Staat vor – auch das ist gut so – *allgemeine* Schranken aufzustellen: 4-jährige dürfen nicht wählen – eben weil sie per se noch nicht in der Lage sein können, eine fundierte Wahlentscheidung zu treffen. Ab wann genau man den Menschen das Wahlrecht dann zugesteht, ob mit 16, 18 oder 21 Jahren, das ist letztlich Verhandlungssache – Hauptsache die Grenze gilt für *alle*.

Unbestritten ist manch ein 17-jähriger viel „reifer" als ein 19- oder 24-jähriger – dass er deswegen wählen dürfte, kommt aber nicht in Betracht. Auch das nimmt der Staat in Kauf – weil ihm nichts anderes übrigbleibt.
Sollte er indes – das aber nur nebenher – auf die Idee kommen (für die es übrigens gute Gründe gäbe) das Wahlalter geschlechtsspezifisch festzulegen, also z.B. Mädchen ab 17, Jungs aber erst ab 19 wählen zu lassen, - Karlsruhe würde wohl mal wieder aufräumen müssen.

Schließlich, das wären dann die beiden letzten Analogien zwischen dem Wahlrecht und dem Recht auf Hilfe zum Suizid: So wie niemand gezwungen wird, wählen zu gehen, so soll (niemand sagt etwas anderes) auch niemand gezwungen werden, sich zu suizidieren, oder auch nur beim Suizid zu assistieren.
Und wer sich selbst noch nicht ausreichend informiert fühlt, um entscheiden zu können, welcher Partei er sein Kreuz schenken soll: der kann sich jederzeit und fast überall schlau machen.

Dass sich die Möglichkeiten für jemanden, der abzuwägen versucht, ob er unter den gegebenen Umständen noch weiterleben will, weit weniger umfangreich und viel schlechter zugänglich sind, ist ein trauriger Zustand.

Aber der wird ja bald behoben sein: Alle Parteien waren und sind sich ja einig, dass „die breite Bevölkerung verstärkt aufgeklärt" werden soll, eine regelrechte „Informationskampagne" soll in Gang gesetzt werden – so jedenfalls steht es im Antrag „Suizidprävention stärken", der ja auch am 6. Juli zur Abstimmung stand.
Alles wird alles gut – man darf gespannt sein.

*

Unterdessen die Abgeordnete Kirsten Kappert-Gonther (GRÜNE) noch ein ganz anderes Fass aufmacht und auf eine Gruppe hinweist, die ihrerseits aber ihrer Beschaffenheit wegen auch notwendig fließend verläuft.
Die Rede ist von der Grenze zwischen reich und arm. Sie führt aus, dass es für „Menschen, die ein soziales Netz haben und gut situiert sind", vielleicht gar kein Gesetz bräuchte, für die Armen und Einsamen aber schon.

Man kann durchaus nachvollziehen und sich denken, wie sie das meint, und tatsächlich verhält es sich ja auch so, dass die Hilfen von Sterbehilfeorganisationen nicht eben für „umme" angeboten werden. Gleichwohl vergaloppiert sie sich dann in ihrer Rede auf Gebiete, die mit dem ursprünglichen Argument gar nichts mehr zu tun haben.

Schon zwei Sätze nach ihrer Arm-Reich-Unterscheidung moniert sie, dass auch Liebeskummer zu Suizidgedanken führen können. Das ist wohl wahr – hat aber rein gar nichts mehr damit zu tun, ob jemand gut situiert ist oder nicht. Oder ist der Liebeskummer der Reichen nicht so arg wie der der Armen?!

Dabei ist, aus der Sicht der Argumentationen der Gruppe Castellucci das Liebeskummer-Beispiel ein sehr gutes. Und zwar bezogen auf die Frist, die der Entwurf Helling-Plahr zwischen der Beratung und dem Verschreiben des Medikamentes vorsieht (mindestens 3 Wochen). Fast jeder – übrigens einerlei, ob arm oder reich – hat schon mal unter Liebeskummer gelitten, also unter einem Leid, von welchem man nicht nur in Ausnahmefällen wird sagen können, dass es mit der Zeit wieder nachlässt oder auch ganz verschwindet. Bei der einen dauert es etwas länger, bei dem anderen geht es etwas schneller. Aber in drei Wochen?

Nicht, dass ich hier missverstanden werde: ich halte die 3-Wochen-Frist für angemessen, in der Hauptsache deshalb, weil niemand aus dem Nichts heraus und vollkommen spontan zu einer Beratungsstelle gehen wird, mit dem Ziel, sich alsbald zu suizidieren. Die „wahre" Frist wird also de facto eh immer länger sein als die vorgegebenen drei Wochen. Außerdem wäre noch zu eruieren, wie viele, die unter Liebeskummer leiden, sich tatsächlich suizidieren würden (vgl. Beibuch I, S. 128: Große Ankündigungen, kleine Charaktere), und zwar abzüglich jener Zeitgenossen, die sich vor lauter Leid einen Dreck um irgendwelche Fristen kümmern und sich vor den Zug werfen.

Trotzdem halte ich es für statthaft, zumindest aus der Sicht eines Anhängers des Entwurfs Castellucci, die Dreiwochenfrist infrage zu stellen.

Das Dumme allerdings: in gewisser Weise wird eine jede Frist irgendwie immer willkürlich sein. Das bringen Fristen nun mal mit sich, daher das Geschacher um dieselben auch oft eine ziemlich theoretische Angelegenheit ist. Volljährig wird man mit 18, mein Bruder wurde es erst mit 21, das Renteneintrittsalter wird hierzulande gerade sukzessive auf 67 Jahre angehoben, in anderen Ländern gelten andere Grenzen, bei uns sind die Wahllokale immer bis 18 Uhr geöffnet; 17 Uhr oder 21 Uhr wäre auch rechtens.

In den meisten Fällen wird man von dieser Willkürlichkeit aber nicht loskommen können, weil es sehr oft ohne irgendwelche Grenzen nicht gehen und funktionieren wird. Mit 5 Jahren sollte man noch nicht volljährig sein, mit 27 auf jeden Fall; ergo muss man sich irgendwo dazwischen auf eine Zahl einigen. Dass diese Zahl dann trotzdem irgendwie willkürlich gesetzt sein wird, ist dem Einigungs- und Einheitszwang geschuldet und lässt sich nicht vermeiden.

Dieser Gründe wegen sind vorgegebene Fristen so gut wie immer angreifbar und diskutabel.

Im Umkehrschluss sollte man sie nicht über Gebühr hochleben lassen und für genau richtig austariert ausweisen. So geschehen in der Rede der Vorsitzenden des Rechtsausschusses, Elisabeth Winkelmann-Becker: „...Deshalb brauchen wir den wirksamen Schutz des freien Willens durch zwei ärztliche, therapeutische Termine, und zwar bei Fachleuten,...mit einer Wartezeit von drei Monaten – das ist die Zeit, in der man nach anderen Lösungen suchen kann -, dazwischen die zielgenaue Beratung...“

Liebe Frau Winkelmann-Becker, das ist schön zu erfahren: dass Sie wissen, wie lange „man“ braucht, um nach Alternativen Ausschau zu halten. Können Sie sich nicht vorstellen, dass es Menschen gibt, die überhaupt gar nicht mehr an anderen Lösungen interessiert sind, weil sie schon lange, viel länger als drei Monate „suchen" oder gesucht haben, und jetzt einfach nur noch sterben wollen? Fragen Sie doch mal bei all jenen Menschen nach, die beim Bundesinstitut für Arzneimittel und Medizinprodukte einen Antrag auf Aushändigung von Natrium-Pentobarbital gestellt haben – und dann durch Ihre Fraktionskollegen und ehemalige Gesundheitsminister auf ganz fiese Art ausgebremst wurden! Glauben Sie mir: diese Menschen haben sich viel länger als drei Monate mit dem ganzen Bums beschäftigt, das sind auch Fachleute!

Ich habe ja Verständnis dafür, dass sich die Gruppe, für die Sie reden, an der 3-Wochen-Frist aus dem Entwurf Helling-Plahr stört und sie für zu kurzhält; stattdessen aber drei Monate als halbes Heiligtum zu präsentieren erklärt einmal mehr, weshalb viele Betroffene den Gesetzentwurf Castellucci als reine Bevormundung empfanden und empfinden.

*

Ein Argument, das die Gruppe Castellucci gegen die 3-Wochen-Frist vorbringt, ist, gemessen an der Wirklichkeit, einleuchtend, verfängt aber im Letzten trotzdem nur sehr bedingt.

Gleich mehrere Abgeordnete monieren, dass es Monate braucht, bis man einen Psychotherapieplatz erhält – da könne es ja wohl nicht angehen, dass der assistierte Suizid schon nach drei Wochen möglich sein soll. Das hört sich zunächst richtig an – ist aber auch etwas unlauter dahergeredet.

Mit einem unbefriedigenden Zustand (Wartezeiten für Therapien, fehlende Plätze in Frauenhäusern, zu wenige Spritzstuben für Drogenabhängige usw.) die Legitimität anderer Vorhaben (Aushändigung des Natrium-Pentobarbitals, drei Wochen nach der Beratung) zu torpedieren, ist nämlich weder fair noch argumentativ sauber. Das wäre ungefähr so als argumentiere man: Die Rotphasen der Ampeln an großen Kreuzungen sind derart lang, da kann es ja wohl nicht angehen, den Fußgängern 200 Meter von der Kreuzung entfernt neue Zebrastreifen hinzulegen.

Lustigerweise waren alle Abgeordneten, über alle Partei- und Entwurfgrenzen hinweg, darin einig, dass die lange Wartezeit auf einen Platz beim Psychotherapeuten ein Ärgernis ist, und überhaupt die Infrastruktur der verschiedensten Hilfeangebote insgesamt unzureichend ist. (Im Protokoll heißt es dazu: „Beifall bei Abgeordneten im ganzen Haus.")

Und wieder stellt sich die Frage – bei so viel Eintracht erst recht – was das alles primär mit dem Recht auf einen assistierten Suizid zu tun haben soll. Viele Frauen sehnen sich – oft vergeblich – nach einem Platz im Frauenhaus – nicht, weil sie sich suizidieren wollen, sondern weil sie in einem geschützten Rahmen leben wollen! Und wenn sich jemand um einen Psychotherapieplatz bemüht, bedeutet das ja nicht – und zwar unabhängig davon wie lange er auf den Platz warten muss – dass er aus dem Leben scheiden will.

Daher man den „Abgeordneten im ganzen Haus" am liebsten empfehlen würde, nicht alles Mögliche in einen Topf zu schmeißen, auch nicht in den Fristentopf.

Was indes die Unzulänglichkeit diverser Hilfsangebote anbelangt: außer dem Erfordernis, einen halbwegs ausgeglichenen Haushalt vorzulegen, kenne ich niemanden, der die Abgeordneten des Deutschen Bundestages davon abhalten wollte, die Infrastruktur jedweder Hilfeangebote zu verbessern, sowohl in der Breite als auch in der Tiefe.

Lars Castellucci zwirbelt sich aus diesem Umstand noch ein ziemlich spezielles Argument zurecht – im Übrigen eins, das verrät, dass er mit etwaigen Hilfen für Suizidwillige allzu geizig umzugehen beabsichtigt, ja, sie am liebsten gar nicht anbieten würde: „Lassen Sie uns das Geld, das jetzt für Suizidberatungsstellen vorgesehen ist, in die Suizidprävention investieren!"

Soll wohl heißen: Wenn wir es nur richtig und klug anstellen mit der Prävention, dann wird das dazu führen, dass sich gar niemand mehr selbst aus dem Leben befördern will.
„Wolken kann man nicht bauen. Und darum wird die erträumte Zukunft nie wahr." (L.Wittgenstein)

*

So viel zu den Reden der Gruppe um den Abgeordneten Castellucci. Ihm, als dem Namensgeber des Entwurfs, sei auch das letzte Wort in diesem Kapitel zugestanden, und zwar in Form einer Zusammenfassung, mit welcher er die tiefe Abneigung gegenüber dem konkurrierenden Entwurf zum Ausdruck bringt. Und auch, wenn er an dieser Stelle die Dreiwochenfrist aus dem Entwurf Helling-Plahr in ein falsches „sofort" verwandelt: Er tut es in wenigen prägnanten Worten – die darüber hinaus zeigen, wie krass unterschiedlich die beiden

Entwürfe die zu lösende Aufgabe angehen, und auch, wie tief die Gräben sind, die die beiden Lager voneinander trennt.

„Was nicht geht, ist, einmal zur Beratungsstelle zu gehen, dort einen Beratungsschein zu bekommen und dann sofort das Rezept ausgestellt zu bekommen. So kann man die Dauerhaftigkeit von Suizidwünschen nicht feststellen."

Kapitel 28: 6. Juli 2023 - Die Reden der AfD

Die AfD-Fraktion hatte das Recht auf zwei Reden; wahrgenommen wurde es von der Abgeordneten Beatrix von Storch und ihrem Parteikollegen Thomas Seitz. Es waren zwei sehr unterschiedliche Reden; die eine recht gehaltvoll und auch informativ, die andere in weiten Teilen geradezu verstörend.

Für von Storch hat das Bundesverfassungsgericht mit seinem Urteil „die Büchse der Pandora geöffnet" und uns „auf einen entsetzlichen tödlichen Pfad" geführt. Sie spricht sich gegen jede Form der Suizidberatung aus, erst recht gegen jede Form der Suizidhilfe; und wenn man sie so reden hört, könnte man meinen, dass in den Niederlanden jeder, der bei Drei nicht auf dem Baum sitzt und versichert, dass er weder geistig behindert noch autistisch oder einsam ist, im Namen der Suizidhilfe getötet, umgebracht, ermordet wird.

Selbstredend hält sie beide Entwürfe für vollkommen ungeeignet, Menschen, die sich unter Druck gesetzt fühlen, hinreichend zu schützen: „Gegen sozialen Druck hilft auch keine doppelte Beratungspflicht und kein Vermerk auf dem Beratungsschein."
Sie sieht – womöglich nicht ganz zu Unrecht – die „gesamte Infrastruktur von Betreuung, Beratung und Pflege von Alten, Kranken und Hilfsbedürftigen" aller Art in einer „existenziellen Krise" – und spricht sich eben deshalb gegen „eine wohnortnahe, ergebnisoffene Suizidberatung" aus.

Soll wohl heißen: alles schon schlimm genug, aber wenn wir jetzt auch noch anfangen, denen, die alt und pflegebedürftig sind, dabei zu helfen, sich zu suizidieren, dann haben wir ja bald keine Deutschen mehr im Land.

Von Storch ist vielleicht die Einzige, zumindest aber eine der ganz Wenigen im Bundestag, die trotz des Spruchs aus Karlsruhe nach wie vor am liebsten an einem Totalverbot der Suizidhilfe festhalten würde; selbst die vereinzelten Ausnahmetatbestände des alten § 217 StGB scheinen ihr zu weit gegangen zu sein. Der Suizid als Todsünde. Und dabei auch noch helfen?

Stellt sich natürlich die Frage, welche Lösung *sie* denn zu präsentieren hat; schließlich hat das Bundesverfassungsgericht das Recht auf Hilfe zum Suizid als Bestandteil eines Grundrechts deklariert. Nun, ihre Antwortet lautet: gar keine Lösung! Jedenfalls keine juristische.

Stattdessen – sie meint das ernst, was die Sache weder leichter noch besser macht – sollen wir uns dem anvertrauen, der eh schon alles für uns regelt und regeln wird. Tatsächlich lässt sie ihre Rede mit folgenden Worten ausklingen: „...Wir sollen unser Leben in Freiheit und Verantwortung vor Gott leben. Anfang und Ende des Lebens liegen alleine in Gottes Hand. Daran glaube ich."

Dem füge ich, in bester Künast-Manier, ein beherztes, von wem auch immer beseeltes „Ich nicht" an.

*

Ganz anders die Rede des Abgeordneten Seitz. Dass er den Ausschluss seiner Fraktion von allen Gruppen und Gesprächen beklagte, wurde schon gesagt.

Auch wenn er zu verstehen gibt, dass er dem „freiheitlichen Konzept" des Entwurfs Helling-Plahr mehr abgewinnen könne als dem Entwurf Castellucci: im Letzten spricht auch er sich gegen beide Entwürfe aus.

Im Gegensatz zu von Storch lässt er seine ablehnende Haltung aber nicht nackt im Raum stehen, sondern begründet sie. Und zwar mit schwerem Geschütz, im Übrigen ganz ohne Gottes Hilfe.

Schweres Geschütz soll hier heißen: mit Argumenten, die es in sich haben und vor allem: die neu sind, d.h. in keiner der anderen 17 Reden eine Rolle spielten, und darüber hinaus Informationen enthalten, die den Zuhörern, sprich den interessierten Bürgerinnen, bisher womöglich nicht bekannt waren.

Zuerst zu seinem Einwand gegen den Entwurf Helling-Plahr. Noch bevor er sich den üblichen Bedenken zuwendet („ungenügendes Schutzkonzept", keine ausreichende „ärztliche Expertise") weist er auf diverse Einlassungen jenes Berufsverbandes hin, ohne den es bei der Hilfe zum Suizid tatsächlich nur schwerlich ein Fortkommen geben dürfte.

So zitiert er den Präsidenten der Bundesärztekammer, Klaus Reinhardt, mit den deftigen Worten: „Wenn Künast/Helling-Plahr sich im Bundestag durchsetzen, wird die Bundesärztekammer der Ärzteschaft raten, sich nicht zu beteiligen."

Okay, verpflichten kann die Kammer die Ärzteschaft nicht, aber auf gut Wetter deutet das nicht hin, zumal sich einige Landesärztekammern, insbesondere die Landesärztekammer Hessen, kritisch gegenüber dem vorgesehenen Verfahren des Entwurfs Helling-Plahr äußerten („übereilte Regelung", keine „seriöse Folgeabschätzung").

• • •

Und so kommt Seitz zu dem Schluss, dass es einer weiteren Diskussion bedürfe; einer Diskussion, die die Bedenken der Ärztekammern stärker berücksichtigt, und „die sich auch intensiv damit befassen muss, welche juristische Regeln überhaupt praktisch umsetzbar sind. Eine ärztliche Begutachtung zu fordern, ist nur dann sinnvoll, wenn es auch Ärzte gibt, die Begutachtung leisten können."

Auch an dieser Stelle will ich nicht falsch verstanden werden: ich teile dieses Argument nicht; in Deutschland werden Gesetze immer noch von gewählten Mandatsträgern beschlossen, und nicht von Ärzten – und ob sich bei einer etwaigen Umsetzung des Entwurfs Helling-Plahr genügend Ärztinnen finden würden, die bereit sind, Hilfe zum Suizid zu leisten: darauf könnte man es ja ruhig einmal ankommen lassen, ich wäre da ausnahmsweise mal nicht so pessimistisch.
Hinzu kommt, dass die Suizidhilfe nicht das erste in ein Gesetz gegossene Recht wäre, das in der Praxis nur unzureichend umgesetzt wird bzw. in Anspruch genommen werden kann.
Immerhin haben ja auch Eltern von Kleinkindern ein Recht auf einen Kita-Platz – mit der Folge, dass es nun an eben diesen Plätzen umso mehr fehlt.

Gleichwohl ist das von Seitz vorgetragene Argument tatsächlich ein Argument. Man muss es ja nicht teilen; es bei weiteren Diskussionen im Blick zu haben, kann aber nicht verkehrt sein.

Noch erfrischender ist jenes Argument, das Seitz gegen den Entwurf Castellucci vorträgt – wieder verbunden und gestützt durch eine Information, die vielen (womöglich sogar Abgeordneten) nicht bekannt ist, sehr wohl aber bekannt sein sollte, wenn man den Entwurf Castellucci bewerten will.

„Mit dem Recht auf selbstbestimmtes Sterben ist es aber kaum vereinbar, geschäftsmäßige Suizidhilfe generell unter Strafe zu stellen und nur unter bestimmten Voraussetzungen die Rechtswidrigkeit entfallen zu lassen. Denn ein selbstbestimmtes Sterben in Würde erfordert die Mitwirkung und Unterstützung qualifizierter Berufsträger, deren Tätigkeit praktisch immer auf Wiederholung ausgerichtet ist und damit zwangsläufig geschäftsmäßig ist. Für die juristischen Laien der Hinweis, dass es hier nur um die Frage einer auf Wiederholung angelegten Tätigkeit geht, nicht um die Frage, ob damit Einnahmen erzielt werden. Letzteres wird durch das Merkmal gewerbsmäßig beschrieben, nicht geschäftsmäßig. Eine solche Strafandrohung untergräbt zumindest faktisch den von der Verfassung geschützten Weg zu einem frei bestimmten Tod und ist deshalb mit erheblicher Wahrscheinlichkeit erneut verfassungswidrig. Allein dieser greifbare Verdacht ist Grund genug, diesen Gesetzentwurf abzulehnen.“

Dem ist nicht viel hinzuzufügen. Die Initiatoren des Entwurfs Castellucci kannten und kennen den Unterschied zwischen „geschäftsmäßig" und „gewerbsmäßig" sehr wohl – dass sie sich in ihrem Entwurf bewusst für den Terminus „geschäftsmäßig" entschieden, zeigt einmal mehr, dass sie eigentlich gar keinen Bock haben, suizidwillige Menschen zu unterstützen.

Auf einen weiteren gravierenden Missstand, auf den Seitz in seiner Rede (leider als Einziger) hinweist, werde ich späterhin noch eingehen. Später deshalb, weil er sich nicht auf irgendwelche Inhalte der beiden Entwürfe bezieht, sondern auf das Verfahren, mit welchem sie ins Plenum eingebracht wurden.

Man kann diesen Missstand durchaus als zumindest halben Skandal empfinden – ich tat das jedenfalls, als ich von ihm erfuhr –, aber wie das mit Skandälchen so ist: Wenn sie nicht an die Öffentlichkeit kommen, und kaum jemand sich beschwert, regt sich auch niemand über sie auf.

Kapitel 29: 6. Juli 2023 - Die Reden der Gruppe Helling-Plahr

Auch für die Reden dieser Gruppe galt: diejenigen, denen die Beiträge aus der Orientierungsdebatte vom Mai 2022 bekannt waren, und sich seitdem so gut es geht weiter informierten, bekamen nicht mehr viel Neues zu hören. Das ist kein Vorwurf: zum einen, weil die Anzahl der Argumente pro und contra auch bei dieser ethisch aufgeladenen Frage endlich ist, zum anderen, weil die Debatte ja öffentlich war, auch im TV und Netz live übertragen wurde, und es sicher viele Menschen gibt, die sich zwar für das Thema interessieren, nicht aber die Möglichkeit oder Lust haben, sich ständig und allumfänglich auf den neuesten Stand der Dinge zu bringen.

Das ein oder andere Schätzchen war aber schon dabei, und es war auch nicht so, als seien die Reden langweilig gewesen; es lohnt sich also allemal, die markantesten Passagen der Beiträge etwas genauer in den Blick zu nehmen.

Die Argumente, die gegen den Entwurf Castellucci vorgetragen wurden, waren recht vielfältig, bunt: mal waren sie geprägt vom Blick auf den einzelnen Menschen, der sich suizidieren will, mal waren sie geleitet von der Frage, wie die Gesellschaft mit solchen Menschen umgehen sollte; schließlich fehlte es auch nicht an juristischen Spitzen, die gegen den Entwurf Castellucci ausgefahren wurden.

*

Was den einzelnen Menschen betrifft: wo hören seine Rechte auf, wo fangen seine Pflichten an, vor was oder wem muss der Staat ihn schützen? *Das* sind grundsätzliche Fragen – die weit über die Frage, wie die Suizidhilfe geregelt werden soll, hinausreichen. Es sind gleichwohl auch die Fragen, bei welchen die Geister schon längst begonnen haben, sich zu scheiden.

Und das nicht von ungefähr: Die allermeisten Entscheidungen, die wir treffen, im Kleinen wie im Großen, sind dem Welt- und Menschenbild, das wir mit uns herumtragen, geschuldet – nicht umgekehrt! Viel häufiger als wir denken lassen wir uns viel stärker, emotionaler, leidenschaftlicher von diesem unserem ureigenen Menschenbild leiten als von irgendwelchen Argumenten.

Argumente sind erforderlich und wichtig, spielen aber trotzdem beim Entstehen von persönlichen Meinungen und Einstellungen eine viel geringere Rolle als wir uns das vielleicht wünschten. Man kann das sehr schön daran erkennen, dass man den Argumenten, die die eigene Einstellung unterstützen, viel aufgeschlossener gegenübertritt als jenen, die einem nicht in den (ur)eigenen Kram passen. *„Manche fühlen sich frei, weil es ihnen erlaubt ist, mit ihren Ketten zu spielen." (Gerhard Branstner)*

Bevor es jetzt zu philosophisch wird: Der Abgeordnete Helge Lindh (SPD) stellt gleich zu Beginn seiner Rede fest, dass „wir" den (einzelnen) Menschen nicht vor seiner Freiheit schützen können und dürfen, ebenso nicht vor dem Ausüben dieser Freiheit: „Und wir können und dürfen nicht, so schwer uns das fallen mag, den Menschen vor sich selbst schützen."

Renate Künast untermauert diese Sichtweise noch mit juristischem Zement und weist darauf hin, dass Selbstbeschädigung nicht strafbar ist: „Deshalb muss man auch bei jeder Behandlung unterschreiben, dass man behandelt werden darf. Deshalb darf ein Mensch, selbst wenn die Ärztinnen und Ärzte sagen ´Du hast noch Chancen´, auch sagen: Nein ich will es nicht. – und dann sind die Geräte auszuschalten, dann darf nicht behandelt werden…"

Natürlich versuchten einige Anhänger des Entwurfs Castellucci der Gruppe Helling-Plahr aus diesem Freiheitsgedanken einen argumentativen Strick zu drehen, indem sie aus dem „nicht endlos schützen dürfen" kurzerhand ein „fördern" machten – worüber sich wiederum die Abgeordnete Petra Sitte (LINKE) glaubhaft aufregen konnte: „Wir wollen Suizidwünsche eben nicht fördern. Das ist eine unhaltbare Unterstellung (Beifall bei Abgeordneten der LINKEN, der SPD, des BÜNDNISSES 90/DIE GRÜNEN und der FDP), die sich aus dem Gesetzestext nicht ableiten lässt. Aber wir wollen Suizidhilfe eben auch nicht kriminalisieren."

Daher die Gruppe Helling-Plahr die Suizidhilfe eben nicht ins Strafgesetzbuch implementieren will – das ist ja eine der ganz entscheidenden Fragen, wahrscheinlich die Grundsatzfrage schlechthin, aus deren Beantwortung sich dann, wenn nicht alles, so doch ziemlich viel ergibt: rein ins Strafrecht, oder nicht rein? Grundsätzlich verboten oder grundsätzlich erlaubt?

Bei den meisten Straftatbeständen aus dem StGB stellt sich die Frage nicht ernsthaft: natürlich sind Mord, Raub, Erpressung und dergleichen grundsätzlich unter Strafe zu stellen. Bei der Suizidhilfe gehen da die Meinungen aber schon auseinander, jedenfalls scheint das Plenum hinreichend gespalten bei der Frage, ob die Hilfe zum Suizid nun ins Strafgesetzbuch gehört oder nicht.

Übrigens: Wer selbst nicht mordet, aber einem Mörder hilft oder ihn deckt, macht sich auch strafbar, und zwar wegen – nicht nur Juristen wissen das – Beihilfe zum Mord. Deswegen Renate Künast auch strengstens darum bittet, bei der Diskussion um die Hilfe zum Suizid darauf zu achten, bei der Wortwahl nicht von vorneherein danebenzuliegen: „Deshalb heißt es Hilfe und nicht Beihilfe; denn Beihilfe ist strafbar. Das ist etwas anderes."

*

Vom betroffenen Suizidwilligen weg, hin zur Gesellschaft, bzw. zu der Frage, wie sie, die Gesellschaft, mit den Wünschen der Suizidwilligen umgehen sollte. Otto Fricke (FDP) konfrontiert alle Abgeordneten mit exakt dieser – im Letzten alles entscheidenden – Frage: „Was für einen Staat wollen wir bei diesem Thema?"

Die beiden möglichen Antworten liefert er gleich mit. „Wollen wir...einen Staat, der uns Freiheit lässt, oder wollen wir einen Staat, der diese Freiheit erst einmal grundsätzlich einschränkt; der grundsätzlich die Möglichkeit zulässt, dass ein Verdacht ausgesprochen wird...?"

Nun, Fricke bedient sich hier eines rhetorischen Tricks, den Politiker zu lieben scheinen: er packt die möglichen Alternativen, statt sie nur zu benennen, in eine Frage. Und zwar eine Frage, von der man durchaus wird sagen dürfen, dass sie reichlich suggestiv daherkommt.

Ob das in diesem Fall geschickt ist, wage ich mal zu bezweifeln. Weil – bei der Frage, so wie Fricke sie stellt – von vorneherein klar ist, wie die Gegenseite reagieren wird. Abgesehen davon, dass sie in meist geschwurbelten Worten darauf hinweisen wird, dass niemand die

Freiheit des Einzelnen über Gebühr einzuschränken beabsichtigt, wird sie, erhobenen Hauptes und voller Inbrunst entgegnen: Wir wollen nicht verdächtigen, sondern schützen.

Da Abgeordnete ihre Meinungen eh nie wechseln – jedenfalls nicht aufgrund irgendwelcher im Plenum gehaltener Reden – hätte ich mir hier von Fricke (dessen Rede übrigens zu den besten der ganzen Debatte gehörte) eine etwas pointiertere Hervorhebung des wesentlichen Unterscheidungsmerkmals der beiden Entwürfe gewünscht.

Klar: auch das hätte kein Umdenken bei der Gruppe Castellucci bewirkt; vielleicht hätte es aber dem ein oder anderen Zuschauer vermitteln können, worum es bei der Debatte im Kern überhaupt geht, und ebenso hätte es noch einmal daran erinnert, *weshalb* das Plenum an diesem Tag überhaupt zusammentrat bzw. zusammenkommen musste.

Man hätte also, kurz und knackig, trotzdem aber mit aller Wucht, sagen können: ´Die Gruppe Helling-Plahr will den betroffenen Menschen helfen, weil sie helfen will; die Gruppe Castellucci will diesen Menschen eigentlich gar nicht helfen, tut aber so, als wollten sie es, weil Karlsruhe verfügt hat, dass man ihnen in irgendeiner Form helfen *muss.*´

Was alles passieren kann, oder auch: schon passiert ist, wenn man ihnen nicht hilft, wird in gleich mehreren Reden anschaulich erläutert. Die Abgeordnete Petra Sitte wies auf einen traurigen Umstand hin, den der von 2015 bis 2020 gültige § 217 StGB zwangsläufig mit sich brachte. Denn auch in dieser Zeit gab es ja Menschen, die sterben und sich dabei helfen lassen wollten (ihr Sterbewunsch erlosch ja nicht, nur weil ein Paragraph ins Strafgesetzbuch eingepflanzt worden war). An

Sterbehilfevereine in Deutschland (wegen derer angeblichen Geldgeilheit wurde der § 217 erst installiert) konnten sie sich aber nicht (mehr) wenden, sie waren ja verboten.

Was also taten sie? Petra Sitte gibt die richtige Antwort: „Zwischen 2015 und 2020 suchten Hunderte Menschen Hilfe im Ausland. Dazu mussten sie sowohl körperlich in der Lage sein, aber eben auch finanziell so ausgestattet sein, dass sie das konnten. Wie viele Menschen letztlich von Sterbehilfe abgeschnitten waren, das wissen wir überhaupt nicht. Aber wir ahnen, dass es viele gibt, die vollkommen unnötig leiden mussten."

Das ein oder andere Einzelschicksal will man sich gar nicht ausmalen. Daher auch Kathrin Helling-Plahr die ganze Essenz des nach ihr benannten Entwurfs gegen Ende ihrer Rede nochmal hervorzuheben versucht: „Wichtig ist uns vor allem, dass wir die Menschen nicht schon wieder alleine lassen – alleine mit ihrem Schmerz, ihrer Angst und ihrem Wunsch, gehen zu dürfen."

Der Abgeordnete Helge Lindh weist darauf hin, wie das am besten zu bewerkstelligen ist, was man also tun sollte, wenn man jemanden nicht allein lassen will:
„Wir reden sehr viel darüber, was wir über Sterben und Tod denken. Was aber denken sie, diejenigen, um die es geht, darüber?…Wir betonen doch immer in vielen Debatten – und weil es dann so selten passiert, ist es zur Floskel geworden – dass wir nicht übereinander, sondern miteinander reden sollten. Dann tun wir das doch! Reden wir mit denen, die es betrifft!!"

Als leuchtendes Beispiel für´s Zuhören und Miteinanderreden erinnerte er an die Ausführungen des uns ja inzwischen auch schon bekannten Maximilian Schulz – er war ja vom Rechtsausschuss im Rahmen der Sachverständigen-Befragung eingeladen worden, seine Sicht der Dinge einmal in aller Form und Breite darzulegen.

Natürlich hat Lindh recht: Reden und Zuhören sind immer die ersten Dinge, die es braucht, wenn man jemandem effektiv helfen will. Egal, ob es um Magenprobleme geht, Schulden oder eine in die Krise geratene Ehe; zuerst muss der, der helfen will, mit dem Betroffenen reden: wo und wie zwickt es genau, gab es einschneidende Vorfälle, seit wann gibt es das Problem, kam es schleichend oder plötzlich und so weiter und so fort.

Doch dafür braucht es Orte! Und Ansprechpartner!

Wem der Magen zu schaffen macht, der geht in die Praxis seiner Ärztin; wer Schulden hat, sucht eine Schuldnerberatung auf, und wer um den Fortbestand seiner Ehe fürchtet, ist eingeladen, sich an eine Eheberatung zu wenden.
Wohin aber soll derjenige gehen, der damit liebäugelt, den Tod dem Pflegegrad 5 vorzuziehen, oder diejenige, die sich schon sicher ist, alsbald sterben zu wollen, weil sie dem Leben nichts mehr abgewinnen kann; an wen soll sich derjenige wenden, der, noch gar nicht sterben wollend, eine ausreichende Dosis Natrium-Pentobarbital bei sich zu Hause haben möchte, auf dass er jederzeit und vollkommen mit sich selbst ausmachen kann, wann er geht? Wüste! Mit ganz wenig Oase!

Es gibt keine Allheilmittel. Die Ärzte sind keine Wunderheiler, die Schuldnerberater können auch kein Geld scheißen, und keine

Eheberaterin hat den Kitt für alle Risse, die sich in die Partnerschaft zweier Menschen geschlichen haben können.

Feststeht aber auch: Ohne Ärzteschaft und Medikamente würde der Krankenstand explodieren, ohne Schuldnerberater gäbe es noch mehr Menschen, die Angst haben, nicht mehr über die Runden zu kommen, und ohne Eheberatungsstellen würden vielleicht noch mehr Ehen geschieden als dies ohnehin schon der Fall ist.

Auf allen möglichen Gebieten gilt also: es ist schon schlimm genug – sorgen wir dafür, dass es nicht noch schlimmer wird. Und bei der Suizidhilfe? Wüste! Und die wird auch noch von den Hardcore-Anhängern des § 217 trockengelegt: ´Die Suizidwilligen wollen eigentlich gar nicht sterben, in Wirklichkeit sind die nur psychisch erkrankt.´

Welcher Tobak und bodenloser Unsinn das ist, wird man gewahr, wenn man diese Denkweise auf Teile der anderen Hilfeangebote übertragen würde: dann müsste der Arzt erst einmal davon ausgehen, dass sein Patient gar keine Magenschmerzen hat, und der sich das nur einbildet. Und erst, wenn er den Betroffenen dreimal geröntgt, zweimal befragt und viermal untersucht und betastet hat, selbstredend dabei diverse Wartefristen beachtend, erst dann würde er seinem Patienten *glauben* und ihm ein Medikament verschreiben.

Zugegeben: der Vergleich mag hinken – trotzdem hilft er, zu verdeutlichen, wie ungleich in Deutschland behandelt, beraten, zugehört wird. Und mehr noch: Bis heute habe ich gar keine Möglichkeit, *irgendeine* Beratungsstelle aufzusuchen. Selbst wenn ich in Kauf nähme, mir dort erst einmal anhören zu müssen, dass mein

Wunsch vielleicht einem Irrtum entsprungen ist – es geht nicht, es gibt sie einfach nicht, diese Stellen! Und es gab sie auch noch nie.

Nebenher: sich unter diesen Umständen als mitverantwortlicher Politiker über Sterbehilfevereine zu echauffieren, das ist schon ziemlich, ich drücke mich hier mal gewählt aus, inkonsequent.

Fakt aber ist, dass es bis heute keine staatlichen Stellen gibt, an die man sich wenden kann, wenn man sterben möchte oder dies auch nur in Erwägung zieht (oder sich Tipps einholen möchte, wie man einem womöglich suizidwilligen Bekannten gegenübertreten sollte oder ihm helfen könnte).
Dies zu ändern hatte sich die Gruppe Helling-Plahr vorgenommen. Gleichzeitig wies sie, insbesondere durch die Abgeordnete Nina Scheer, darauf hin, welche Folgen es jetzt schon hat, dass es diese Beratungsstellen nicht gibt.

Es ist eigentlich ganz einfach: Da, wo es keine Beratungsstellen gibt, können sie auch von niemandem aufgesucht werden – und zwar auch von denjenigen nicht, die besonders zu schützen sich die Gruppe Castellucci mit großem Hallihallo auf die Fahnen geschrieben hat. Gemeint sind die tatsächlich Verwirrten, oder auch diejenigen, die einfach schlecht informiert sind und von Möglichkeiten, die ggf. einen Ausweg bereiten könnten, gar nichts wissen.
Auch diese Menschen fallen durch´s Raster, oder werden, wie Nina Scheer es sagt, „nicht erfasst."

Daher sie es auch für einen „Trugschluss" hält, „zu glauben, dass mit der Wiederverfestigung eines Straftatbestandes Leben geschützt wird." Die Stigmatisierung des Themas – herbeigeführt durch den Grundsatz:

zuerst ist es mal verboten – führe eben nicht dazu, wie die Gruppe Castellucci das gerne suggeriere, Leben zu retten.

Mal abgesehen davon, dass irgendwann einmal auch damit begonnen werden sollte, darüber zu reden, was man alles noch unter den Begriff „Leben" fasst: natürlich hat Scheer recht: Es ist ein Widerspruch in sich, vorzugeben, jemandem helfen zu wollen und diese Hilfe dann automatisch und situationsunabhängig mit dem Gang zu einem Psychiater beginnen zu lassen.

Es ist auch ein Irrglaube, davon auszugehen, dass diese Art der „Beratung" in ausreichender Form angenommen würde: „Wenn die Beratung zu kompliziert ist, gehe ich gar nicht erst hin." (Renate Künast). Ich gehe noch weiter und behaupte: Große Teile der Gruppe Castellucci wollen genau das, oder andersherum: sie wollen gar nicht, dass ihr „Angebot" flächendeckend in Anspruch genommen wird. Ergo sollen auch gar keine neuen Beratungsstellen geschaffen werden; stattdessen soll der bereits vorhandene Bestand von Psychologen und Hilfeangebote das Pferd schon irgendwie schaukeln.

Die Gruppe Helling-Plahr setzt sich für das genaue Gegenteil ein: sie will sogar die Menschen beraten, die (noch) gar kein Recht auf die Inanspruchnahme des in Aussicht gestellten Natrium-Pentobartitals haben: „Das Beratungsangebot muss so niederschwellig sein, dass sich tatsächlich jeder angesprochen fühlt, übrigens auch die unter 18-jährigen..." (Nina Scheer)
Petra Sitte ergänzt das noch, indem sie darauf hinweist, dass das Angebot „jedem unentgeltlich offen" stehen sollte.

Das sind gravierende Unterschiede: nach dem einen Entwurf geht's gleich zum Psychiater, nach dem anderen soll sich jeder unverbindlich informieren können, wenn gewünscht auch anonym. „Jeder" heißt hier: auch die gar nicht Betroffenen.

Dieser offene Zugang zur Beratung ist übrigens eher die Regel denn eine Ausnahme.Wenn ich z.b. einen mir ans Herz gewachsenen Bekannten habe, dem es ziemlich scheiße geht, vielleicht weil er süchtig oder von Obdachlosigkeit bedroht ist, und ihm helfen will, aber nicht weiß, wie ich das am besten anstellen soll, kann ich jederzeit eine Fachberatungsstelle nach § 67 SGB XII (Hilfe für Menschen in besonderen Lebenslagen und besonderen sozialen Schwierigkeiten) aufsuchen, um mich über die Möglichkeiten und Voraussetzungen etwaiger Hilfeangebote zu informieren – ohne selbst überhaupt betroffen zu sein.

Beratungsstellen für Sterbe- oder Suizidhilfe? Wüste!

Nun ist dringend davon abzuraten, jeden erdenklichen Missstand immer alleine der Politik in die Schuhe zu schieben. In demokratischen Staaten geschieht so gut wie nichts, ohne dass die Gesellschaft daran nicht in irgendeiner Form beteiligt wäre.

Donald Trump etwa mag ja schon als einzelner Mensch ein Problemfall sein, sei es als Chef, Frauengrapscher oder Lügner. Das eigentliche Problem aber sind die mehr als 74 Millionen Menschen, die beabsichtigen, ihn zum Präsidenten der Weltmacht USA zu machen. (*Nachtrag am 06.11.24: Und sie taten es!*)

Ja, auch dieser Vergleich hinkt, trotzdem frage ich: es gibt unzählige Beratungsangebote und auch Selbsthilfegruppen – allein in Köln gibt es derer über hundert, u.a. für Beziehungsunerfahrene („Absolut Beginners"!), Mediensüchtige, Sex- und Liebessüchtige (auch in anderen Sprachen), Essgestörte und Menschen, die unter Aphasie leiden (Sprech- und Wortfindungsstörungen), sogar eine, die sich an Menschen wendet, die um einen Bekannten oder Verwandten trauern, der sich suizidiert hat („Angehörige um Suizid", AGUS).

Nach Anlaufstellen für Menschen, die sich mit dem Thema Sterbe- oder Suizidhilfe auseinandersetzen wollen, sucht man vergebens. Zuweilen wird man an die Telefonfürsorge verwiesen – wo dann einem der Gang zum Psychotherapeuten nahegelegt wird. Toll!

Wohin mit dem, der weder therapiert noch verseelsorgt werden will, sondern sich einfach nur mal schlau machen möchte? Warum gibt es solche Stellen außerhalb der Sterbehilfevereine (die kosten und für manche nur schwer zu erreichen sind) nicht?
Die Antwort ist so banal wie traurig: weil – neben dem politischen Willen vieler Politiker – eh niemand darüber spricht.

Tatsächlich hätte die Gruppe Castellucci, wenn man es auf die Spitze treibt, argumentieren können: Wozu Beratungsstellen schaffen, zu einem Thema, über das sich die Gesellschaft in beharrlicher Konsequenz ausschweigt?

Und diese Beharrlichkeit betrifft ja nicht nur die Suizid- und Sterbehilfe: man wird zuweilen ja schon hintergedanklich angeschaut, wenn man jemanden fragt, ob er eine Patientenverfügung verfasst hat.

Im Land der Dichter und Denker wird lieber über das Wetter gesprochen als über das Klimaschutzgesetz, lieber über das nächste Urlaubsziel gefachsimpelt als über die Notwendigkeit, die CO_2-Emissionen der Flieger und Schiffe zu reduzieren, lieber über die

● ● ●

Zusammenstellung der nächsten Mahlzeit gebrütet als über Massentierhaltung. Sogar die Arbeit soll ja Spaß machen, die work-life-balance will beachtet werden, da ist für so etwas Tiefgründiges und einschneidendes wie es der Tod nun einmal ist, kein Platz mehr.

Weshalb das so ist, weshalb also dem Tod in der Öffentlichkeit so wenig Platz eingeräumt wird, in Deutschland noch viel weniger als in vielen anderen Ländern: Ich weiß es nicht so recht. Traurig ist es allemal. In gewisser Weise stehe ich dem Phänomen des „nicht-darüber-reden-wollens" auch ratlos gegenüber. Mir ergeht es da offensichtlich nicht viel anders als dem Abgeordneten Otto Fricke, auch wenn dieser in seiner Rede einen möglichen Grund für das deutsche Totalschweigen benennt:
„Wir reden in Deutschland zu wenig über den Tod. Das ist ein Satz, den man immer wieder sagen muss, und eine Tatsache, die unsere Gesellschaft – manchmal, glaube ich, auch aufgrund unserer Geschichte – leider viel zu sehr innewohnt."

Mag sein, dass unsere Geschichte dabei ihre Finger im Spiel hat, ich weiß es nicht. Genauso gut könnte auch unser Wirtschaftswunder mit dem mit ihm einhergehenden Glauben an den ewigen Fortschritt eine Rolle spielen – gemeinhin wird der Tod ja nicht als Synonym für den Fortschritt wahrgenommen. Vielleicht ist es auch nur diese ständige Sehnsucht nach einem beschaulichen, unaufgeregten und doch glücklichen Leben; bei so was stört das Sterben nur.

Wie dem auch sei – ein Rätsel ist es allemal. Ihm, diesem Rätsel, einmal auf den Grund zu gehen, sei es in Form einer Studie, oder auch nur einer Umfrage, wäre womöglich gar nicht mal so uninteressant. Daher ich es auch löblich finde, dass Otto Fricke im Laufe seiner Rede gleich noch einmal auf das vielleicht größte deutsche Tabuthema zu sprechen kommt: „Es ist für mich immer noch ein Thema, bei dem ich merke: Warum reden die Leute nicht über so was? Man redet inzwischen über alles. Ich meine, wir sehen das ja in den elektronischen Medien: Fast jedes Thema ist präsent. Aber sobald es um das Thema Tod geht...zucken wir auf einmal zusammen, weil wir nicht darüber reden. Dafür sind diese Debatten gut. Da kann man auch dem Bundesverfassungsgericht mal wieder dankbar sein...dass es uns dazu bringt, über dieses Thema zu reden."

Vom Tabuisieren nochmal zurück zum aktiven Verhindern und Verbieten. Dem Abgeordneten Stamm-Fibich (SPD) gelingt es auf sehr anschauliche Weise, anhand zweier Beispiele, zu verdeutlichen, wie erbärmlich die Suizidhilfe gegenwärtig in Deutschland geregelt ist (und unter dem alten § 217 StGB geregelt war):

„Der Nichtanwendungserlass für das Bundesinstitut für Arzneimittel und Medizinprodukte verhindert, dass Sterbewillige an das tödliche Medikament gelangen. Gleichzeitig steht in Berlin ein Arzt vor Gericht, weil er für eine Frau eine Infusion mit einer Überdosis Narkosemittel bereitstellte. Eine Verurteilung wegen Totschlags in mittelbarer Täterschaft ist nicht ausgeschlossen. Diese Zustände sind unhaltbar. (Beifall bei Abgeordneten der SPD, der GRÜNEN, der FDP und der LINKEN)
Den Menschen muss die Ausübung ihres Willens möglich sein, ohne dass sich eine Behörde querstellt. Genauso muss es einem Suizidhelfer möglich sein, dass er oder sie Hilfe leistet, ohne mit einem Bein im Gefängnis zu stehen.
(Beifall der Abgeordneten Dr. Paula Piechtta (GRÜNE)"

Dass diese Zustände unhaltbar sind, darin waren sich fast alle Fraktionen und Abgeordneten einig; jedenfalls taten und redeten die meisten so. Unterdessen den Entwürfen zu entnehmen ist, wie krass unterschiedlich die beiden Gruppen diesen Zuständen zu begegnen beabsichtigten.

*

Als ich die Inhalte der beiden Entwürfe hier vorstellte und erläuterte, ist mir trotz allen Studiums der Entwürfe (ursprünglich waren es ja drei), und trotz aller Mühe, alles in den Blick zu nehmen, ein juristischer Herzfehler im Entwurf Castellucci durchgegangen; und ich muss gestehen, dass dieser Fehler bis heute von mir unentdeckt geblieben wäre, wenn er nicht von einem der Juristen, die im Rechtsausschuss als Sachverständige angehört wurden, bloßgelegt worden wäre.

Keine Ahnung, ob und wenn, wie viele Abgeordnete das auf dem Schirm hatten; jedenfalls weist Renate Künast in ihrer Rede ausführlich darauf hin, was der Jurist im Rahmen der Sachverständigen-Anhörung einzuwenden hatte. Sie tat es in einer etwas umständliche Art und Weise; ich jedenfalls musste die Passage mehrmals durchlesen, bevor ich begriff, worum es genau ging und dahinterkam, was es mit diesem Konstruktionsfehler auf sich hat. Das sei ihr aber ausdrücklich verziehen; im Gegenteil gebührt ihr Lob dafür, dass sie den Fehler überhaupt zur Sprache brachte.

Da ich meinen Lesern aber nicht mehr zumuten möchte als mir selbst, versuche ich ihn mit meinen eigenen Worten zu veranschaulichen.

Sodenn: Im vom der Gruppe Castellucci eingebrachten Gesetzentwurf wird die Hilfe zum Suizid bekanntlich ja erst einmal grundsätzlich verboten und unter Strafe gestellt. Sie ist also dem Grundsatz nach rechtswidrig.

Im Anschluss wird dann jenes Verfahren vorgestellt, das, sofern es eingehalten wird, dazu führt, dass die Hilfe *nicht* rechtswidrig ist. Grundsätzlich verboten – unter bestimmten Bedingungen aber doch erlaubt: im Juristensprech heißt das ´Verbot mit Erlaubnisvorbehalt´.

Der Clou (und gleichzeitig das Fundament des Herzfehlers): Das Verfahren muss in seiner Gesamtheit eingehalten werden, d.h. alle am Verfahren Beteiligte müssen sich Punkt für Punkt an die Vorgaben des Gesetzes halten, andernfalls ist die „Förderungshandlung" (so nennen die das, hört sich vornehmer an als „Hilfe") doch wieder rechtswidrig.

Wir erinnern uns: Beteiligt ist am Verfahren ein ganzer Stall von Menschen: zuerst geht's zum Psychiater, dann zu mindestens einer Beratungsstelle, dann nochmal zu einem Psychiater, dann zum Arzt, der das todbringende Medikament verschreibt.
In diesem Stall voller Verfahrensbeteiligter wird aber noch jemand hineingequetscht: der Betroffene selbst! Auch er gehört der Verfahrensblase an, auch er ist Teil des Ganzen. Und hat sich mithin auch an die ihm auferlegten Regeln zu halten.

Nun fängt es an, ein bisschen lustig, zumindest aber bizarr zu werden. Eine dieser Regeln (§ 217 Abs.2 Nr.4) bestimmt, wann der Betroffene sich ins Jenseits zu befördern hat – soll er sich ja schließlich nicht auch noch aussuchen können!
Geschehen darf das frühestens zwei Wochen nach seiner letzten psychiatrischen Untersuchung (das stand da wirklich so im Entwurf: da

wird nicht beraten, da wird psychiatrisch untersucht!); spätestens nach zwei Monaten muss es dann aber passiert sein.

Hieraus nun folgt das, was Renate Künast – wohl zu Recht – „juristisch völlig widersinnig" nennt: Wenn der Sterbewillige sich nicht an die Frist hält und das ihm verschriebene, tödliche Medikament z.b. erst nach zweieinhalb Monaten zu sich nimmt, dann ist, wie die Juristen sagen, der „Tatbestand" des § 217 erfüllt – mit der halbirren Folge, dass sich auch alle anderen Beteiligten des Verfahrens strafbar gemacht haben, und die Staatsanwaltschaft ein strafrechtliches Ermittlungsverfahren gegen sie einzuleiten hat.

Der Psychiater, der den Sterbewilligen untersuchte, die Ärztin, die ihm das Medikament verschrieb, die Schuldnerberaterin, die ihm noch erklärte, was eine Privatinsolvenz noch bringen könnte: Alle hätten gegen § 217 StGB verstoßen und damit eine Straftat begangen!

Kein Wunder, dass Renate Künast mit diesem Konstrukt hart ins Gericht ging: „Erstens können Sie nicht ein Grundrecht unter Strafe stellen. Und zweitens haben Sie diese Regelung noch so geschrieben, dass sie damit zwingend die Justiz beschäftigen. Damit helfen Sie weder den Betroffenen...noch den Ärztinnen und Ärzten."

Man muss kein Zyniker sein, um von diesem Konstrukt aus auf zynisch-schaurige Vorstellungen zu stoßen, z.b. diese: Kurz vor Ablauf der 2-Monats-Frist wird der Betroffene vom Psychiater oder der Ärztin angerufen und gebeten bzw. aufgefordert, mal hinne zu machen und mit seinem Suizid in die Pötte zu kommen, ansonsten hätten sie nämlich die Staatsanwaltschaft am Hals...

„Elende Helfer, die nicht helfen können, ohne zugleich zu schaden" (Goethe)

Kapitel 30: 6. Juli 2023 - Alle für alle, nichts für Jeden

Ich ließ es im bisher Gesagten bereits mehrfach anklingen: in geradezu verblüffender Form waren sich so gut wie alle Abgeordneten lagerübergreifend einig, dass ein neues Gesetz zur Regelung der Suizidhilfe unbedingt erforderlich sei: „...das Schlimmste, was uns passieren kann, ist, dass wir heute am Ende ohne Regelung dastehen...", meinte etwa Martina Stamm-Fibich und berief sich dabei auf Umfragen, deren zufolge 70% der Menschen endlich Klarheit darüber haben wollten, „welche Möglichkeiten sie haben, wenn sie irgendwann einmal aus welchen Gründen auch immer nicht mehr weiter leben wollen."

Stamm-Fibich sprach für die Gruppe Helling-Plahr, aber auch das andere Lager sah das so, unerachtet aller gravierenden inhaltlichen Unterschieden der beiden Entwürfe: Benjamin Strasser trug vor, dass es nicht angehen könne, dass man nach drei Jahren Debatte einfach Nein zu allen Vorschlägen sage, und weiter: „Das wird der Lage, in der sich die betroffenen Menschen und ihre Angehörigen befinden, nicht gerecht. Wir müssen heute entscheiden."

Stephan Pilsinger (CDU/CSU) pflichtete ihm, wenn auch latent widerwillig, bei: „...wir haben das Urteil des Bundesverfassungsgerichts nun mal zu akzeptieren. Deswegen ist es wichtig, dass wir heute eine Lösung finden für den aktuell ungeregelten Zustand."

Lukas Brenner (GRÜNE) ging noch einen gewagten, aber richtigen Schritt weiter und sprach sogar von einer Schuld des Staates: drei Jahre nach dem „wegweisenden" Urteil des Bundesverfassungsgerichts sei es „richtig, zu einer klaren gesetzlichen Regelung zu kommen. Diese Klarheit schulden wir Suizidwilligen. Wir schulden sie Angehörigen,

Ärztinnen und Ärzten, aber wir schulden sie auch der Gesellschaft. Denn machen uns nichts vor: Suizidhilfe findet statt, aber nicht mit verlässlichen Regelungen und normierten Schutzkonzepten, nicht so, dass die, die sie brauchen, sie auch erreichen. Sondern im Graubereich, unter riesigem Druck, behaftet mit gesellschaftlichem Stigma und als Tabuthema. So, dass Menschen allein gelassen werden – und das, obwohl es ein Grundrecht auf selbstbestimmtes Sterben gibt, was das Bundesverfassungsgericht in aller Deutlichkeit gesagt hat. Ich bin der Überzeugung: Wir kommen hier als Gesetzgeber dem Grundrechtsschutz nicht ausreichend nach, und deswegen brauchen wir ein neues, ein eigenes Suizidhilfegesetz…"

Wie recht er hat! Wie recht sie alle haben! Wie einig sie sich alle sind! Noch ein paar Minuten bis zur Abstimmung! Andererseits: Einstein mag ja tot sein, aber nicht vergessen: wenn sich alle in bester Friede-Freude-Reibekuchen-Manier einig sind, hat das oft nichts Gutes zu bedeuten!

*

Und so kam es dann auch: Aus dem allerseits proklamierten „wir müssen heute entscheiden" ward ein „wir haben aber nicht", aus dem „wir müssen dem Urteil des Bundesverfassungsgerichts Rechnung tragen" ein „wir lassen es erst einmal so stehen".
Statt eines Fortschritts also fortschreitender Stillstand.

Doch nun lassen wir die Damen und Herren des Plenums erst einmal abstimmen, einzeln und namentlich. Zuerst, wie vereinbart, über den Entwurf Castellucci.

Zuvor aber noch ein Bonmot; das muss jetzt sein, in bösen Stunden den Humor nicht zu verlieren soll ja auch gesund sein.

Nachdem die Präsidentin des Bundestages, Bärbel Bas, darauf hingewiesen hatte, dass der Rechtsausschuss empfohlen hatte, über den Gesetzentwurf zu entscheiden, „selbst aber keine inhaltliche Empfehlung abgegeben hat", vergewisserte sie sich, dass die Schriftführer ihre Plätze eingenommen hatten (ihnen oblag die Aufgabe, die Stimmen auszuzählen) – dann eröffnete sie die (erste) namentliche Abstimmung.

Also alle raus aus dem Saal, und dann – wohin genau?

Es passt so wunderschön und herrlich zum Thema, über das abgestimmt wurde, dass man fast vermuten könnte, der liebe Sprachgott hätte Einfluss nehmen wollen auf das Ergebnis. Für jede einzelne Abgeordnete und für jeden einzelnen Abgeordneten galt es nämlich nun:

Ran an die Urne! Und die Stimme? Rein in die Urne!

Kapitel 31: Das Ergebnis: Entwurf Castellucci

736 Menschen hatten die Wahl. Bzw. das Recht, ihre Stimme abzugeben. Bei der ersten Abstimmung machten 687 davon Gebrauch, mithin ließen es 49 sein.
687 abgegebene Stimmen – das ist ziemlich viel, wenn man bedenkt, wie leer es im Plenum immer ausschaut, wenn man irgendwelchen Debatten zuschaut.

Egal – 687 Stimmen also. Und? Gesetz angenommen? Nein" „Zum Glück" werden viele gedacht haben, darunter wohl auch die meisten von denen, um die es eigentlich gehen sollte. „Blockierer" werden die Konservativen, Religiösen und Schutzfans leise vor sich hingeflucht haben – schon war sie verflogen, die zuvor beschworene Einigkeit, unbedingt eine neue Regelung herbeiführen zu müssen.

Das Ergebnis im Einzelnen: für den Entwurf stimmten 302 Abgeordnete, 362 dagegen, 23 enthielten sich. Mithin: Abgelehnt!

Natürlich habe ich es mir nicht nehmen lassen, das Ergebnis nach Parteien – und ein bisschen auch nach Prominenz – aufzubröseln. Obgleich der Fraktionszwang ja aufgehoben war, gab es – wenig überraschend – parteibezogene Tendenzen. Relativ logisch: Eine *Christ*demokratin wird in der Regel dem Entwurf Castellucci, mehr abgewinnen können als ein freier Demokrat (so schimpfen sich schließlich ihre Parteien).

Frei von Überraschungen war das Ergebnis aber keineswegs: So hätte ich z.B. gedacht, dass die Ergebnisse, je nach Parteien, noch weiter auseinanderklaffen würden, als sie es tatsächlich taten.

So beispielsweise bei der SPD: 62 Ja-Stimmen, 128 Nein-Stimmen. Hört sich ziemlich eindeutig an, und in gewisser Weise ist es das ja auch; trotzdem: 62 Stimmen für das grundsätzliche Verbot der Suizidhilfe! Mag ja sein, dass der ein oder anderen Sozialdemokrat, den der Partei angeblich implementierten „Schutz des kleinen Mannes" so weit fasst, dass dieser auch den Schutz vor der eigenen Einstellung umfasst.

Ihnen möchte man zurufen: Kümmert euch lieber darum, dass all die kleinen Männer und Frauen nicht zur AfD überlaufen, und lasst ihnen die Entscheidung, wann und wie sie aus dem Leben scheiden wollen.

Ähnliches gilt für die GRÜNEN: 46 x Ja, 65 x Nein. Ebenso für die LINKEN: 11 Ja-Stimmen, 25 Nein-Stimmen. Die Mehrheit der Mitglieder dieser „Mitte-Links-Parteien" sprach sich also schon gegen das Castelluccische Korsett aus, die Zustimmungsraten verblüffen dann aber trotzdem irgendwie. Damit wird man aber – für die Betroffenen übrigens im wahrsten Sinne des Wortes – leben müssen, die Wahl war frei, und jede und jeder nur seinem Gewissen unterstellt.

Dazu kommt: vielleicht ist das Ergebnis auch gar nicht so überraschend, wie es mir vorkam; schließlich ist der Namensgeber des Castellucci-Entwurfs selbst ein SPD-Mann.
Selbst in der FDP wurde weniger eindeutig abgestimmt als man das im Vorfeld hätte vermuten können: 28-mal Ja, 52-mal Nein. Für eine Partei, die die Freiheit des Einzelnen sehr gerne in den Mittelpunkt stellt, ein, wie ich finde, sehr schmaler Wert.

Bleiben noch zwei Parteien: ausgerechnet die AfD wartet mit dem eindeutigsten Ergebnis auf: nur 5 Ja-Stimmen, bei 63 Nein-Stimmen.

Nun hat man das aber nicht so aufzufassen, als bestehe diese Partei aus lauter Paradiesvögel, die den Wert der Freiheit des Einzelnen hochleben lassen und in die weite Welt zwitschern (oder tiktoken) wollen. Ganz bestimmt nicht – stattdessen werden andere, weniger hehre, Gründe zu diesem Ergebnis geführt haben.

Da wären zum einen diejenigen, denen selbst der Entwurf Castellucci zu liberal daherkam (von Storch), andere zeigten sich beleidigt, ob ihres Ausschlusses von den Gruppen und Gesprächen (Kapitel 25), und nicht wenige – wenn nicht die meisten – dieses seltsamen Vereins lehnen sowieso alles ab, was die „Altparteien" vorschlagen. Da steht dann das Prinzip schon mal recht schnell über dem Inhalt, wie auch immer der ausschauen mag. So wohl auch in diesem Fall; belegen lässt sich das kinderleicht: mit einer nahezu identischen, überwältigenden Quote von Nein-Stimmen würde nämlich der entgegengesetzte Entwurf der Gruppe Helling-Plahr ebenso abgelehnt!

So kann man Politik auch machen: zu allem Nein sagen und sich dann als Alternative präsentieren. Eine weitere AfD-Besonderheit soll hier nicht unerwähnt bleiben: neben den 5 Ja- und 63 Nein-Stimmen gab es auch zwei Enthaltungen. Und diese kamen nicht von irgendwem, sondern – ich mag nicht so recht an einen Zufall glauben, weiß aber auch nicht, was es bedeuten könnte – von den beiden Parteivorsitzenden, Tino Chruppalla und Alice Weidel. Andererseits: vermutlich ist dieses Abstimmungsverhalten gar keiner weiteren Interpretation würdig; manches sollte man einfach stehenlassen, wie es ist: Wo kein Berg, da kann er auch nicht durch den besten Glauben versetzt werden.

• • •

Apropos Glauben: das Votum der CDU/CSU fiel recht eindeutig aus: 150 Abgeordnete befürworteten den Entwurf Castellucci, nur 26 sprachen sich gegen ihn aus. Weitere zehn enthielten sich der Stimme, darunter auch der inzwischen verstorbene „ewige" Abgeordnete Dr. Wolfgang Schäuble.

Was die 26 Nein-Sager zum Nein-Sagen bewogen hat, lässt sich im Einzelnen natürlich nicht herleiten, man müsste dazu die Abgeordneten schon persönlich fragen; tun das hier aber nicht und lassen auch diese Nein-Stimmen einfach mal so im Raum stehen. Zumal es in einem Fall gar keiner persönlichen Befragung bedarf, um erahnen zu können, weshalb mit „Nein" gestimmt wurde. So, wie Philipp Amthor seit je her gegen das Urteil des Bundesverfassungsgerichts gewettert, ja, in seinem Fall kann man auch sagen: gehetzt hat, so wie er es verunglimpft und gescholten hat, braucht es keine große Auffassungsgabe, um daraus schließen zu können, dass er im Grunde seines kalten Herzens jedwede Form der Hilfe zum Suizid kategorisch ablehnt.

Zwar ist das im Entwurf Castellucci zugrundeliegende Verfahren kompliziert, langwierig, aufwendig und zumindest in Teilen für die Betroffenen auch erniedrigend – aber es *ist* ein Verfahren, und sofern sich alle Beteiligten an die Regeln halten würden und die Voraussetzungen gegeben wären, stünde am Ende die Aushändigung des todbringenden Mittels.
Selbst das scheint Amthor zu viel des Guten und Entgegenkommens gewesen zu sein, also stimmte er mit Nein.

Die beiden Szenarien, die für ihn überhaupt noch in Frage zu kommen scheinen, machen ihn putzigerweise – ausgerechnet ihn, hinter Markus

Söder einer der größten Mit-dem-Strom-Schwimmer in der deutschen Politik – zu einem kleinen Rebell.

Da wäre zum einen die Möglichkeit, alles so zu belassen, wie es ist, mithin gar kein Gesetz zu beschließen. Damit stellt er sich gegen die überwältigende Mehrheit des ganzen Bundestages; vorhin wurde bereits erwähnt, dass Parteien und Politiker aller Farben eine Neuregelung für „unbedingt erforderlich" hielten.

Zum anderen käme für ihn wohl noch ein Gesetz in Frage, das nochmal ein paar Stufen restriktiver wäre als der Entwurf Castellucci – unterdessen ein solches Gesetz dann mit an Sicherheit grenzender Wahrscheinlichkeit wieder verfassungswidrig wäre.

Karlsruhe würde es folgerichtig abermals kassieren – was Herrn Amthor wiederum abermals „entrüsten" würde – zudem würde er das Parlament sicher auch erneut vom Bundesverfassungsgericht als „Schreibstube missbraucht" sehen.

Doch lassen wir das; es gibt Köpfe, gegen die anzukommen sich selbst Gott schwertun würde.

Auffällig ist, dass die CDU/CSU-Fraktion tatsächlich die einzige Fraktion ist, deren Mitglieder mehrheitlich für den Entwurf Castellucci stimmte; selbst die Fraktionslosen machten da keine Ausnahme: 3 Nein-Stimmen, 2 Enthaltungen.

In Prozentzahlen ergaben sich, aufgeteilt nach Fraktionen, folgende Zustimmungswerte für den Entwurf Castellucci:

CDU/CSU 85% ; GRÜNE 41% ; FDP 35% ; SPD 32 % ; LINKE 30% ; AfD 7%

Man sollte dieses Ergebnis nicht überinterpretieren – auf die Tücken der Motive der AfD-Menschen wurde bereits hingewiesen. Gleichwohl ist es nicht frei von Überraschungen: ich hätte jedenfalls nicht damit gerechnet, dass vier von zehn Grünen sich für ein solches Gesetz aussprechen, und schon gar nicht, dass Menschen wie Annalena Baerbock, Katrin Göring-Eckardt und Omid Nouripour das tun würden. Auch die hohe Zahl der Ja-Stimmen aus der FDP irritiert; andererseits: Schon Abraham Lincoln wies darauf hin, dass die Welt nie eine gute Definition für das Wort Freiheit gefunden hat. Wenn man mit dieser Erkenntnis im Rücken dann mitbekommt, dass Leute wie Christian Dürr, Lars Lindemann oder Volker Wissing für den Entwurf Castellucci stimmten, muss man sich ein wenig selbst rügen: Was soll an diesen Ja-Stimmen überraschend sein?

Sei's drum, es ward abgestimmt worden, und das Gesetz hatte keine Mehrheit gefunden. Folglich wurden die Abgeordneten nochmals an die Urne geschickt; diesmal galt es, dem Entwurf Helling-Plahr zuzustimmen, oder eben ihn abzulehnen.

Kapitel 32: Das Ergebnis: Entwurf Helling-Plahr

Diesmal wurden 681 Stimmen abgegeben, sechs weniger als im ersten Wahlgang. Keine Ahnung, woran das lag. Soll aber auch keine Rolle spielen, zumal das Ergebnis verriet, dass es auf sechs Stimmen mehr oder weniger nicht angekommen wäre: Bei 20 Enthaltungen gab es nur 286 Ja-Stimmen, satte 375 Abgeordnete votierten gegen den Gesetzentwurf.

Damit war genau das eingetreten, wovor fast alle gewarnt hatten: Der Umgang mit sterbewilligen Menschen (und jenen, die ihnen helfen wollen) bleibt bis auf Weiteres dem Graubereich verhaftet.

Dabei sprachen sich die Abgeordneten der SPD, der GRÜNEN, der FDP und der LINKEN mehrheitlich für den Entwurf Helling-Plahr aus. Es verhielt sich also genau umgekehrt wie noch beim Entwurf Castellucci: die grundsätzlich mit Nein-Stimmen um sich feuernde AfD einmal ausgenommen (diesmal 7:63 Stimmen) stimmte allein die CDU/CSU mehrheitlich gegen das liberalere Gesetz. Dies allerdings mit Wucht; anders wird man ein Verhältnis von 3:180 nicht deuten können. Hier die parteibezogenen Zustimmungsraten, inklusive der absoluten Zahlen:

LINKE 80% (28:7); SPD 67% (126:61); FDP 66% (53:27); GRÜNE 60% (67:35); AfD 10% (7:63); CDU/CSU 1,7% (3:180).

Was soll man von diesem Ergebnis halten? Hat man womöglich die Sympathiewerte, die man persönlich gegenüber der ein oder anderen Partei hegt, neu zu gewichten? Vermutlich nicht. Allein schon, weil die

Motivation bzw. Absicht, die beim einzelnen Abgeordneten zu einem Ja oder Nein geführt haben mag, zu weit gestreut ist.

So werden viele Abgeordnete gegen den Entwurf Castellucci gestimmt haben, weil sie in ihm das erkannten, was er wohl auch ist: eine Zumutung für die Betroffenen, ein Hindernislauf, voll bespickt mit hohen Hürden und einer Strecke, die darauf ausgerichtet ist, dass möglichst Viele das Ziel nicht erreichen (oder erst gar nicht an den Start gehen).
Anderen wiederum wird selbst der Entwurf Castellucci nicht streng genug gewesen sein, daher sie ebenfalls mit Nein stimmten.
Mit einem Satz: Wenn Kathrin Helling-Plahr, Beatrix von Storch und Philipp Amthor gemeinschaftlich den Entwurf Castellucci ablehnen, so lässt sich daraus eben nicht herleiten, dass ihre Positionen und Einstellungen zu der ganzen Sache artverwandt sind.

Ähnliches gilt sogar für die Ja-Stimmen: womöglich wird manch eine Abgeordnete dem ein oder anderen Entwurf zugestimmt haben, weniger aus fester innerer Überzeugung, sondern vielmehr aus der Absicht heraus, zu verhindern, dass zum bitteren Ende hin gar kein Gesetz beschlossen wird.

In der Urne landen nur nackte und nüchterne Ja- und Nein-Stimmen (und ein paar Enthaltungen) – die tieferen Beweggründe, die beim einzelnen Abgeordneten zu einem Ja oder Nein geführt haben, bleiben meist im Dunkeln. Das ist auch okay so und lässt sich im Übrigen auch gar nicht vermeiden; man will ja schließlich keine 700 persönliche Herleitungen vor sich liegen haben und studieren müssen.

Man hüte sich also, insbesondere bei Abgeordneten, von denen man im Laufe der Debatten und Diskussionen keine persönliche Statements wahrgenommen hat, deren Abstimmungsergebnis überzuinterpretieren.
Gleichwohl darf man an der ein oder anderen Stelle enttäuscht sein.
Und es ist ja auch nicht so, als ob ein Ja oder Nein, gerade bei dieser Frage, so rein gar nichts über den Wählenden aussagen würde.

Wenn z.B. ein Robert Habeck für den Entwurf Helling-Plahr stimmt und die Castellucci-Variante ablehnt, und es sich bei Annalena Baerbock genau umgekehrt verhält, dann wird man daraus schon schließen dürfen, dass die beiden andere Bilder im Kopf haben, wenn sie an Menschen denken, die sterben wollen.
Unterdessen ich mir die Bilder, die P. Amthor dabei im Kopf hat – er lehnte in klassischer AfD-Manier beide Entwürfe ab – gar nicht erst vorstellen möchte.

Ein „Ausreißer" soll hier nicht unerwähnt bleiben: Roderich Kiesewetter, der seit Ausbruch des Ukraine-Krieges bekanntgewordene und sehr medienpräsente Verteidigungspolitiker der CDU stimmte als einer von nur drei Unionsabgeordneten für den Entwurf Helling-Plahr. Das kam überraschend – zeugt aber auch einmal mehr davon, dass es mit der Aufhebung des Fraktionszwangs bei dieser Abstimmung tatsächlich geklappt zu haben scheint; und Artikel 38 des Grundgesetzes, der besagt, dass die Abgeordneten „nur ihrem Gewissen unterworfen" sind, zur Geltung gekommen ist (würde man sich zuweilen etwas häufiger wünschen, aber das ist ein anderes Thema…).

*

Das war sie also, die doppelte Abstimmung. Doppelt abgelehnt, keine Einigung, keine Sternstunde.

Ach ja: In Kapitel 24 wurde die Frage aufgeworfen, wie wohl der Kanzler sich entschieden habe, oder Boris Pistorius, der beliebte Verteidigungsminister. Mit ihren Voten kann ich nicht dienen, es gab keine. Es steht zu vermuten, dass sie terminlich verhindert waren, ich weiß es nicht.
Ist aber ja durchaus möglich und denkbar, dass sie an anderen Orten unabkömmlich waren; das kann, wenn man Kanzler oder Verteidigungsminister ist, schon mal vorkommen, gerade in diesen aufwühlenden Zeiten.

Dass aber der Oppositionspolitiker und ehemalige Gesundheitsminister – der bekanntlich alles daran gesetzt hat, dass nicht ein einziger Mensch, sei er auch noch so krank und verzweifelt, in den legalen Besitz von Natrium-Pentobarbital kommen kann – dass also dieser Jens Spahn sich an keiner Wahlurne hat blicken lassen (kein Ja, kein Nein, nichts), ist schon ein starkes, wenn auch trauriges Stück.
Die Begründung für sein Fernbleiben ist mir nicht bekannt – wollen wir mal hoffen, dass er nicht todkrank im Bett gelegen hat.

Wie dem auch sei: Das Scheitern war vollendet, der Schaden angerichtet, das Graue noch ein wenig grauer gemacht - und niemandem war geholfen.
Andererseits: wer will denn gleich trauern, es gab doch noch eine Abstimmung zum Trost...

Kapitel 33: Das Ergebnis: Antrag „Suizidprävention stärken"

Über den Antrag mit dem Titel „Suizidprävention stärken" habe ich mich bereits in Kapitel 23 hinreichend ausgelassen. Nicht unbedingt in der freundlichsten Form – während ich es schrieb, dachte ich an ein spanisches Sprichwort, demzufolge der „Der Geschwätzige" sich „schnell tröstet". Zu korrigieren habe ich aber nichts, und das gleich aus mehreren Gründen.

Da wäre zum einen das Ergebnis der Abstimmung; im Grunde verrät es, dass es sich bei diesem Antrag tatsächlich um einen „Schönwetter-Antrag" handelt. Wie anders sollte man das Ergebnis von sage und schreibe 687:1 Stimmen (!) deuten!?
44 Abgeordnete beteiligten sich nicht an der Abstimmung oder waren nicht anwesend, ganze vier enthielten sich. Und der Rest? 687:1! Was ist das für ein Ergebnis!?

Das muss man erst einmal hinbekommen: einen Antrag so zu formulieren, dass er von Menschen wie Alexander von Gauland, Petr Bystron oder Beatrix von Storch genauso unterstützt wird wie von einem Hermann Gröhe, einer Sahra Wagenknecht, einer Petra Pau, einem Anton Hofreiter, einem Patrick Lindner, einem Kevin Kühnert und so weiter und so fort. 687:1!

Ein Hoch auf das Ja: vom tiefsten Braun über die sogenannte Mitte bis hin zum schillerndsten Rot: alle wollen die Suizidprävention stärken. Solche Zustimmungsraten bekommen die Parteivorsitzenden nicht einmal auf ihren eigenen Parteitagen zustande; man muss schon den Nationalen Volkskongress in China heranziehen, um auf ähnliche

Ergebnisse zu stoßen (2952:0, im März 2023, für eine weitere Amtszeit von Xi Jinping, auch nicht schlecht).

Auf den Abweichler, auf die eine Nein-Stimme komme ich gleich noch zu sprechen (selbst die wird nicht einmal den Anforderungen eines lauen Lüftchens gerecht).

Doch zuvor dies: Das Abstimmungsergebnis erscheint nicht nur bizarr; ich halte es in dieser Form auch für unlogisch. Die Abstimmungen und Reden zu den beiden eingebrachten Gesetzentwürfen hatten doch nun wirklich zur Genüge gezeigt, dass die Parlamentarier sich hinten und vorne eben *nicht* einig sind. Mehr noch: sie offenbarten Risse, die sich quer durch's ganze Plenum zogen; Risse, aus denen zuweilen tiefe Spalten wurden: Niemals im Leben hätte eine von Storch dem Entwurf Helling-Plahr zugestimmt, und genauso wäre einer Renate Künast unter keinen Umständen ein Ja für den Entwurf Castellucci zu entlocken gewesen. Man hatte ja auch schließlich auf das Gewissen zu hören.

Und all diese Gegensätze, all diese Risse, Spalten und Krater sollen nun plötzlich mit diesem Antrag „Suizidprävention stärken" zugeschüttet worden sein!?
Mitnichten war das der Fall! Mitnichten wurden da irgendwelche Streitigkeiten beigelegt, Differenzen ausgeräumt oder sogar Gewissensentscheidungen begradigt.

Wie soll man Menschen, die sterben wollen, helfen? In den beiden Gesetzentwürfen ging es im Kern allein um diese Frage.
Eine Antwort darauf haben die Abgeordneten nicht gefunden – jedenfalls keine, die von der Mehrheit der Mitglieder des Bundestages mitgetragen worden wäre.

Unterdessen sich beim eingereichten Antrag alles um die Frage dreht, ob man versuchen wolle, es dahin zu bringen, dass sich weniger Menschen als bisher selbst töten wollen. Wer will, kann das ehrenhaft nennen – allein die beiden Fragen verdammt wenig miteinander zu tun haben.

Von wegen zwei Seiten einer Medaille: helfen und vorbeugen sind keine Synonyme! Schützen und Gnade walten lassen auch nicht!

Wer sich schon entschieden hat – und wir reden hier nicht von einem Urlaubsziel, sondern von einer Selbsttötung – benötigt keine Entscheidungshilfe mehr – schon gar keine, die ihm weiszumachen versucht, dass seine Entscheidung auf einem Irrtum beruht. Bringt immer sehr viel!

Um zu verdeutlichen, wie wenig das eine (Hilfe beim Suizid) mit dem anderen (Prävention) zu tun hat, hilft vielleicht ein kleiner Ausflug in die Diskussionen um die Organspende. In Analogie zu den Entscheidungen des Bundestages vom 6. Juli würde das bedeuten, dass eine Gruppe vehement und leidenschaftlich für die Widerspruchslösung wirbt, auf dass womöglich mehr Organe für Transplantationen bereitstehen. Die andere Gruppe will eben diese Widerspruchslösung verhindern – niemand solle gezwungen werden, sich zu diesem Thema zu äußern, außerdem stehe es ja jedem frei, sich bereitzuerklären, seine Organe zu spenden, sofern er denn will.

Uneinigkeit also auf breiter Ebene. Aber – und das wäre dann in ungefähr die Analogie zum Antrag ´Suizidprävention stärken´ -: Alle Streithähne und -hühner würden sich im Anschluss gemeinsam dafür aussprechen, alles daran zu setzen (na ja, fast alles), dass die Menschen weniger rauchen und trinken, dann bräuchte es nämlich gar nicht mehr so viele Lungen und Herzen, wie das gegenwärtig der Fall ist. Und dann würde das auch irgendwann mit den zahlreich benötigten Nieren klappen.

Allein: Diejenige, die schon auf ein fremdes Herz angewiesen ist, hat nichts mehr von dem großen Präventions-Vorhaben!
Ähnlich ergeht es dem, der schon entschieden hat, selbstbestimmt aus dem Leben scheiden zu wollen: ihn wird es kaum mehr interessieren, ob es gelingt, bis 2030 einen „deutschlandweiten Suizidpräventionsdienst" zu „etablieren".

*

Gegen die meinetwegen guten Absichten des Antrags ist prinzipiell ja auch nichts einzuwenden. Vom vollumfänglichen Scheitern, ein anständiges Gesetz zur Regelung der Suizidhilfe auf den Weg zu bringen, sollten sie aber nicht ablenken.
Es hätte den Abgeordneten gut zu Gesicht gestanden, wenn sie über die beiden Gesetzentwürfe einerseits und den Antrag ´Suizidprävention stärken´ andererseits in zwei getrennten Verfahren abgestimmt hätten, an verschiedenen Tagen, nach jeweils eigenständigen Aussprachen – die sich jeweils nur um ein Thema gedreht hätten: einmal eben allein um ein neues Gesetz zur Suizidhilfe, das andermal um den Aufbau einer Präventionsinfrastruktur.

Leider sah das der Deutsche Ethikrat anders: deren Vorsitzende Alena Buyx stellte nämlich fest: „Wir haben darauf gedrungen, dass, wenn man über Hilfe und Begleitung beim Suizid nachdenkt, unbedingt gleichzeitig intensiv über Prävention nachdenken muss." Weshalb das „unbedingt gleichzeitig" sein muss, erschließt sich mir einfach nicht; und wird von Buyx auch mit keinem Wort begründet.

• • •

Man kann die Sache nämlich auch von der genau entgegengesetzten Warte aus betrachten: wären die Debatten nicht gleichzeitig, sondern getrennt voneinander geführt worden, hätte erst gar nicht der Eindruck entstehen können, dass der Bundestag den bitteren Geschmack des Scheiterns mit einem süßen Bonbon namens Prävention zu kaschieren versucht. Wohlgemerkt nach dem Motto: okay, beim Vorhaben, ein neues Gesetz zu erlassen, gab es einen Rückschlag, aber bei der Prävention, da haben wir aber für einen Fortschritt gesorgt.

Indes abzuwarten bleibt, wie dieser Fortschritt einst aussehen wird; ich bin jedenfalls gespannt, wann es die ersten Beratungsstellen geben wird.

*

Bleibt die spannende, wenn auch für das Ergebnis der Abstimmung irrelevante Frage, von wem denn diese eine verflixte Nein-Stimme stammt. Nun, es war der SPD-Abgeordnete Mahmut Özdemir, eingezogen in den Bundestag über den Wahlkreis Duisburg II. Wer nun vermutet, dass es sich bei Özdemir um einen roten Rebellen handelt, der den Aufstand probt, der irrt sich, ohne etwas für sein Irren zu können.

Es wäre ja durchaus interessant gewesen, einmal zu erfahren, weshalb der SPD-Mann gegen den Antrag stimmte. Das fand eine gewisse Luisa S. auch – und fragte ihn einfach. Auf dem Portal „abgeordnetenwatch.de" wollte sie also von ihm wissen: „Warum haben sie bei der Abstimmung zur Stärkung der Suizidprävention als einziger dagegen gestimmt?"

Und tatsächlich: schon am nächsten Tag bekam sie eine Antwort. Diese Antwort schreit eigentlich nach weiteren Nachfragen, z.b. der, ob die Schriftführer ihren Job anständig erledigt haben, oder weshalb Özdemir das auf sich hat sitzenlassen und sich nicht bemühte, den Fehler zu korrigieren. Er ließ Luisa S. nämlich folgendes wissen: „In der ersten ordentlichen Abstimmungsrunde habe ich gegen beide Gesetzesentwürfe mit rot (=nein) gestimmt, aber mit blau (=dafür) für die Suizidprävention."

Ja, wie jetzt? Hat er also gar nicht mit Nein gestimmt? Lautet das wahre Ergebnis der Abstimmung nicht 687:1, sondern 688:0? Wurde falsch ausgezählt? Alles nicht so wichtig?

Vielleicht verdächtigt man die Schriftführer an dieser Stelle aber auch vollkommen zu Unrecht – und lässt den Abgeordneten Özdemir zu leicht davonkommen. Es ergab sich nämlich, dass die Abstimmung zum Antrag ´Suizidprävention stärken´ tatsächlich zwei Mal stattfand. Weil bei der ersten Abstimmung die Urnen zu früh geschlossen worden waren, verständigte sich die die Aussprache leitende Vizepräsidentin des Bundestags, Yvonne Magwas, mit den Parlamentarischen Geschäftsführern darauf, die Abstimmung wiederholen zu lassen.

Wenn man sich, diesen Umstand berücksichtigend, noch einmal die Antwort Özdemirs anschaut, könnte man doch glatt zu dem Schluss kommen, dass der gute Mann beim ersten Mal mit „Ja", beim zweiten Mal mit „Nein" gestimmt hat. Sollte dies tatsächlich der Fall sein, dann wäre seine Antwort an Luisa S. eine bodenlose Unverschämtheit: Sie hatte nämlich nach den Gründen für sein „Nein" gefragt, nicht danach, wie er bei der „ersten ordentlichen Abstimmungsrunde" gestimmt hat.

So oder so: Die Entscheidungen waren gefallen, und zufrieden waren die Wenigsten.

Dritter Teil - NACHSPIEL

Kapitel 34: Die Reaktionen

Dass in den Medien oft davon die Rede war, dass die Reaktionen „auf die Entscheidung des Bundestages gemischt" ausfielen, ist eigentlich nur damit zu erklären, dass einmal mehr zwischen dem einen und anderen, zwischen Gesetzentwürfe und Antrag, nicht unterschieden wurde. Andauernd wurde in den Artikeln und Kommentaren über „die Entscheidung des Bundestages" geschrieben; dabei waren es dieser mindestens zwei, strenggenommen sogar drei: Entwurf Castellucci: abgelehnt; Entwurf Helling-Plahr: abgelehnt; Antrag ´Suizidprävention stärken´: angenommen!

In den Berichten über die Debatte und die Abstimmungen vom 6. Juli 23 kam das aber viel zu häufig so rüber, als habe sich der Bundestag irgendwie auf so ein Zwischending geeinigt: kein Gesetz, trotzdem wird jetzt alles besser.
Man füge dem faulen Apfel einfach eine große, reife Banane hinzu, mische es kräftig durcheinander, der Obstsalat, der dabei hinten rauskommt, wird schon nicht so schlecht schmecken!

Separiert man aber das eine vom anderen, in diesem Fall die beiden (gescheiterten) Gesetzentwürfe, vom Antrag (zur Stärkung der Prävention), dann fallen die Reaktionen überhaupt nicht mehr „gemischt" aus. Wie nicht anders zu erwarten, war die Zustimmung, ach was, die Begeisterung für den mit 687:1 Stimmen angenommenen Antrag riesengroß, in Teilen schmückte man sich regelrecht mit ihm – tatsächlich fast so ein bisschen wie in China.

Gleichzeitig zeigte sich eine überwältigende Mehrheit enttäuscht darüber, kein neues Gesetz zur Suizidhilfe zustande bekommen zu haben. Und das galt beileibe nicht nur für die Abgeordneten. Einmal mehr waren die, derer wegen eines Gesetzes überhaupt beschlossen werden sollte, im Stich gelassen worden. Und nicht nur die: Alena Buyx, die Vorsitzende des Deutschen Ethikrates, wies darauf hin, dass auch „Ärztinnen und Ärzte, Pflegekräfte und Einrichtungen" ein „Bedürfnis nach Klarheit hätten".

Klar wurde stattdessen, dass diese Klarheit noch eine gehörige Weile auf sich warten lassen wird: eine sichtlich enttäuschte Renate Künast prognostizierte schon unmittelbar nach Bekanntgabe der Ergebnisse, dass es „mit einer neuen Regelung in dieser Legislaturperiode wohl nichts mehr werden wird." Die endet bekanntlich im Herbst 2025, seit dem Urteil des Bundesverfassungsgerichts werden dann viereinhalb Jahre vergangen sein.
(Nachtrag im November 2024: durch den Stromausfall der Ampel wird der nächste Bundestag wahrscheinlich schon im Frühsommer 2025 die Arbeit aufnehmen – man kann getrost davon ausgehen, dass dies dazu führt, dass den viereinhalb Jahren noch das ein oder andere Jährchen folgen wird.)

Unterdessen genau das dem Präsidenten der Bundesärztekammer, Klaus Reinhardt, zu gefallen scheint: „Nun haben wir Zeit für die noch nicht ausreichend geführte gesamtgesellschaftliche Debatte."

Na toll! Durch wen oder was soll denn die „gesamtgesellschaftliche" Debatte angeschoben werden? Vom Papst? Von den Medien, die nur äußerst ungerne und unter Vorbehalt über „Alltagssuizide" berichten? Von der sich ausschweigenden gesellschaftliche Mitte (von der man gar nicht mehr so recht weiß, ob es sie überhaupt noch gibt)? Und nicht zuletzt: Seit dem Scheitern beider Gesetzentwürfe ist inzwischen schon wieder mehr als ein volles Jahr vergangen. Wo ist sie denn, die gesamtgesellschaftliche Debatte? Wo hat sie sich nur versteckt?

Die Wirklichkeit schaut weniger behaglich aus. Die Anhänger des Entwurfs Helling-Plahr werden ob ihres Scheiterns enttäuscht gewesen sein, das stimmt schon; gleichzeitig werden sie sich aber auch darüber gefreut haben, dass der Entwurf Castellucci ebenfalls keine Mehrheit hinter sich vereinen konnte. Und umgekehrt werden die Befürworter des Entwurfs Castellucci drei Kreuze gemacht haben, als die Präsidentin des Bundestages im Plenum verkündete, dass auch der Entwurf Helling-Plahr durchgefallen ist.

Zwei nicht unter einen Hut zu bringende Lager standen sich da unversöhnlich gegenüber; und die allermeisten, wenn nicht alle, handelten bzw. stimmten nach der Maxime ´Lieber gar kein Gesetz als das des Gegners´. Belegen lässt sich das dadurch, dass kein einziger Abgeordneter mit zweimal ´Ja´stimmte. Doppelte Nein-Sager gab es einige, mit zweimal ´Ja´stimmte niemand. Letzteres ist durchaus nachvollziehbar, und ob der Inhalte der Gesetzentwürfe eigentlich sogar logisch – zum Schönreden bleibt da aber trotzdem kein Platz mehr!

Zumal in diesem Fall nicht das gilt, was sonst eigentlich immer gilt: Wird ein Gesetz vom Bundestag nicht angenommen, verbleibt es eben bei der alten Regelung. Im vorliegenden Fall gibt es aber gar keine Regel, die weiter Bestand haben könnte! Dass dieser Zustand eigentlich unhaltbar ist, wurde im Bundestag mehrmals und Lager übergreifend festgestellt – nichtsdestotrotz ist eben dieser Zustand durch die doppelte Ablehnung nunmehr zementiert worden.

Wie soll es aber jetzt weitergehen?

Bei der Beantwortung dieser Frage kommt nun wieder der Präsident der Bundesärztekammer, Klaus Reinhardt, ins Spiel. Er war ja einer der wenigen, die sich ob des doppelten Scheiterns der Gesetzentwürfe erleichtert zeigten und gleichzeitig feststellten, nun Zeit für die noch nicht ausreichend geführte gesamtgesellschaftliche Debatte gewonnen zu haben.
Dabei wird er gar nicht, wie ich ihm das eben womöglich latent unterstellt haben mag, den Papst, die Medien oder die gesellschaftliche Mitte im Sinn gehabt haben. Nein – seine Zuversicht speist sich aus einem ganz anderen Vorhaben: seiner Ansicht nach haben wir nämlich durch das Scheitern der Gesetze nun, ich zitiere: „Zeit, bei diesem wichtigen Thema den ersten Schritt vor dem zweiten zu tun: Wir brauchen zunächst einmal ein umfassendes Gesetz zur Vorbeugung von Suiziden."

Ach du lieber Papst! Das ist so, als würde man feststellen: Bevor wir das Tempolimit einführen, müssen wir es erst einmal dahin bringen, dass die Leute nicht mehr rasen wollen.

Es nervt mich selbst, mich andauernd wiederholen zu müssen; und doch zwingt mich die Ignoranz mancher maßgeblichen Zeitgenossen, es zu tun: Prävention und Hilfe in der Not derart zu vermischen und als Eines zu verkaufen, gehört sich nicht und ist ein Schlag ins Gesicht all derjenigen, die ihr Grundrecht auf Hilfe beim selbstbestimmten Sterben jetzt oder morgen in Anspruch nehmen wollen. Und nicht warten mögen, bis dass die Bundesregierung einen 687:1 -Vorschlag in einen Gesetzentwurf gießt – zum einen, weil das eine gefühlte Ewigkeit dauern wird, zum anderen, weil noch gar nicht klar ist, ob ein solcher Entwurf nicht doch wieder zu erheblich Kontroversen im Bundestag führen wird.

Spätestens bei der Frage, wie denn bitteschön eine „niederschwellige ergebnisoffene Beratung" konkret ausgestaltet sein sollte, werden sich die Geister nämlich wieder meilenweit auseinanderdividieren.

Wie auch immer: Klaus Reinhardt findet das alles gut und richtig so und setzt also auf Zeit. Damit hat er den Vogel aber noch nicht abgeschossen. Das bleibt seinem Bruder im Geiste, dem Vorsitzenden der Deutschen Stiftung Patientenschutz, Eugen Brysch, vorbehalten. Der schafft es tatsächlich, die fortbestehende Nichtregelung der Suizidhilfe zu begrüßen (Zeit gewonnen), und gleichzeitig die Abgeordneten des Bundestages zu ermahnen, „sich nun aber keine weiteren Jahre Zeit zu lassen, um ein wirksames Suizid-Präventionsgesetz zu verabschieden." Er vermischt also nicht nur Hilfe und Prävention zu einem Einheitsbrei, sondern separiert und priorisiert das auch noch: zuerst mal vorbeugen und schützen; über die Ausgestaltung der konkreten Hilfe kann man dann ja immer noch reden.

Das ist für aktuell betroffene Sterbewillige, die die ihnen zustehende Hilfe gerne in Anspruch nehmen würden, nochmal mehr als ein Schlag ins Gesicht, es ist, mit Verlaub, Verarsche!

*

● ● ●

Die Reaktionen der Kirchen und der ihr angehörigen Organisationen waren so vorhersehbar wie langweilig. Die Caritas-Präsidentin Eva Maria Welskopp-Deffaa wartete einmal mehr mit der Sensationsstatistik auf, derzufolge in Deutschland dreimal mehr Menschen durch Suizid sterben als durch Unfälle im Straßenverkehr. Im Übrigen begrüßte sie „dass sich die Politik wirksam selbst verpflichtet hat, die Anstrengungen zur Suizidprävention zu verstärken." Die von den Abgeordneten an sich selbst adressierte Verpflichtung, endlich ein neues Suizidhilfegesetz auf den Weg zu bringen, scheint sie weniger zu interessieren; stattdessen hat sie noch ein paar warme Worte zu verteilen: „Wir wollen immer wieder neu Menschen Nähe schenken, gerade auch denen, die lebensmüde und einsam sind."

Warmweiche Worte hatte auch Annette Kurschus, die Ratsvorsitzende der Evangelischen Kirche in Deutschland, im Repertoire: Gott habe den Menschen mit einer unverlierbaren Würde ausgestattet. Tja dann. Als sie die Welt dann auch noch wissen ließ, dass zu „dieser Würde im Leben" auch ein „Sterben in Würde" gehöre, horchte ich kurz auf und dachte: Eben! Eben dieses Rechtes auf ein Sterben in Würde wegen braucht es ja alsbald ein Gesetz zur Suizidhilfe.
Sie kam indes zu einem anderen Schluss: die Evangelische Kirche trete „entschieden einer gesellschaftlichen Entwicklung entgegen, in der der Suizid zu einer regulären Form des Sterbens wird".
Hieraus schließe ich wiederum, dass sich die Evangelische Kirche dafür einsetzt, den Suizid als irreguläre Form des Sterbens anzusehen.

Im Vergleich dazu fiel die Reaktion des Vorsitzenden der Deutschen Bischofskonferenz, Georg Bätzing, geradezu nüchtern aus: Nachdem er sich artig bei den Abgeordneten für die „ernsthafte Debatte" bedankt

hatte, machte er keinen Hehl daraus, zu bedauern, dass der Vorschlag
Castellucci keine Mehrheit gefunden habe.

Alles in allem bleibt zu konstatieren: die Mehrheit zeigte sich ob des
gescheiterten Versuchs, ein neues Gesetz zur Suizidhilfe auf den Weg zu
bringen, enttäuscht, einige Wenige waren dagegen erleichtert;
aufgrund des angenommenen Antrags ´Suizidprävention stärken´
hatten sich aber auch alle irgendwie ein bisschen lieb.

Kapitel 35: Großes Skandälchen

Manchmal sind Zahlen oder Daten tatsächlich aussagekräftiger als irgendwelche Worte. In diesem Sinne: Im Februar 2020 kassierte das Bundesverfassungsgericht den § 217 StGB. Gute zwei Jahre später, im Sommer 2022, debattierten die Abgeordneten über drei Gesetzentwürfe – aus denen ja bekanntlich dann irgendwann zwei wurden.

Ab hier wird es dann brenzlig: zusammengeführt und vorgestellt wurden die Entwürfe Künast und Helling-Plahr erst Mitte Juni 2023, gerade mal drei Wochen vor der Abstimmung am 6. Juli.
Was nicht bedeutet, dass der Entwurf, über den es letztlich abzustimmen galt, den Abgeordneten des Bundestages nun drei Wochen zur Prüfung vorgelegen hätte.

Passiert – so nennt der politische Betrieb das – hat der Entwurf den Rechtsausschuss dann nämlich erst am Mittwoch, den 5. Juli 2023 – wohlgemerkt versehen mit den vorgenommenen Änderungen zu den Ursprungsentwürfen.
Obendrein: Auch der Entwurf Castellucci steckte noch im Rechtsausschuss fest und wurde in seiner endgültigen Fassung den Abgeordneten ebenfalls erst am 5.7.2023 zugänglich gemacht – zu den in Teilen nicht unerheblichen Änderungen vgl. die Kapitel 21+22.

Am 6. Juli 2023 wurde aber schon abgestimmt! Bedeutet: Zur Begutachtung der endgültigen Entwurfsfassungen blieben den Abgeordneten mithin nicht einmal mehr 24 Stunden!

• • •

Das nenne ich mal einen Harakiri-Stil – oder eben einen (von der Öffentlichkeit nicht wahrgenommenen) Skandal.

Keine Ahnung, wie oft so etwas vorkommt; auch weiß ich nicht, ob es daran gelegen hat, dass man sich in der letzten Sitzungswoche vor der parlamentarischen Sommerpause befand und man vermeiden wollte, sich mit dem leidigen Thema im Herbst nochmals auseinandersetzen zu müssen.

So oder so gilt: Es ist ein Unding, wenn Entwürfe, an denen über zwei Jahre lang herumgebastelt wird, erst einen Tag vor der Abstimmung veröffentlicht werden.

Wer sich ob dieses Vorgehens empörte, tat dies also zu Recht. Allerdings: nicht selten wurde diese Empörung auch überhöht und lief eben dadurch ins Leere.

So stellte die Journalistin Annette Zoch in ihrem Kommentar in der *Süddeutschen Zeitung* (vom 7.7.24) zwar zurecht fest, dass sich „Fragen über den Wert des Lebens und über den gesellschaftlichen Umgang mit Tod und Sterben" nicht dazu eignen, vor der Sommerpause „durchgepeitscht zu werden".

Und ja, den Worten nach kann man ihr auch beipflichten, wenn sie sagt, dass „für ein so bedeutsames Thema" eine „breite öffentliche Diskussion unabdingbar" sei. Allein: dass es an dieser „breiten öffentlichen Diskussion" mangelt, liegt nicht an der zeitlichen Abfolge des Gesetzgebungsverfahrens im Bundestag! Als ob die Gesellschaft ins Diskutieren gekommen wäre, wenn die Entwürfe den Rechtsausschuss drei oder vier Wochen früher passiert hätten!

Stattdessen verhält es sich so, dass andauernd von einer gesellschaftlichen Diskussion fabuliert wird, wie erforderlich sie sei, wie nötig, wie wichtig, wie „unabdingbar" – ohne dass diese Diskussion jemals in Gang gesetzt worden wäre, geschweige denn stattgefunden hat.

Die „Gesellschaft" scheint auch gar keine Lust zu haben, diese Diskussion zu führen. Sie parliert lieber über Dinge, die den eigenen Kontostand betreffen als über die Grenzen des Rechts auf ein selbstbestimmtes Leben und Sterben: Inflation, Pendlerpauschale, Ehegattensplitting.

Und beschwert sich lieber – statt etwa über die Gesetzeslücke bei der Suizidhilfe – über Sachverhalte, von denen sie auch was versteht, z.B. die Auswüchse und Praktiken der Cum-Ex-Geschäfte zwischen Wirtschaft und Banken, die dem Staat Mindereinnahmen von zig Milliarden beschert haben dürften.

Will sagen: Im Allgemeinen wird der Gehalt von so genannten „gesellschaftlichen Diskussionen" (maßlos) überschätzt: „diskutiert" wird wenig, geurteilt umso mehr! Beispiel gefällig? Man gehe auf die Straße oder in eine Kneipe und frage einen normal anmutenden Erwachsenen, ob er für oder gegen die Schuldenbremse ist. In geschätzt 90 Prozent der Fälle wird man, meistens blitzeschnell, ein „Dafür" oder „Dagegen" zu hören bekommen. Dafür: man muss auch an die Folgegenerationen denken, und überhaupt sollte man nur Geld ausgeben, das man auch hat. Dagegen: eben weil an die Folgegenerationen gedacht werden sollte, muss jetzt investiert werden, außerdem muss die Ukraine unbedingt weiter unterstützt werden, der russische Angriff auf das Land ist auch ein Angriff auf den Westen. Will man im Anschluss vom selben Zeitgenossen noch erfahren, ob die sogenannten „Finanztransaktionen" (im Haushaltsjahr 2025 sind das etwa 6 Milliarden Euro für die Eigenkapitalaufstockung bei der Bahn und 12,4 Milliarden für das „Generationenkapital" in der Rente) bei der

● ● ●

Schuldenbremse mitzählten sollten oder nicht (gegenwärtig tun sie es nicht) – dann stehen die Chancen, nach dem Wetter von morgen gefragt zu werden, gar nicht mal so schlecht.

Zugegeben: das war jetzt halb hochnäsig, halb besserwisserisch. Und in Teilen auch nicht ganz fair: Denn selbstredend wird über die Schuldenbremse viel häufiger gesprochen – meinetwegen auch diskutiert – als über die Themen Tod, Sterben und Suizid.

Aber – und damit wären wir wieder auf der angenehm-kuscheligen Seite der Abstimmung vom 6. Juli – das wird sich ja bald ändern! Schließlich soll die Bundesregierung, wir erinnern uns, „eine Aufklärungs- und Informationskampagne entwickeln, die Tabuisierung und Stigmatisierung von Suizidwünschen vorbeugt". Ich freu´mich drauf!

Apropos: Auch der Antrag „Suizidprävention stärken" war in seiner Endfassung den Abgeordneten erst einen Tag vor der Abstimmung zugänglich gemacht worden. Auch das sorgte für Aufregung, letztlich aber nur für´s Protokoll: so monierte der AfD-Abgeordnete Seitz in seiner Rede, „dass ein Antrag, der erst am Vorabend der Debatte veröffentlicht wird, dem Thema nicht gerecht wird" – womit er wohl uneingeschränkt recht haben dürfte; indes ihn das nicht davon abgehalten hat, dem Antrag zuzustimmen.

*

Mag man die zeitliche Abfolge des Gesetzgebungsverfahrens im vorliegenden Fall noch so sehr und mit allem Recht kritisieren – deswegen aber anzunehmen, dass das Ergebnis der Abstimmungen anders ausgefallen wäre, wenn es das Fristen-Skandälchen nicht gegeben hätte, ist eine, wie ich finde, sehr steile These!

Die aber nicht selten, insbesondere in der Presse, aufgestellt, zuweilen sogar als gegeben hingestellt wurde. So auch im Kommentar der eben schon zitierten Annette Zoch, die allen Ernstes zu dem Schluss kommt, dass „die Abgeordneten" – da Fragen zum Wert des Lebens und zum gesellschaftlichen Umgang mit Tod und Sterben nicht geeignet seien, sie vor der Sommerpause durchzupeitschen – „deshalb richtig gehandelt" haben.

Ich halte diese Einschätzung für ausgemachten Quatsch: sie suggeriert nämlich, dass es eine stattliche Anzahl von Abgeordneten gegeben hat, die anders abgestimmt hätten (als sie es getan haben), wenn die Entwürfe früher zugänglich gewesen wären. Indes man keinen einzigen Abgeordneten derartiges hat sagen hören.

Daher ich auch die genau entgegengesetzte These aufstelle: Es ist schon ein bisschen verrückt, ernsthaft daran zu glauben, dass der Entwurf Castellucci oder auch der Entwurf Hellig-Plahr durchgegangen wäre, wenn die Abgeordneten mehr Zeit zum Studium der Entwürfe gehabt hätten. Glaubt wirklich wer daran, dass das Ergebnis anders ausgefallen wäre, wenn nach der Sommerpause abgestimmt worden wäre?

Unterdessen Annette Zoch es nicht dabei bewenden lässt, die Abgeordneten dafür zu loben, die Gesetzentwürfe nicht angenommen zu haben (weil ja alles viel zu schnell gehen sollte) – nein, im Anschluss verteilt sie gleich noch ein Zückerchen an unsere Volksvertreter: „ Die Abgeordneten haben...zudem mit großer Mehrheit die

Bundesregierung aufgefordert, ein Gesetz zur Verhinderung von Suiziden aufzusetzen. Das ist eine gute Nachricht."

Dass auch dieser Antrag den Abgeordneten erst einen Tag vor der Abstimmung zugestellt worden war, erwähnt sie dabei nicht. Da erscheint dann das „Durchpeitschen" vor der Sommerpause plötzlich nicht mehr so verwerflich.

Im Letzten bleibt festzuhalten, dass auch Annette Zoch sich vom gut schmeckenden Obstsalat (fauler Apfel, süße Banane, viel Aroma) irgendwie hat verführen lassen. Auch sie schnürt aus den Themenkomplexen Suizidhilfe und Suizidprävention ein scheinbar in sich geschlossenes Paket, das sich nicht mehr aufbröseln lässt; und ignoriert damit die Tiefe und Weisheit des so schönen deutschen Sprichworts, demzufolge der, der seinen Entschluss schon gefasst hat, keines Rates mehr bedarf.

Kapitel 36: Er bekommt es einfach nicht - H. Mayer und sein Natrium-Pentobarbital (2)

Der in Kapitel 16 beschriebene Ritt durch die Instanzen reichte bis in den November 2022 – und jenem Urteil des OVG Münster, demzufolge H. Mayer (und die Mitkläger) keinen Anspruch auf Herausgabe des Mittels Natrium-Pentobarbital durch das Bundesinstitut für Arzneimittel und Medizinprodukte (BfArM) hat.

Er ging in Revision; ziemlich genau ein Jahr später, am 7. November 2023, sprach dann das Bundesverwaltungsgericht (BVG) in Leipzig letztinstanzlich das endgültige Urteil.

Das da lautet: Und er bekommt es nicht!

Natürlich begründeten die Richter ihr Urteil. Größtenteils taten sie das in feinstem Juristendeutsch, was die Lektüre nicht unbedingt zu einem Vergnügen werden lässt. Erst recht nicht, wenn man wie ich kein Jurist ist und die Urteilsbegründung zumindest in Teilen kurios findet.

Harald Mayer indes fand das Urteil weniger kurios, sondern „ignorant", und zeigte sich geschockt: „Unfassbar, wie man so kalt sein kann". Sein Anwalt (Robert Roßbruch) sprach von einem „rabenschwarzen Tag für die Selbstbestimmung der Menschen in Deutschland."

Verstehen kann ich die Enttäuschung allemal, und es ist für wahr mehr als traurig, dass den Klägern nach 6 Jahren juristischen Kampfes das Mittel ihrer Wahl endgültig verwehrt bleibt. Ich warne aber davor, den Ärger und den Frust zu einseitig beim Verkünder des Missstandes abzuladen, statt beim Verursacher.

Soll heißen: Gerichte sind in erster Linie nicht dazu da, kalt oder warm zu sein, sondern um Recht zu sprechen. Also zu prüfen, ob ein Verhalten oder das Begehr einer Person oder Institution mit den vorhandenen Gesetzen vereinbar ist. Dabei haben sie sich ausschließlich an den Gesetzen zu orientieren, die es nun mal gibt. Darauf, welche Gesetze das sind, haben sie keinen Einfluss – das ist allein Sache der Legislative, sprich der Politik.

Die Richter selbst erlassen ja keine Gesetze, sie prüfen nur, ob sie eingehalten werden. Gäbe es kein Gesetz, das den Diebstahl verbietet, dürfte man sich nicht bei der Richterin beschweren, wenn sie den Dieb straffrei davonkommen lässt; sie müsste es sogar.

Unterdessen von „müssen" im vorliegenden Fall eher nicht zu sprechen ist, das BVG hätte durchaus zu einem anderen Urteilsspruch kommen können. Möge sich die Leserin selbst ein Bild machen; im Folgenden werden die Argumente, die das Gericht bewogen haben, die Revision zurückzuweisen, kurz vorgestellt. Zu welchem Ergebnis man dabei auch kommen mag: man möge immer im Hinterkopf behalten, dass die tiefere Schuld für das ganze Malheur nicht bei irgendwelchen Gerichten, sondern einzig und allein beim Gesetzgeber zu suchen und zu finden ist.

Nun aber zu den Inhalten der Begründung.

Im Wesentlichen beruft sich das Gericht auf drei Argumentationsstränge.

1.) Den Hauptstrang findet das Gericht im Betäubungsmittelgesetz (BtMG). Tatsächlich ist dort geregelt, dass Betäubungsmittel nur dann verschrieben und ausgehändigt werden dürfen, wenn dies „mit dem

Zweck dieses Gesetzes, die notwendige medizinische Versorgung der Bevölkerung sicherzustellen" vereinbar ist.

Soweit der nackte Gesetzestext – den die Richter im Weiteren wie folgt interpretieren: „Medizinische Versorgung im Sinne der Vorschrift meint die Anwendung eines Betäubungsmittels zur Heilung oder Linderung von Krankheiten oder krankhaften Beschwerden. Eine solche therapeutische Zielrichtung hat die Beendigung des eigenen Lebens grundsätzlich nicht."

Schon klar: Die Kläger wollen das Mittel nicht, um ihre Beschwerden zu heilen oder lindern, sie wollen sie loswerden, ein für alle Mal. Stellt sich die Frage, ob man den Gesetzestext nicht auch anders hätte auslegen können, im Sinne der Kläger, etwa indem man sagt, dass das Natrium-Pentobarbital ihnen zwar nicht zur Heilung oder Linderung ihrer Beschwerden verhelfen könnte, wohl aber dazu, sich von ihren Leiden zu „befreien".

Ich vermute schon, dass man den Gesetzestext auch so interpretieren könnte – man muss es aber nicht, und wer es nicht tut, macht sich wohl keines juristischen Verbrechens schuldig.

Genau aus diesem Grund, genau dieses legitimen Interpretationsspielraums wegen hatten beide Gesetzentwürfe eine Änderung des BtMG vorgesehen – um klarzustellen, dass in bestimmten Fällen die Aushändigung von Natrium-Pentobarbital sehr wohl auch dann legal ist, wenn sie zum Zwecke der Beendigung eines Lebens erfolgt.

Allein: Bekanntlich wurden beide Entwürfe vom Parlament abgeschmettert. Mit der Folge, dass mal wieder alles im Halbdunkeln bleibt, und sich irgendwelche Richter damit herumzuschlagen haben,

ob das Grau der vorhandenen Gesetze nun die Aushändigung des
Mittels abdeckt oder nicht.
Die Wüste ist grau – und der Himmel auch.

2.) Indes die Farben des Bundesverfassungsgericht-Urteils vom Februar
2020 bis heute leuchten, hinein auch bis in dieses Urteil des BVG. Sehr
wohl nämlich stellten die Richter fest, dass das durch Karlsruhe
festgezurrte (Grund)recht auf ein selbstbestimmtes Sterben durch den
„Erlaubnisvorbehalt" des BfArM „eingeschränkt" wird. So heißt es in
der Urteilsbegründung: „Menschen, die freiverantwortlich entschieden
haben, sich mithilfe von Natrium-Pentobarbital töten zu wollen, können
ihren Entschluss ohne Zugang zu diesem Betäubungsmittel nicht in der
gewünschten Weise umsetzen."

Dieser „Grundrechtseingriff" sei aber, so die Richter, „gerechtfertigt".
Und zwar – jetzt beginnt es kurios zu werden, wenn nicht aberwitzig –
in der Hauptsache deshalb, weil „es andere zumutbare Möglichkeiten
zur Verwirklichung ihres Sterbewunsches" gebe.

Pikanter- und zugleich richtigerweise verweisen die BVG-Richter dabei
auf das Urteil des BVerfG – welches ja das grundsätzliche Verbot der
Suizidhilfe einkassierte, mit der Folge, dass z.B. Sterbehilfevereine ihre
Arbeit wieder ausüben dürfen. Soll heißen: da die Kläger seit dem Urteil
aus Karlsruhe auf andere Möglichkeiten zurückgreifen dürfen, bedürfe
es keiner Aushändigung des Natrium-Pentobarbitals mehr.

Hochgradig bemerkenswert ist in diesem Zusammenhang, dass im
Urteil des BVG nicht allein auf die mögliche Inanspruchnahme von
Hilfen durch Sterbehilfeorganisationen hingewiesen wird: „Nach den für
das Revisionsverfahren verbindlichen Festlegungen des

Oberverwaltungsgerichts besteht für Sterbewillige die realistische Möglichkeit über eine Ärztin oder einen Arzt Zugang zu (verschreibungspflichtigen) Arzneimitteln zu erhalten, mit denen eine Selbsttötung durchgeführt werden kann."

Tja dann... - was wohl der Vorsitzende der Bundesärztekammer von diesem Passus hält... - zu gegebener Zeit werde ich meiner Ärztin raten, sollte man ihr Schwierigkeiten bereiten, sich auf diese Stelle der Urteilsbegründung zu berufen.

Nun aber zur Herleitung des Kuriosen bzw. Aberwitzigen: Selbst wenn man dem Urteil des BVG argumentativ vollumfänglich beipflichtet, bleibt festzustellen, dass es anders ausgefallen wäre, wenn es das Urteil des Bundesverfassungsgerichts nicht gegeben hätte. Seit Februar 2020 *kann* man ja wieder Ärzte und Organisationen um Hilfe bitten, bis Februar 2020 *durfte* man das nicht.
Das Irre dabei ist: Eingereicht haben die Betroffenen ihre Klage im Jahr 2017! – nachdem ihre Anträge auf Aushändigung des Natrium-Pentobarbitals vom Bundesinstitut für Medizinprodukte und Arzneimittel abgelehnt worden waren.
Zur Erinnerung: Der Nichtanwendungserlass der damaligen Gesundheitsminister Gröhe und Spahn sah die Zurverfügungstellung des Mittels *grundsätzlich* nicht vor, und das, obgleich das BVG Leipzig (!) letztinstanzlich entschieden hatte, Menschen in „extremen Notlagen" helfen zu müssen – unter anderem deshalb, weil ihnen (zum damaligen Zeitpunkt) kein anderweitiger (legaler) Zugang zu todbringenden Mitteln offenstand.

Soll jetzt das Bundesverfassungsgericht mit seinem Urteil als Begründung dafür herhalten, dass es (seit 2020) kein Recht mehr auf

Aushändigung von Natrium-Pentobarbital gibt? Unfrei nach dem Motto: Vor 2020 gab es dieses Recht, nur stellte sich das BfArM quer; seit 2020 gibt es dieses Recht aber nicht mehr, weil einem seit dem Karlsruher Urteil auch (wieder) andere Wege offenstehen?

Diese sehr seltsam anmutenden juristischen Klimmzüge berücksichtigend kann man mit einem Mal die Aufregung und Empörung der Kläger vollends verstehen. Und das umso mehr, wenn man sich vergegenwärtigt, wie das Gericht den Einzelfall des Klägers H. Mayer abservierte: Mayer nämlich litt unter erheblichen Schluckbeschwerden, mit der Folge, dass er „bei der oralen Anwendung" von Arzneimitteln auf Natrium-Pentobarbital angewiesen war, weil bei allen anderen Mitteln, so sagt es das Gericht selbst, „eine größere Menge eingenommen werden muss als bei der Lebensbeendigung mit Natrium-Pentobarbital" – was das „Risiko von Komplikationen" erhöht.

Bekommt er es nun also doch? Eine Ausnahme? Aufgrund seines Schluckleidens? Mitnichten!
Das Gericht gibt die „Lösung" selbst vor und beruft sich dabei auf die Recherchen der Kollegen der Vorinstanz aus Münster.
„Das Oberverwaltungsgericht hat dargelegt, dass dieser vom Schultergürtel abwärts gelähmte Kläger das Mittel mithilfe eines Infusionsautomaten anwenden könnte, den er selbst steuert."

Weshalb also nur einmal 15 Gramm Nap zu sich nehmen, wenn´s auch eine Maschine gibt!? Wozu denn eine ausreichende Dosis Nap bei sich zu Hause aufbewahren, wenn man sich – wie auch immer – Zugang zu einem Automaten verschaffen kann, den man sogar selbst steuern darf!?

Kein Wunder, dass H. Mayer sich ob solcher „Alternativen" übergangen fühlte – und seinerseits eine weitere Alternative benannte: er könne ja auch in einen See fahren.

Im Wasser also sterben, statt, wie gewünscht, zu Hause – womit wir, vermutlich ohne es bemerkt zu haben, beim dritten Argumentationsstrang angekommen wären.

3.) Vom Infusionsautomaten geht keine Gefahr für die Allgemeinheit aus. Was man vom Natrium-Pentobarbital nicht behaupten könne, so jedenfalls die Richter des BVG! Zitat: „Die Gefahren für Leben und Gesundheit der Bevölkerung durch Miss- oder Fehlgebrauch des Mittels sind angesichts seiner tödlichen Wirkung und der einfachen Anwendbarkeit besonders groß und wiegen schwer."

Das Leben und die Gesundheit der Bevölkerung – drunter wird's nicht mehr gemacht!

Ich weiß nicht, ob ich befugt bin, hier anzumerken, dass die Richter an dieser Stelle weit über's Ziel hinausschießen – wohl bin ich aber befugt, festzustellen, dass beide im Bundestag behandelten Gesetzentwürfe am Ende des jeweiligen Verfahrens die Aushändigung von Natrium-Pentobarbital vorsahen – und damit auch eine Aufbewahrung des Mittels in den eigenen vier Wänden!

Hätte, wenn das Betäubungsmittelgesetz im Sinne der vorgesehenen Gesetzentwürfe zur Suizidhilfe geändert worden wäre, keine große Gefahr mehr bestanden, für die Bevölkerung!?

Und überhaupt: Wird nicht ein Jeder, der die Aushändigung des Natrium-Pentobarbitals beantragt hat, mit dieser Einlassung des Gerichts latent verdächtigt, das Mittel nur deshalb haben zu wollen, um

● ● ●

damit Missbrauch zu betreiben? Genau: Vielleicht wollte H. Mayer das Nap nur, um jemanden anderen damit zu vergiften.

Das angenommen zu haben, wird man den Richtern nicht unterstellen dürfen – trotzdem sorgten sie mit ihrer ungleichen Gewichtung der einzelnen Interessen für einiges Unverständnis, nicht nur bei mir. Der zweite Kläger, der an Krebs erkrankte Jürgen Brennecke, meinte, keine Worte zu haben, um ausdrücken zu können, wie wütend er sei.

Harald Mayer selbst war so angefressen, dass er sogar persönlich wurde: „Die sollten mal 24 Stunden festgebunden auf einem Stuhl sitzen, dann fühlen sie ein Prozent dessen, was ich dauerhaft erleiden muss".

Und auch der Anwalt der Kläger, Robert Roßbruch, zeigte sich entsetzt: „Wieso wird das öffentliche Interesse – also der Schutz der Bürger vor einem Medikament, welches eventuell zu Hause gelagert würde – vor den Schutz der Kläger gestellt? Die Gefahr könnte dann ja auch von anderen Medikamenten ausgehen. Also dieses Urteil geht auch mir nach Jahrzehnten Berufserfahrung unter die Haut. Wir werden nun zum Bundesverfassungsgericht gehen. Aber das werden dann die Kläger wohl nicht mehr erleben."

Womit er im Fall von H.Mayer schon mal recht behalten sollte: dieser verstarb am 10. März 2024 – ohne dass ihm jemals das Mittel seiner Wahl, für das er mehr als 6 Jahre lang gekämpft hatte, ausgehändigt worden wäre.

Das ist für wahr eine traurige Geschichte. Die sich – und das ist das wirklich schlimme, grausame daran – jederzeit wiederholen kann. Und wiederholen wird! Harald Mayer und Jürgen Brenneke waren und sind nicht die Einzigen, die sich danach sehnen, im Besitz eines Medikaments zu sein, welches sie in die Lage versetzt, dann und da zu sterben, wann und wo sie sterben wollen, und zwar auf sanfte Weise!

*

Ist das Urteil des BVG hartherzig? Vielleicht. Setzt es sich über die berechtigten Interessen der Kläger hinweg? Wahrscheinlich. Hat es die Interessen auf verfassungswidrige Weise abgewägt? Wird sich vermutlich noch herausstellen. Ist das Gericht der Hauptschuldige und der eigentliche Verfasser dieser traurigen Geschichte? Nein!

Ich deutete es bereits weiter oben an: Gerichte sind dazu da, darüber zu wachen, dass Gesetze beachtet und richtig angewendet werden. Da es aber unmöglich ist, jeden einzelnen Fall per Gesetz zu regeln, fällt ihnen oft die Aufgabe zu, die bestehenden Gesetze auszulegen (so entsteht dann die sogenannte Rechtsprechung).

Das maximal Besondere am vorliegenden Fall liegt nun darin, dass es eigentlich gar keine Gesetze gibt, die ausgelegt werden könnten: Als das Betäubungsmittelgesetz installiert wurde, dachte kein Mensch an Mittel, deren Herausgabe allein den Zweck einer beabsichtigen Selbsttötung haben sollte. Stattdessen ging es in der Hauptsache darum, geldgeile Pharmakonzerne und Drogendealer im Zaun zu halten; im Allgemeinen: den Missbrauch von Medikamenten zu unterbinden. Mit sterbewilligen Menschen hatte das Gesetz also ursprünglich gar nichts zu tun.

Bliebe also ein Blick in jenes Gesetz, das konkret regelt, unter welchen Umständen und Voraussetzungen man ein Recht auf Herausgabe eines todbringenden Mittels hat. Und? Wüste!

Es gibt kein solches Gesetz! Mithin auch keines, das von den Richtern, in welcher Form auch immer, hätte ausgelegt werden können. Stattdessen mussten sie sich durch die Paragraphen des Betäubungsmittelgesetzes kämpfen, mithin jenes Gesetzes, das schon längst – im Sinne der Sterbewilligen – geändert worden wäre, wenn nur einer der beiden Gesetzentwürfe im Bundestag durchgekommen wäre. Da waren sich sogar Castellucci und Helling-Plahr einig: Das BtMG muss auf jeden Fall geändert werden.

All dies berücksichtigend ahnt man schon, wer der eigentliche Verfasser der traurigen Geschichte ist: Es ist der Gesetzgeber! Es wäre für wahr interessant, einmal zu erfahren, was die einzelnen Abgeordneten vom Urteil des BVG hielten und halten. Jens Spahn wird sich sicher gefreut haben, Philipp Amthor und Beatrix von Storch nicht minder, und auch von nicht wenigen nicht ganz so rabiaten Abgeordneten darf man annehmen, dass ihnen das Urteil eher zu pass kam als dass es sie besonders ge- oder gar verstört hätte. Ist dann halt so, hat der Mayer eben einen Prozess verloren, so funktioniert das eben in einem Rechtsstaat. Ich will nicht wissen, wie viele Abgeordnete so oder so ähnlich denken, und dabei sogar mit sich selbst vollkommen im Reinen sind.
Umso mehr ehrt es die Abgeordnete Kathrin Helling-Plahr, dass sie erst gar nicht versucht, die Schuld an diesem ganzen Dilemma bei den Klägern oder den Gerichten oder anderswo zu suchen. Ihre Stellungnahme, abgegeben noch am Tag der Urteilsverkündung, lautete:

● ● ●

„Das heutige Urteil des BVG zeigt einmal mehr, dass wir als Parlament in der Pflicht sind. Die aktuelle Rechtslage darf uns nicht zufriedenstellen. Mit klaren Rahmenbedingungen, die das Recht auf selbstbestimmtes Sterben in Einklang mit dem gebotenen Schutz des Lebens achten, wäre den Betroffenen möglicherweise der lange, letztendlich erfolglose Rechtsweg erspart geblieben."

Kapitel 37: Alles nochmal von vorne

Zeigte sich Renate Künast unmittelbar nach den Abstimmungen vom Juli 2023 noch enttäuscht und ließ verlauten, dass das wohl nichts mehr werde, mit einer Neuregelung in der laufenden Legislaturperiode, so hörten sich die Abgeordneten ein paar Monate später schon wieder sehr viel zuversichtlicher an. Es wurde wieder gearbeitet – an neuen Entwürfen. Also alles nochmal von vorne. Selbstredend wieder fraktionsübergreifend. Und wieder – hat sich ja bewährt – in drei Gruppen. Drei Gruppen!? Waren nicht erst beim letzten Verfahren nur zwei Gruppen übriggeblieben?

Nun, neben den schon bekannten Akteuren (Renate Künast, Kirsten Kappert-Gonther, Lukas Benner, Kathrin Helling-Plahr, Lars Castellucci) greift nun mit dem Grünen-Abgeordneten Armin Grau ein neuer Player ins Geschehen ein. Diesmal also das Triell: Castellucci versus Helling-Plahr versus Grau (der Name passt schon mal gut).

Bei den beiden „alten" Gruppen kann man sich ungefähr vorstellen, wo der kranke Hase demnächst hinlaufen soll; vielleicht ein paar Nuancen hier verändern, ein wenig Entgegenkommen gegenüber der jeweils anderen Gruppe einräumen u.s.w. – was aber hat die Gruppe Armin Grau vor, wo kann man sie verorten? „Gemeinsam mit anderen Abgeordneten will ich eine Regelung vorlegen, die dem Recht auf selbstbestimmtes Sterben gerecht wird und gleichzeitig ein angemessenes Schutzkonzept für Sterbewillige beinhaltet." – Toll! Das ist ein Statement, welches 98 Prozent der Abgeordneten mittragen würden. Geht's also auch ein bisschen konkreter, vielleicht sogar mal mit ein paar Inhalten?

● ● ●

Nein, geht es nicht! Laut „Tagesspiegel" vom 24.04.2024 fanden und finden die Gespräche innerhalb der einzelnen Gruppen nämlich statt, „ohne das Inhalte an die Öffentlichkeit dringen. Zu groß ist die Angst, wieder viel Arbeit in einen Gesetzentwurf zu stecken, der dann keinen Erfolg hat."

Lukas Benner weiß das sogar zu begründen: „Eine erneute Befassung ist nur dann sinnvoll, wenn ein neuer Antrag sich erstens von den beiden bisherigen unterscheidet und zweitens absehbar mehrheitsfähig ist." Das klingt plausibel – trotzdem fragt man sich: wozu dann vor die Presse treten? Um klarzumachen, dass gearbeitet wird? Ist man bös´gesinnt, kann man das als Wichtigtuerei wahrnehmen: Wir haben neuen Ideen, verraten sie aber noch nicht.

„Wer vom Schweigen nichts versteht, soll den Mund halten." (Gerhard Branstner)

Aber es kommt noch ärger: laut „Tagesspiegel" tauschen sich die drei Gruppen einmal im Monat untereinander aus. Wie ein kleiner Geheimbund: wir wissen voneinander, verraten aber noch nichts.

Was für die Öffentlichkeit dabei gegenwärtig herausspringt, ist nichts weiter als langweiliges Blabla – welches darüber hinaus noch geeignet ist, darauf hinzudeuten, dass eine Einigung noch in weiter Ferne liegt. Wenn eine Kirsten Kappert-Gonther sagt: „Wir müssen dringend ein wirksames Schutzkonzept zum assistierten Suizid festlegen" und meint sicherstellen zu müssen, dass niemand in den Suizid gedrängt wird, dann kann man sich schon ausmalen, wie mikroskopisch klein die Veränderungen in einem etwaigen neuen Entwurf Castellucci ausfallen werden.

Vielleicht tut man aber auch, wenn man so denkt, einzelnen Abgeordneten oder Gruppen Unrecht. Womöglich ist auch nur eine Gruppe unabgesprochen einfach vorgeprescht. Eine Gruppe nämlich gab gegenüber dem „Tagesspiegel" an, innerhalb von zwei Wochen einen neuen Entwurf zu Papier bringen zu können – verbunden mit der Hoffnung, ein neues Gesetz noch vor der Sommerpause installieren zu können. Um welche Gruppe es sich dabei handelt? Geheimnis! Egal – wer auch immer es gewesen sein mag: die beiden anderen Gruppen traten gehörig auf die Bremse, die Haltungen lägen noch weit auseinander, die einzelnen Gruppen hätten „sehr unterschiedliche Herangehensweisen".

Na dann – gibt es denn einen gruppenübergreifenden Zeitplan? Was für eine Frage! Selbstverständlich gibt es den! Den gab es schon immer! Wurde auch noch nie ein Geheimnis draus gemacht.

Helling-Plahr: „Unser Ziel ist es, noch in dieser Legislaturperiode eine Regelung auf den Weg zu bringen, die von einer breiten Mehrheit getragen wird."

Castellucci: „Es braucht einen neuen Anlauf noch in dieser Wahlperiode."

Grau: „Wir führen laufend Gespräche mit Verbänden und Einzelpersonen und sind optimistisch, dass es in dieser Legislaturperiode ein neues Gesetz geben wird."

Man ist geneigt, diese hoffnungsfrohen Statements mit einem Aphrorismus des Journalisten und Satirikers Gabriel Laub zu versüßen: *„Heute muss man Optimist sein – das ist das schlimmste."*

*

Inzwischen wissen wir, wie das Spiel ausgegangen ist. Die im Herbst 2021 hoffnungsfroh installierte Ampel, die sich vornahm, mehr Fortschritt zu wagen, wurde alsbald, teilweise unverschuldet, mit gravierenden Problemen konfrontiert.

Russland überfiel die Ukraine – und lässt sich bis heute partout auf kein Antiaggressionstraining ein. Die Energiepreise explodierten, die Inflationsrate drohte in den zweistelligen Bereich zu rutschen – und als dann auch noch das Bundesverfassungsgericht den haushaltstechnischen Verschiebebahnhof (vom Corona-Fond zum Klima-Fond) schloss und für verfassungswidrig erklärte, und damit plötzlich 60 Milliarden Euro fehlten – wenn das Geld knapp wird, wird überall schnell und gerne gestritten, und Vertrauen begraben. Eine Schuldnerberatung, die einen Weg aus der Krise aufzeigen könnte, hat sich bisher leider noch nicht gefunden.

Und so geschah es, dass sich die Ampel ausgerechnet an dem Tag, an dem die Amerikaner es fertigbrachten, Donald Trump zu ihrem Präsidenten zu machen, suizidierte – freilich weder mit Natrium-Pentobarbital noch in Frieden oder Ruhe. Stattdessen mit einem recht unwürdigen Streit – mit der Folge, dass nun unzählige längst zur Abstimmung vorgesehen Gesetzentwürfe (Rentenpaket II, Unterhaltsrecht, Finanzierung der Bahn, Vorratsdatenspeicherung, Gesichtserkennung, Kindergeld u.v.a.) erst mal auf Eis liegen oder gleich für immer begraben sind.

Für eine etwaige Neuregelung der Suizidhilfe bedeutet dies: Neues Spiel, neues Glück. Also alles nochmal von vorne.

Das Beibuch III steht beinahe schon in den Startlöchern...

Kapitel 38: Wo bleibt die Suizidpräventionsstrategie?

Am 31. Januar 2024 war es fällig, dass „Konzept", das zeigen soll, „wie zeitnah...bestehende Strukturen und Angebote der Suizidprävention unterstützt werden können."

Nun gut – Sorgfalt soll vor Eile stehen, im Februar kündigte der Gesundheitsminister Lauterbach an, im April zu liefern, am 2. Mai 2024 war es dann so weit: „Die Nationale Suizidpräventionsstrategie" wurde veröffentlicht und vom Minister selbst vorgestellt.

Klickte man „Suizidpräventionsstrategie" in die Suchmaschine, sprang einem auf der Seite des Ministeriums in großen Lettern sogleich die Überschrift entgegen: „Lauterbach: ´Das gesellschaftliche Tabu von Tod und Suizid überwinden.´"

Na, dann mal los!

Ich will das Papier nicht als uninteressant abtun. Es umfasst 29 Seiten, auf denen unzählige „Empfehlungen" aufgelistet sind, versehen mit den Zusätzen, welche „Akteure" daran beteiligt werden sollen und welcher „Zeithorizont" für die Verwirklichung des jeweiligen Ziels veranschlagt wird. Allein: Die Mängel des Papiers, ebenso die offenen Fragen, die es zurücklässt, sind so groß, dass ich es einfach nicht über´s Herz bringe, es gutzuheißen.

Kernstück der Strategie ist die Schaffung einer „bundesweiten Koordinierungsstelle für Beratungs- und Kooperationsangebote"; bedeutet: der ganz Bums soll mal zentralisiert werden, *eine* Stelle soll die alten und noch zu schaffenden Angebote besser miteinander vernetzen und insgesamt bedarfs- und fachgerecht ausbauen. Muss ja keine schlechte Idee sein.

Was mich indes so pessimistisch werden lässt (und nicht nur mich, dazu im nächsten Kapitel noch ein Wort), sind im Wesentlichen gleich drei Umstände.

1.) Seitenlang wird dargelegt, was die Koordinierungsstelle in welchem Zeitrahmen alles stemmen soll. Unterdessen die Einrichtung dieser „nationalen Kompetenz- und Koordinierungsstelle" als „erste zentrale grundlegende Maßnahme" empfohlen wird. Mit wem diese Stelle besetzt werden soll, bis wann sie eigentlich sein soll, wie sie finanziert werden soll, wo sie stehen soll, wer damit beauftragt wird, sie einzurichten – all das geht aus dem Papier nicht so recht hervor.

Ist schon ein bisschen putzig: einer Stelle Ziel- und Zeitvorgaben zu machen, bevor es die Stelle überhaupt gibt. Das wäre etwa so als nähme ich mir vor: Ich mach jetzt mal einen Laden auf, aus dem heraus alle Tafeln und Kleiderkammern bundesweit besser miteinander vernetzt und mit noch zu schaffenden weiteren Angeboten ergänzt werden sollen, u.a. sollen innerhalb von 12 Monaten auch pädagogisch wertvolle Gesellschaftsspiele kostenfrei zur Verfügung gestellt werden, weitere Kampagnen gegen die Lebensmittelverschwendung sollen in Kooperation mit den Tafeln initiiert werden – wer das alles machen und bezahlen soll, weiß ich noch nicht, aber die Idee ist ja wohl nicht schlecht!

2.) Was bei Verträgen jeglicher Art das Kleingedruckte ist (liest man nicht gerne, kann aber wichtig sein), scheinen bei Konzepten, die von der Politik vorgestellt werden, die letzten Sätze zu sein (nicht direkt versteckt, aber schon mal schön an den Schluss gestellt).

In jenem Vorabschreiben, mit welchem der Gesundheitsminister seine „Nationale Suizidpräventionsstrategie" kurz vorstellt, wird die noch zu schaffende bundesweite Koordinierungsstelle erstmals erwähnt; im Anschluss werden deren (zukünftige) Aufgaben grob zusammengefasst. Unter der Überschrift „Hintergrund" werden dann ein paar Zahlen aufgeführt, ca. 10.000 Suizide pro Jahr, dreiviertel davon von Männern begangen, bei 50 bis 90 Prozent der „Suizidopfer" lag eine psychische Erkrankung vor, bei „betagten und hochbetagten" Menschen ist die Suizidrate besonders hoch u.s.w.

Und dann – gefühlt aus dem Nichts heraus -: „Die Nationale Suizidpräventionsstrategie wird dem Bundestag-Haushaltsausschuss zugeleitet."

Da fragt man sich als Laie: Und das bedeutet? Nun – es ist nicht so, als würde diese Frage im Folgenden nicht beantwortet. Wenn auch nur im schillerndsten Parlamentarier-Deutsch. Die Einleitung der eigentlichen Suizidpräventionsstrategie umfasst gleich mehrere Seiten. Und beileibe beinhaltet sie nicht nur Unsinn. So wird z.B. festgestellt, dass „die gesellschaftliche Tabuisierung rund um das Thema Sterben und Tod" überwunden werden müsse. Ebenso, dass auch Angehörige und professionell Helfende insgesamt besser über die Möglichkeiten der Beratung und Unterstützung informiert sein sollten. Statistiken und wissenschaftliche Studien werden erwähnt – sie kommen zu dem Schluss, dass „Suizid zunehmend ein Phänomen des höheren Lebensalters ist."

Lange Rede, kurzer Sinn, zum Schluss der Einleitung wird festgestellt, dass all die Empfehlungen und vorgeschlagenen Maßnahmen „dazu beitragen werden, die Suizidprävention in Deutschland nachhaltig weiterzuentwickeln." Punkt. – Nicht ganz: kleiner Nachtrag noch, ganz zum Ende hin:

„Die öffentlichen Haushalte und die Haushalte der Sozialversicherungen werden durch dieses Strategiepapier nicht präjudiziert. Maßnahmen, die finanzielle Belastungen oder personelle Mehrbedarfe für den Bundeshaushalt zur Folge haben, präjudizieren weder die laufenden noch künftige Haushaltsverhandlungen. Etwaige Mehrbedarfe durch aufgeführte Maßnahmen oder daran anknüpfende zukünftige Maßnahmen können grundsätzlich nur dann durch den Bund finanziert werden, wenn ihm hierfür die Finanzierungskompetenz zusteht. Etwaige Mehrbedarfe im Sach- und Personalhaushalt sind dauerhaft und vollständig in den jeweils betroffenen Einzelplänen gegenzufinanzieren, über die in den jährlich stattfindenden Haushaltsverhandlungen zu entscheiden sein wird."

Und nun? Versuche ich demnächst auch mal: gehe in einen Laden, bestelle mir schon mal ein Essen, viele leckere Sachen, kündige dann aber auch noch an, dass ich das Bestellte nur werde dann bezahlen können, wenn ich über eine entsprechende Finanzierungskompetenz verfüge.

Aber im Ernst: Wer in Anbetracht solcher Ausführungen wirklich darauf hofft, dass auch nur ein Teil der Vorhaben tatsächlich umgesetzt wird, muss schon, nicht zuletzt aufgrund der aktuellen Haushaltslage, mit einem Engelsoptimismus ausgestattet sein. Ich jedenfalls lese den Passus so, dass hinten und vorne noch nicht klar ist, wer was wann aus welchem Topf bezahlen soll.

3.) Mir ist nicht bekannt, ab welchem Alter man als „hochbetagt" gilt; wohl aber fürchte ich, dass ich, bis einzelne Empfehlungen des Papiers tatsächlich Realität geworden sind, längst zum Greis degeneriert sein

● ● ●

werde. Beispielhaft sei hier die Empfehlung 1.1.2 aufgeführt: „Aufbau einer bundesweiten Webseite mit vertieften Informationen zur Suizidprävention für betroffene Menschen, für Angehörige und für Fachkräfte."

Ich erwähnte bereits, dass ausgerechnet für das Kernelement der Strategie, den Aufbau einer bundesweiten Koordinierungsstelle, kein „Zeithorizont" aufgerufen wurde. Völlig unklar also, wann diese Stelle – wenn überhaupt – mit ihrer Arbeit (der Umsetzung der Empfehlungen) beginnen wird.

Was nun die bundesweite Webseite anbelangt, kann man dem Strategiepapier entnehmen, wer - außer der Koordinierungsstelle – noch alles an deren Aufbau beitragen soll: Die Bundeszentrale für gesundheitliche Aufklärung, das Nationale Suizidpräventions-programm für Deutschland und „andere Akteure".

Und was sagt der Zeithorizont, wann soll die ganze Chose stehen, die Webseite für alle aufrufbar sein? „Ein Jahr nach Start der Koordinierungsstelle."!

Oje! Also: ein Jahr, nach dem Start der Koordinierungsstelle – von der niemand weiß, wann sie startet. Wann aber beginnt der Start zum Start – anders gefragt: ab wann wird denn damit begonnen, die Koordinierungsstelle aufzubauen? Wer nun denkt, dass dies nach der Veröffentlichung der Präventionsstrategie geschieht, hat schon wieder etwas von einem Engelchen. Das kleine Monster namens „Wirklichkeit" diktiert uns nämlich etwas anderes auf's Blatt. Nachzulesen im Deutschen Ärzteblatt, im Juli 2024: „Die gesetzlich verankerte Suizidpräventionsstrategie werde erst nach Inkrafttreten eines Gesetzes, mit dem im Jahr 2025 zu rechnen sei, beginnen."

● ● ●

Es lohnt also nicht, in besonderer Weise auf die einzelnen Empfehlungen zu schauen – zu groß ist die Gefahr, dass sie sich schon bald als heiße Luft erweisen werden – zumal sich der Gesundheitsminister schon ein paar Monate nach der Veröffentlichung seiner Strategie als Teil einer Minderheitsregierung entpuppte. Kurzum: Schön geplant, schon vor der Umsetzung ins Stolpern geraten und von der Realität ins Nirwana gestoßen worden.

Einige wenige Punkte, also Empfehlungen, will ich hier trotzdem aufführen – um sie gänzlich unerwähnt zu lassen, sind sie einfach zu gut, zu blabla oder auch zu woke.

Zu gut: Punkt 1.1.4: „Aufklärungskampagne zur Enttabuisierung des Themas Tod, Sterben, Suizid." Punkt 3.1.1.4: „Zusammenarbeit mit relevanten Akteuren zur Aktualisierung und Bewerbung der vorliegenden Medien-Leitfäden für eine verantwortungsvolle Berichterstattung über Suizide." Punkt 3.1.5.2: „Einrichtung von Beratungsdiensten für Angehörige, Fachkräfte und Ehrenamtliche, Medienschaffende (keine Beratung für betroffenen Menschen in Krisensituationen)."

Zu blabla: Punkt 2.2: „Ziel ist es, gemeinsam mit den Ländern Lösungsansätze zu finden, um die psychiatrische Notfall- und Krisenversorgung zu verbessern und diese perspektivisch im Rahmen der Weiterentwicklung der Notfallversorgung in Deutschland zu implementieren."

Zu woke: Punkt 1.2.2: „Entwicklung der Start-Finanzierung einer Train-the-Trainer-Ausbildung für unterschiedliche Gatekeeper."

*

Ziemlich verblüfft war ich über die im Strategiepapier aufgeführte Tabelle 6, in der über aktuelle (und meist schon längst in Gang gesetzte) Initiativen der Bundesregierung informiert wird. Sind (fast) alle sicher gut gemeint, und nicht wenige davon auch durchaus sinnvoll, scheinen aber komplett und vollständig unter dem Radar der Öffentlichkeit ihr Dasein zu fristen.

Oder hat schon mal jemand etwas von der Strategie der Bundesregierung gegen Einsamkeit gehört, federführend erarbeitet vom Familienministerium (auch zuständig für Senioren)?

Oder von „LAUT"? Ein Projekt mit dem Namen „Letzthelfer:innen am Arbeitsplatz für einen besseren Umgang mit Tod und Trauer", dessen Ziel es ist, „Sterben, Tod und Trauer mit einem einfachen Angebot am Arbeitsplatz zu thematisieren sowie Kompetenzen von Arbeitnehmenden und Führungskräften im Umgang mit Sterben, Tod und Trauer durch Letzte Hilfe-Kurse und ergänzende Angebote am Arbeitsplatz zu stärken." – Läuft seit 2023! Noch nie was von gehört. Geschweige denn, was mitbekommen.

Es gibt sogar Gesprächsangebote für Seeleute in deutschen und ausländischen Häfen; durchgeführt von Mitarbeitern der Psychosozialen Notfallversorgung (PSNV), organisiert von der Deutschen Seemannsmission e.V., mit finanzieller Unterstützung der Ministerien für Verkehr bzw. Arbeit.

*

Wie dem auch sei: mit 3-monatiger Verspätung hatte die Suizidpräventionsstrategie das Licht des politischen Parlamentarismus entdeckt.

Fehlt jetzt also nur noch der eigentliche Gesetzentwurf (zur Stärkung der Suizidprävention) – fällig war er am 30.06.2024

• • •

Kapitel 39: Wo bleibt der Gesetzentwurf?

Es überraschte zum Ende hin niemanden mehr, dass zum 30.06.24 *nicht geliefert*, der Termin zur Vorlage eines Entwurfs zu einem Suizidpräventionsgesetz also nicht eingehalten wurde.

Also wieder nur Wüste? Nicht ganz. Pünktlich mit dem Ablauf der Frist, mithin am 1. Juli 2024, versammelten sich mehrere Akteure vor dem Bundesgesundheitsministerium und hielten eine Mahnwache ab. Neben Vertretern des Deutschen Hospiz- und Palliativverbandes und der Deutschen Gesellschaft für Palliativmedizin (die sich von der vorgelegten Strategie enttäuscht zeigten) ergriff insbesondere Uta Lewitzka, die Vorsitzende der Deutschen Gesellschaft für Suizidprävention, das Wort; man solle der Forderung nach einem Gesetzentwurf nun mal schnellstmöglich nachkommen: „Wir haben ansonsten große Sorge, dass das Gesetzgebungsverfahren gar nicht mehr in dieser Legislatur durchführbar ist."

Aber nicht nur wegen des gerissenen Termins zur Vorlage des Entwurfs ging die Psychiaterin mit dem Ministerium hart ins Gericht: Trotz Nationaler Suizidprävention sei man von einer gesetzlichen Regelung, die für eine gelungene Suizidprävention unabdingbar sei, weit entfernt: „Die Strategie ist eher eine Absichtserklärung." Darüber hinaus sei sie nicht finanziert und viel zu oft würden die Verantwortlichkeiten dem Finanzministerium zugeschoben.

All das wurde also vor dem Ministerium angemahnt, mit einigem Recht, will man hinzufügen. Im Gepäck hatten die Demonstrierenden auch 52 Plastikflugzeuge; sie sollten sinnbildlich für die Zahl der Suizide in Deutschland stehen. Jede Woche, so Lewitzka, verschwinde quasi ein mit 200 Passagieren besetztes Flugzeug, ohne dass davon gesprochen werde.

Kann man so machen – wenn man für die Sache brennt (was man bei einer Vorsitzenden einer Gesellschaft für Suizidprävention annehmen darf). Natürlich wurde auch wieder die Zahl der Suizide mit der von Verkehrstoten verglichen – diesmal aber wenigstens in einer originelleren Form: Mehr Menschen, so der Hinweis, würden durch Selbsttötung sterben als durch Verkehrsunfälle, Mord, Aids/HIV und illegale Drogen zusammen.

Unterdessen das Gesundheitsministerium von der Mahnwache nicht sonderlich überrascht gewesen zu sein schien. Keine Ahnung, ob und in welcher Form die Mahnwache angekündigt wurde (oder sogar angekündigt werden musste) – jedenfalls nahm ein zufrieden lächelnder Edgar Franke (SPD), seines Zeichens Parlamentarischer Staatssekretär im Bundesgesundheitsministerium, die Forderungen nach der (raschen) Vorlage eines Suizidpräventiongesetzes aus der Hand von Uta Lewitzka an; fast feierlich, konnte man meinen.

*

Vier Wochen später. Kleine Anfrage der Unionsfraktion im Bundestag: wann der Entwurf denn jetzt komme, und woran es hake? Die Antwort der Regierung: Bald! Noch im Sommer. Zu erklären sei der Zeitverzug mit großem Abstimmungsbedarf. Suizidprävention sei eine gesamtgesellschaftliche Aufgabe, die durch vielfältige Initiativen von Bund, Ländern und Kommunen sowie nichtstaatlichen Akteuren getragen werde; alle maßgeblichen Fachkreise würden Gelegenheit zur Stellungnahme erhalten und so weiter und so fort, ich erspare dem Leser die weiteren Ausführungen der Begründung.

• • •

Ach ja, ganz zum Schluss heißt es dann noch: In welcher Höhe Mittel für die Suizidprävention zur Verfügung gestellt werden, ist noch im Rahmen des bevorstehenden Gesetzgebungsverfahrens zu verhandeln.

*

Weitere Wochen vergingen, aus dem Sommer wurde Herbst, und als dann die Ampel in der ersten Novemberwoche Schiffbruch erlitt, schien klar zu sein: das war´s dann wohl mit dem Gesetzentwurf. Meine Enttäuschung darüber hielt sich indes in Grenzen. Weil, so fragte ich mich: Was hätte denn schon Großartiges in ihm stehen sollen, in diesem Gesetzentwurf? Man mochte ja bedauern, dass er nicht mehr eingereicht worden war (und dies auch der Regierung vorwerfen, schließlich war vereinbart, bis zum 30.06.24 zu liefern); trotzdem konnte man getrost davon ausgehen, dass der Gesellschaft kein großer Wurf vorenthalten worden war.

Dann der Paukenschlag: Ende November – die Regierung ist noch im Amt, hat aber keine parlamentarische Mehrheit mehr, Neuwahlen sind für den Februar 2025 vorgesehen – kommt Karl Lauterbach um die Ecke und legt den Entwurf vor! 76 Seiten.

Natürlich stürzte ich mich sofort auf ihn (also auf den Entwurf, nicht auf den Minister) – es war ernüchternd. Der ganze Entwurf liest sich – wie schon zuvor die Suizidpräventionsstrategie – wie ein riesiges, nettes Wir-wünschen-uns-was-Paket, angereichert mit unzähligen Soll-Vorschriften und Empfehlungen; Finanzierung natürlich weitgehend ungeklärt.

Immerhin wird klar, *wo* die bundesweite Koordinierungsstelle (vgl. vorheriges Kapitel) beheimatet werden soll: im Gesundheitsministerium

● ● ●

selbst, unterstützt von einem zu errichtenden Fachbeirat, bestehend aus maximal elf Ehrenamtlern.

Pläne über Pläne – die hier nicht weiter vorgestellt werden sollen: allein schon deshalb, weil die anvisierten Zeitfenster, selbst wenn sie eingehalten würden, teils so bizarr und hilflos erscheinen, dass man sich heute gottgegeben noch keine Gedanken darüber machen muss, was da einst kommen könnte.

Nur ein Beispiel: In § 9 des Gesetzentwurfs (Aufgaben der Koordinierungsstelle) heißt es unter Punkt 8 a:

„...gemeinsam mit den Ländern ein Konzept bis 30.06.26 zu entwickeln zum Aufbau und Betrieb einer zentralen und unentgeltlichen Rufnummer „113"...."

Ein Konzept zum Aufbau – der also frühestens im Sommer 2026 beginnen würde...; ich sag´s mal so: ich nehme Wetten an, dass man im Frühjahr oder Sommer 2027 unter dieser Nummer niemanden erreichen wird.

Mit einem Satz: Ich erlaube mir an dieser Stelle, den ganzen Gesetzentwurf weitestgehend zu ignorieren – nicht aber ohne den Leser mit einem Bonmot der Extraklasse aus dem politischen Alltagsbetrieb bekanntgemacht zu haben. Auf geschlagenen 23 Seiten (von Seite 27 bis Seite 49 des Entwurfs) wird „die Höhe und die Verteilung der Mehrkosten" dargelegt (wobei schon gleich zu Beginn des Entwurfs, auf Seite 3, darauf hingewiesen wird, dass die jährlichen und einmaligen Mehraufwände des Bundes im Einzelplan 15 ausgeglichen werden sollen).

Unter anderem wird man gewahr, dass die Aufgaben der Koordinierungsstelle von insgesamt 11,5 Beamten wahrgenommen werden sollen (6,5 x höherer Dienst, 3 x gehobener Dienst, 2 x mittlerer Dienst).

Das eindeutige Highlight findet man aber auf Seite 30 des Entwurfs, dort geht es um die voraussichtlichen Mehrkosten für die Vorgabe 3.13, die da lautet: Berufung der ehrenamtlichen Mitglieder im Benehmen mit den Ländern; § 11 Absatz 1 Satz 2 SuizidPräG-E.

„Die Berufung der Mitglieder des Fachbeirats erfolgt alle 5 Jahre und ist begrenzt auf zwei Einsetzungszeiträume von insgesamt zehn Jahren. Der Beirat sollte sich aus maximal 11 sach- und fachkundigen Personen zusammensetzen. Aus diesem Grund wird in der Tabelle die Fallzahl 2 ausgewiesen (11 Mitglieder/5 Jahre = 2). Zur Berechnung der Mehrkosten wird eine vergleichbare Vorgabe zur Berufung von Kommissionsmitgliedern (siehe auch die in OnDEA registrierte Vorgabe unter der ID 200610251444282) herangezogen. Für die Berufung wird ein Zeitaufwand von 15 Minuten pro Fall geschätzt (2 Minuten für Standardaktivität 2 „Beschaffen von Daten", 10 Minuten für Standardaktivität 3 „Formulare ausfüllen, Beschriften, Kennzeichnen", 2 Minuten für Standardaktivität 8 „Datum übermitteln oder veröffentlichen"). Gemäß der Lohnkostentabelle des Statistischen Bundesamts für die Verwaltung wird ein Lohnsatz von 70,50 Euro pro Stunde für den höheren Dienst auf Bundesebene angesetzt. Insgesamt ergibt sich für die Vorgabe eine jährliche Belastung auf Bundesebene in Höhe von 35 Euro (11 Mitglieder *15Min./60*70,50 hd Bund / 5 Jahre = 35 Euro)."

Da sage noch einer, die Politik würde nicht ab und an die Fünf gerade sein lassen – bei 11 Mitgliedern und 5 Jahre Berufungszeit wäre die korrekte Fallzahl ja eigentlich 2,2 gewesen, woraus sich dann Mehrkosten nicht von 35, sondern von voluminösen 38,77 Euro ergeben hätten...

„Die Zehn Gebote sind deshalb so kurz und verständlich, weil sie ohne Mitwirkung einer Sachverständigenkommission entstanden sind." (Charles de Gaulle)

*

Was letztlich aus dem Entwurf werden wird, ob und wann er vom Kabinett (welches auch immer das sein mag) gebilligt wird, in welchem Umfang in den Lesungen noch an ihm herumgewerkelt wird, schließlich: ob und wann aus ihm ein Gesetz wird – man wird es sehen.

Soll uns an dieser Stelle aber auch nur am Rande interessieren – zumal es, man kann es nicht oft genug in Erinnerung rufen, in diesem und auch schon im vorherigen Kapitel allein um die Suizid*prävention* ging.

Hingegen es in den Beibüchern um die Suizid*hilfe* geht, um die legale Einführung des assistierten Suizids, um den Respekt gegenüber Menschen, die nicht mehr leben wollen, oder auch nur im Besitz eines zuverlässigen Betäubungsmittels sein wollen, das sie in die Lage versetzt, jederzeit selbst und autonom gehen zu können.

Was unterdessen aus den gescheiterten Entwürfen Castellucci und Helling-Plahr wird, vor allem aber: was aus den drei angeblich noch in den Schubladen schlummernden neuen Vorschlägen wird - das werden wir wohl nie erfahren: Der nächste Bundestag wird (aufgrund der Wahlrechtsreform) nicht nur kleiner sein als der bisherige, sondern auch, sofern kein mittleres Wahlwunder geschieht, mehr als bisher von Konservativen, „Christen" und Rechtsradikalen dominiert werden.

Mit der Folge – das steht jedenfalls zu befürchten – dass auf dem Gebiet der Suizidhilfe abermals nichts vorankommen wird, über Jahre hinweg.

Das ist umso ärgerlicher, als dass SPD, GRÜNE und FDP während ihres Ampel-Daseins ja durchaus einige gesellschaftspolitische Veränderungen auf den Weg und auch ins Ziel gebracht haben. Der § 219 a StGB (Werbeverbot für Schwangerschaftsabbrüche) wurde eingestampft, der Konsum von Cannabis wurde teillegalisiert, das Namensrecht wurde geändert, und – hier mutiert dann mein Ärger zum Zorn – das Selbstbestimmungsgesetz wurde beschlossen.

Bitte nicht falsch verstehen: mir egal, ob Trans-, intergeschlechtlich und nichtbinäre Menschen ihren Geschlechtseintrag und ihren Vornamen niederschwellig (d.h. ohne psychiatrisches Gutachten) ändern lassen können. Was mich so erzürnt: Selbstbestimmungsgesetz! Ohne vorheriges, oft erniedrigendes Gutachten! Initiiert und beschlossen, gegen große Widerstände und für eine Minderheit! Geht doch!

Dagegen die Suizidhilfe? Eine weite Wüste, Leerlauf, Stillstand, null Aufregung, ein willkommenes Nichtthema!

*

Für mich Grund genug, dranzubleiben, noch ein wenig herumzustänkern, und vor allem: nicht aufzuhören, darauf hinzuweisen, dass Deutschland auf dem Gebiet der Sterbe- und Suizidhilfe – politisch wie gesellschaftlich – den Rang eines Entwicklungslandes einnimmt.

Kapitel 40: Letzte Worte

Nun ist es also fertig, das Beibuch II. Es ist länger geworden als das erste Buch, und etwas weniger persönlich. Letzteres hat seinen Grund darin, dass sich meine Einstellung nicht verändert hat. Jeder soll gehen dürfen, wenn er das für richtig hält – und dabei nicht auf Mittel und Wege zurückgreifen müssen, die ihm und der Gesellschaft kaum zuzumuten sind.

Manch einer wird sich fragen, was mich so umtreibt, weshalb mir das Thema so wichtig ist und nahegeht. Ich sage es mal so: Die Gegensatzpaare Geburt und Sterben sowie Leben und Tod haben mich seit je her fasziniert. Womöglich, weil es sich dabei – neben der (nicht vorstellbaren) Unendlichkeit des Weltraums – um die größten Geheimnisse schlechthin handelt. Was freilich den Homo sapiens modernicus nicht davon abhält, zu glauben, diesen Rätseln auf die Spur kommen zu können. Manche gehen noch weiter und träumen sogar von der Unsterblichkeit, also einer ewigen Hölle.

Hinzu kommt – als bekennender Schopenhauer-Fan bin ich fest davon überzeugt – dass man viel weniger als man glauben möchte, Einfluss darauf hat, wen oder was man faszinierend findet.

Was nun das Irdische anbelangt: Zweifelsohne wäre mein Ansporn, das zweite Beibuch zu schreiben, geringer ausgefallen, wenn die Reaktionen auf das Beibuch I weniger freundlich gewesen wären. Nur Wenige haben es gelesen, klar, aber von diesen Wenigen haben die Meisten das Buch offensichtlich wirklich gelesen – und nicht nur überflogen. Und auch die Inhalte betreffend erfuhr ich nicht selten ziemlich uneingeschränkten Zuspruch – was mich einerseits etwas überraschte, mich aber auch, andererseits und vor allem, in meiner Ansicht bestärkte, dass die Themen Sterben, Tod und Suizid zu Unrecht unter aller Oberfläche gehalten werden.

Einhergehend mit diesem Gefühl der Anerkennung sorgte dann der ominöse und traurige 6. Juli 2023, mit seinen Abstimmungen im Bundestag, zum endgültigen Entschluss, ein zweites Buch zu schreiben. Es dann tatsächlich getan zu haben: es war halb Arbeit, halb Vergnügen, sozusagen eine ausgewogene work-write-balance.

Ansonsten gilt, was in meinem Fall immer gilt: geschrieben habe ich auch dieses Buch in erster Linie für mich, das Schreiben im Allgemeinen hilft mir nun einmal dabei, mit dem ganzen Lebensschlamassel besser zurechtzukommen.

Aber wieder gilt auch: sollte das Buch auch nur ein paar Leutchen zum Nach- oder Vordenken animieren, oder dazu führen, dass sich wer Gedanken über eine wohlüberlegte Patientenverfügung macht, oder auch nur jemand mit einem anderen Auge auf die nächsten Berichte zum Thema in den Medien blickt – so würde mich das Freuen.

Möglich, dass es einst auch noch ein Beibuch III geben wird, ich weiß es nicht, wie so vieles steht auch das noch in den unergründlichen Sternen. Wohl weiß ich, dass ich *dieses* Buch nun mit irgendeinem letzten Satz, mit irgendwelchen letzten Worten, abzuschließen habe. Wer je geschrieben hat, weiß, dass das fast immer eine Herausforderung der besonderen Art ist. Beim ersten Beibuch überließ ich Hermann Hesse die letzten Worte. Diesmal behalte ich mir vor, sie mir selbst zu überlassen; es sind derer auch nur zwei:

Für Eddie